The Post WWII Incarceration of Japanese in Soviet Concentration Camps

Intercultural Observations Written in the US with a Comparative View of the Incarceration of Japanese-Americans in the US

日系収容との比較を含めて

アメリカから見た「シベリア抑留」

榊原(大島)晴子――著
Haruko Oshima Sakakibara

小鳥遊書房

亡き父、大島舜に捧げて

目次

第二章　新しいプロジェクトに取り組む

第三章　シベリア抑留者の苦難

第六章　シベリア抑留・家族の証言

＊註はアラビア数字で（　）で示し、巻末にまとめてある。

まえがき

シベリア抑留のテーマを追うことに決めてから、もう二〇年が経過している。当初、こんな本を自分が書いて出版する日が来るなど、思いもよらなかった。抑留者だった健夫叔父の苦しみとその叔父を思い続けた父の戸惑いは、行き場のないものとして私の記憶に残ってはいたが、日本を離れて何十年もアメリカに住んでいる自分が、まさかそのことに正面から向き合うことになるとは……。それは、不思議な巡り合わせだった。

シベリア抑留があまり語られない理由としては、抑留者の帰還と共に生じた共産主義の流入から起きた諸事情により、抑留者たちが国をあげて「お疲れさま。お帰りなさい」と迎えられることがなかったことや、当時の日本が戦後のGHQの支配下にあり、日ソの冷戦が始まるなかで、「鉄のカーテン」の奥のソ連の内情を経験して帰国した抑留者の立場が微妙だったことなどがあげられるだろう。そして、シベリア抑留経験者の殆どが他界され、僅かな生存者が九〇歳以上となっている現在、この世界史にも刻まれるべき人権侵害の歴史は、風化の一途をたどっている。

「私に何ができるだろう?」模索が始まった。ほとんど知られていない「日本人のシベリア抑留」を掘り下げて理解し、日本以外にももっと広い範囲で知られるようにバイリンガル（日本語と英語）のウェブサイトを立ち上げようと決めてからは、資料の選択やその扱い方など、多くの仕事が続いた。私はカリフォルニア大学デイビス校で日本語の専任講師だったため、夏休みを主にこの自主研究に当てた。

二〇二〇年に日英両語のウェブサイトが仕上がってから、日本に講演会に出かける機会があった。そこで出会った学生たちの多くが、シベリア抑留は初耳だったし、想像を絶する日本人の苦難を耳にして、驚きの声をあげた。そのときだった。「たとえ小さな試みではあっても、後世にこの歴史を日本語で伝える本を自分の言葉で書こう」と思い立ったのは。歴史学者でも抑留経験者でもない私の本は、心に残る出会いや経験を基軸としている。コツコツと仕事を始め、少しずつ私の目標を周りの先生や学生、友人たちに伝えてみると、それは世界に共通する人権侵害の歴史だと、一人、また一人と協力者が現れた。そしてこのプロジェクトの道は先へ先へと繋がり、輪を広げていった。とくに相澤英之氏との出会いは忘れ難い。「なぜ家を出るの（We Had to Go）」という日系アメリカ人の収容をテーマにした自作の歌がきっかけとなり、氏のために作った「シベリアの歌」には、私の思いが込められている。

一九四五年八月の太平洋戦争末期、満洲には祖国日本への帰還を待っていた兵隊と満洲国に住んでいた日本人たちが大勢いた。八月七日、突然のソ連の攻撃により、それら日本人約六〇万人は、厳寒のシベリアへと連れて行かれてしまった。待っていたのは苦しみに満ちた抑留生活――食料難と餓死、温暖な国で生まれ育った日本人には経験したことがない零下何十度の厳寒を、着たきりの衣服だけで耐える日々、その只中で屋外での辛い労働が課せられ、死と絶望の世界が渦巻いた。地獄のような日本人の抑留は一九五六年まで続き、それぞれ二～一一年間の抑留生活が続いた。その後も囚われの身で長期滞在者となった人たちもいる。彼らの唯一の希望は、生きて日本の土を踏み、家族と再会することだった。一九五一年に生まれ、戦争を知らずに育った私が、このシベリア抑留の遠い世界に自分から近づいて行ったとき、どれほど驚き、戸惑い、衝撃を受けたことだろう。ようやく帰国がかなっても、元抑留者たちの一部がソ連の教育の信奉者となり、帰国した人たち全員が同じ不信感を持たれたことを知ったときには、その理不尽な運命に、言葉もなかった。

本書は、「シベリア抑留」についてわかりやすく掘り下げることを目的としているが、もう一つの収容体験についても触れていている。私は日系三世の夫のジョナサンと出会って東京で結婚し、一九八〇年にカリフォルニアでの暮らしを始めた。当時シアトルに住んでいた日系二世の義父、ジョセフ・純治・サカキバラの家族が第二次世界大戦中にミニドカ日系人収容所で三年の月日を過ごしたのを知ったのは、それからだった。第二次世界大戦開戦後の一九四二年二月一九日、ルーズベルト大統領は大統領令九〇六六を発令。それにより、西海岸の約一二万人の日本人を祖先とするアメリカ人は全員、突然砂漠地帯の一〇の収容所へと移動させられた。アメリカへ移民して懸命に働いた財産のすべてを置き去りにして、スーツケース一つで砂漠地帯の馬小屋のような収容所へと連れて行かれたのだ。この収容経験は、彼らの暮らしの平和を、根こそぎ奪った。こうして日系アメリカ人には、移民先の国アメリカでの長い公民権運動の旅路が待っていた。私の町サクラメントには日系人が多いので、彼らと親しくなるにつれ、この収容経験の足跡を至るところで知るようになった。日本人と見た目は変わらない日系アメリカ人の暮らしや心には、見えない収容体験の影がある。それについて、私は日本の学校で学んだことはなかった。こうして、たまたま日本人の二つの収容を身近に見つめる地点に立ってみて、それぞれの収容経験についてもっと伝えたいと考えるようになった。

この二つの日本人の収容体験は、「人が平穏な生活のなかで自由を根こそぎ奪われる可能性」という大きなインパクトをもって私に迫ってきた。犠牲者となったシベリア抑留者と日本語話者の日系アメリカ人たちは、どちらも無実の罪で罪人扱いされた。この謂《いわ》れのない「恥の経験」は、ルース・ベネディクトが日本人の特徴を描き出した著書『菊と刀』で指摘された日本人の「恥の文化」の本質につながる。どちらの収容体験者も、収容所での体験を人に語るのはむずかしく、沈黙のうちに他界した人も多い。それによると、キリスト教文化では絶対者に対する「罪の意識」が良心の原点となるのに対し、日本文化では、周りの人間に対する「恥の意識」が重要な鍵となる。こうして東西の離れた場所で起きた日本人の二つの収容経験の後、恥を嫌う日本文化の特質から、突然自由を奪われた当事者たちがなかなか事実を語ることができなかったことは興味深い。それにより、歴史の継承には時間がかかった。しかし、どちらも人間の命の尊厳の根幹を揺るがす世界に起きた大事件として、今後も語り継がれていかなければならない。

戦後急成長した日本では、戦争のために犠牲になった人たちに目を向ける機会が少ない。だが、自分が享受する今の幸せはどこからきたのか、立ち止まって考えてみよう。それは、実際にその時代に生きていた人たちの労苦や死によって生み出されてきた平和に由来することを、シベリア抑留の歴史は教えてくれる。これまでに出版された多くの本からたくさんの学びを得たことは、感謝の言葉もない。手記だけで二〇〇〇冊以上が出版されているし、近年の学術書には、ロシア側からの資料も含めて、多くの事実が明らかにされている。では、もうシベリア抑留は語り尽くされているのか、と言えば、そうではない。現在は漫画『凍りの手』(おざわゆき、二〇一二年)のように、読みやすい形の情報もあるが、実体験や専門的な内容の場合には、一般の読者は手にとる機会が少ない。本書では、私のアメリカ生活での異文化観察やアメリカ生活体験も織り込み、若い方にむけての発信を試みている。

現在、ウクライナやガザでの戦争は世界全体に暗い影を落としている。人の欲によって他者の平和は壊され、そこに果てしのない苦しみが続いていく。こうして、私たちはいつ何が起こるかわからない不安定な「時」のなかにいる。他者に対して少しでも何かできることをするなら、そこから平和を願う和が広がる。父母のように戦争という不幸を直に背負った世代の次に生まれた私は、それによって起きた不幸を深く見つめ、平和を考える作業のなかから、次の世代への共感を広げる仕事ができるかもしれない。

私はこの執筆作業を通して、いかにたくさんの方々がそれぞれに違う苦しみのまっ只中におかれ、それを耐え、或いは命を落とし、そしてそのご家族はさらに沈黙のまま、その試練を超えてこられたことを知った。「小さなことに不平や不満を持つのはやめよう」「日々、新しい一日を感謝して生きよう」この二つを胸に刻んで、これからの時を過ごしていきたい。

二〇二四年三月三一日　サクラメントの自宅にて

榊原(大島)晴子

第一章

カリフォルニアで暮らす

私は二〇二四年の今年で渡米後四三年を迎える。ここカリフォルニアで家庭を持ち、仕事をしながら、日本では思いもよらなかったさまざまな経験をしてきた。そのようにしてでき上がった現在の物の見方は、この本のあちこちに散りばめられている。それで、まず初めに、自己紹介を含めて、ここでの暮らしを紹介したい。

一、結婚してサクラメントへ

英語教師になる

私は今では桜の名所「ナカメ」と呼ばれている中目黒駅がまだひなびた駅だった頃、そこで育ち、区立烏森小学校、区立東山中学、都立深沢高校に通った。それから東京女子大学短期大学部英語科を経て国際基督教大学を卒業後、すぐに英語の教師として世田谷の恵泉女学園高校に赴任。国際的な教育者、新渡戸稲造の助力の下、創立者の河井道の深い祈りと共に創設されたキリスト教主義の学園で、英語教師として第一歩を踏み出した。それは社会人として充実した日々だった。

恵泉では、熱心な先輩の先生たちに囲まれて、どのようにしたら生きた英語を教えられるかあれこれ頭をひねった。また、恵泉には聖書、国際、園芸というユニークな三つの柱があり、毎朝の礼拝に出席する経験はとても新鮮だった。そして一九七七年の夏、恵泉から全国キリスト教学校同盟主催の英語教師の研修会に派遣されたとき、私の人生に大変化が起きた。

夫・ジョナサンとの出会い

八ヶ岳の研修会会場に着いたとき、受付で英語を流暢に話す半ズボンの青年がいた。「ずいぶん英語がうまいなあ。でも、ちょっと見せびらかしてるのかな」と思った。でも、夕食後のゲームのときに話しかけてみたら、彼は日本人ではなかった。ジョナサン・正純・サカキバラという名で、カリフォルニア州から来たばかりの日系アメリカ人。英語が達者どころか、英語が母国語だったのだ。

彼は、カリフォルニア大学デイビス校を卒業してすぐに、東京の千代田区にある女子学院で英語を教えていた。若い新人の彼を担当していたのは喜多川愛子先生だと聞いて、その方が、同じ女子学院を卒業した姉の敬愛する英語の先生だったことを思い出した。バレーボール、森の散策など楽しいときを一緒に過ごした後で、彼の住まいは私の家ととても近いこともわかった。そして、東京に帰ってからもよく会うようになり、やがて婚約。一九七九年一月七日、私たちは東京女子大学短期大学部牟礼キャンパスの小さなチャペルで、川村輝典、悦子先生ご夫妻の司式のもと、結婚式をあげた。寒い日だったが、恵泉女学園園芸科の方々のお手製の美しいフラワーアレンジに囲まれ、後輩の東京女子大短期大学部クワイアの歌声と共に心に残る式となった。のちに、ジョナサンは明治学院高校にも勤めた。

結婚する前に、彼は「僕に寄りかからないでほしい」と言い、私に独立心を促した。それは女性が男性を追随する仕組みの日本文化とは違っていたので、自由を感じた。そして二年後に、私たちは横浜の港からライクスラインの貨客船でアメリカへと旅立った。この二週間の旅の間、ホノルルに二泊しただけであとはずっと海の上だった。「飛行機でひとっ飛び」ではなく、ゆっくりと私の人生の舞台を変えるという事実を把握したかったし、ジョナサンも五年ぶりに、しかも私を連れてアメリカへ帰る心の準備が必要だったのだ。七八箱の引越し荷物をタダで一緒に船に積んで行けるのも魅力だった。ロングビーチ港に着いてからはユーホールトラックを借りて荷物を全部二人で詰め込み、ジョナサンがフリーウエイを約八時間運転して、目的地のサクランメントへと向かった。これは、どんなことも「人任せ」ではなく自分でこなすアメリカ生活の第一歩。私のアメリカ暮らしはこうして始まった。

「アメリカ人」とはずいぶんと幅の広い定義だ。アメリカ人＝白人と思っている日本の方も多いのではないだろうか。アメリカで生まれたならどの子どももすでにアメリカ人であり、アメリカ国外で生まれても、両親、または親のどちらかがアメリカの市民権を持っているのなら、子どもはアメリカ人となる。つまり肌の色や文化の違いは無関係。けれど白人が世界を統治してきた長い歴史から、白人中心の物の考え方が広がり、日本もそれに強く影響されてきた。

久しぶりに日本に帰ると、広告に白人のモデルが今も多いのはとても気になる。カリフォルニアの衣服の宣伝には、人口の比例を考えて必ず黒人、アジア系のモデルも多く登用されている。買う人たちは、自分と同じ人種のモデルが着ている服に共感を覚える。実際にはこのモデルたちはいくつもの文化の混血も多いので、見た目からの「アメリカ人」の定義は難しいし、違う州に行くと人口統計はそれぞれに異なり、たとえば東部に行けばアジア系はあまり住んでいない。

ジョナサンは、日系二世のアメリカ人の父親と日本人の母親の間に生まれ、「アジア系アメリカ人」「日系アメリカ人」または「日系三世」と呼ばれるが、厳密に言うと両親が日系アメリカ人二世の同世代の日系三世とは、育ち方も考え方も少し違っている。小学校に入るまでは家でいつも母親とは日本語で話していたが、それ以降はずっと英語で学校教育を受けて、大学で外国語として履修するまでは、日本語の学習はしなかったから、英語ならではの論理的思考の持ち主だ。だから、彼に話すときには「はい」と「いいえ」をはっきりと伝える必要がある。しかし、一世で百歳の長寿を全うした祖父の頑固な明治気質はしっかり伝わっており、その点は日本人だと言える。このように、「アメリカ人」というのは決して画一的ではなく、それぞれの生まれや育ちによって、一人一人がみな違う。日系、ドイツ系、中国系、メキシコ系、イタリア系などのそれぞれがより影響を受けている文化があって、会話の仕方、食べ物や着る物の嗜好もそこから決まってくる。カリフォルニアはとくに人種のるつぼなので、マーケットには誰でも好きなものが買えるように、各種サンドウィッチ、中華料理、メキシコ料理、巻き寿司などさまざまな種類の食べ物が並んでいる。

日本では二〇〇〇年以上の歴史から培われた「文化」が共通理解として定着していて、古くからの考え方を変えるには勇気も時間もいるが、アメリカ合衆国は一七七六年に誕生したばかりで、現時点でまだ四半世紀の歴史しかないので、つねに新しいものが入ってきては変わる流動的な国だ。新しい知識や態度、科学的発見にはとても敏感で容赦なく変化していくから、古いものを抱えてきた人たちは、その都度社会全体から変化を迫られる。デジタル化の顕著な現在、その変化の加速度は増している。

広い国土のなかでは、網目のように張り巡らされた日本のような画一的な情報網はない。東部、中部、南部、西部では気候、風土や住む人種、暮らし方もまったく違うので、それぞれが外国のように感じられるときもある。だから、渡米した人はどこに落ち着くかで、生活の方法も情報もガラリと変わる。

ジョナサンは、初めてのことだらけで右往左往しながらここで生活してきた私にいろいろ教えてくれたし、しっかりと守ってくれてありがたい。私は「やる気さえあれば何でもできる」というアメリカのモットーや「叩けよ、さらば開かれん」という聖書の言葉を大切にしてきたが、彼は子どもたちが小さい頃月の半分は仕事で不在だったので、娘二人と私だけで慣れない土地での仕事と子育ての両立は、なかなか厳しかった。ときには、日本の家族がそばにいてくれたらどれほど心強いかと思ったこともある。そのような山坂を超えた今、娘たちも自立し、夫も私もお互いに仕事を終えて、意味のある時間を過ごせるようになったのは感慨深い。この土地で出会った方たちに、どれほど助けられたことだろう。

両親のこと

父母は私の渡米をどう思ったのだろう。国際結婚をしてアメリカに住んでいる日本人の友だちに聞くと、娘がアメリカに行くのは大反対という場合もあるらしい。でも、私は末っ子の気楽な身分で、反対はされなかった。それに、家には明治時代から西洋からの強い影響があったから、「寄らば大樹の陰」という伝統的な日本の教えとはだいぶ違って、父には「人のやらないことをやりなさい」とよく言われた。この言葉は、生涯自分なりに良い考え方を模索し、進んで新しいことを学んでいく姿勢の原点になった。

父、大島舜《オオシマシュン》は好奇心が旺盛な読書家で、エンジニアらしく、壊れたものは時計に至るまで、自分の手で直してしまう器用な人だった。畑仕事や庭いじりが大好きで、徴兵には結核で失格となった。戦後は外資系の会社で時折英語を使い、東京駅の明治屋で舶来物のコンビーフの缶詰を手に入れては、楽しそうに帰宅した。父の影響で、私は次第に外国の暮らしに興味を持つようになった。また、父と尾長などの野鳥や犬の世話をしたり花の名前を覚えたりするのは楽しかった。多趣味の父は、子どもたちにメダカの観察など次々と新しいことを教えてくれた。

父母の写真：大島舜・ミホ

小さい頃から私は、父に「口から生まれた晴太郎」とか「NHK第二放送局（当時は第一しかなかった）」というあだ名をつけられた。そして、「晴子はおしゃべりだから、大きくなったら英語で仕事ができるようになりなさい」と言われて、中学に入る前に英語の発音の先生に通うようになった。その頃、新渡戸稲造の「太平洋の架け橋となれ」という言葉も教えてくれた。この言葉との出会いは、英語教育や日本語教育の道へと進んでから、自分の学生たちにその夢をつなぐ目標として、深い意味を持つようになった。このようにして、父は自分の時代には果たせなかった海外への夢を私に託したように思う。

父は「やってみれば人にできないことはない」と何にでも挑戦する人だったが、ワードプロセッサーの登場の頃から、気弱になった。今のコンピュータ主導の世の中に生きていたら、きっと大いに戸惑ったことだろう。十人きょうだいの四番目で親から特に注目されることもなく、地味な生き方をしたが、心のなかにあった自由への想い、正義感や思いやりは充分伝わってきた。

母、大島ミホ（旧姓田中）は戦後の物資がない時代にも、サラリーマンの父の収入が許す範囲で五人家族の台所を上手に切り盛りし、栄養のある美味しい家庭料理を作ってくれた。父は、仕事の後には毎日まっすぐ帰宅し、私たちと食卓を囲んだ。母はパウンドケーキも焼いてくれたし、洋服は手作り。刺繍などの手芸も楽しみ、ハイカラな人だった。ちょっと気が小さくて思いやりがあり、あの時代なりの創意工夫に富んだ暮らしをしながら真面目に生きていた。

四人きょうだいだったが、兄は出征中で戦争中の薬が手に入らない時代に、最愛の妹と弟が病死し同じ頃父も失ったことは、深い喪失感を与えたのではないかと思う。そのせいか、友人たちとはとてもきめ細かで暖かな交わりを続けていた。

コロナウイルスで世界中が危機にさらされ、日常のすべてがひっくり返ってしまったとき、家にあるものでやり

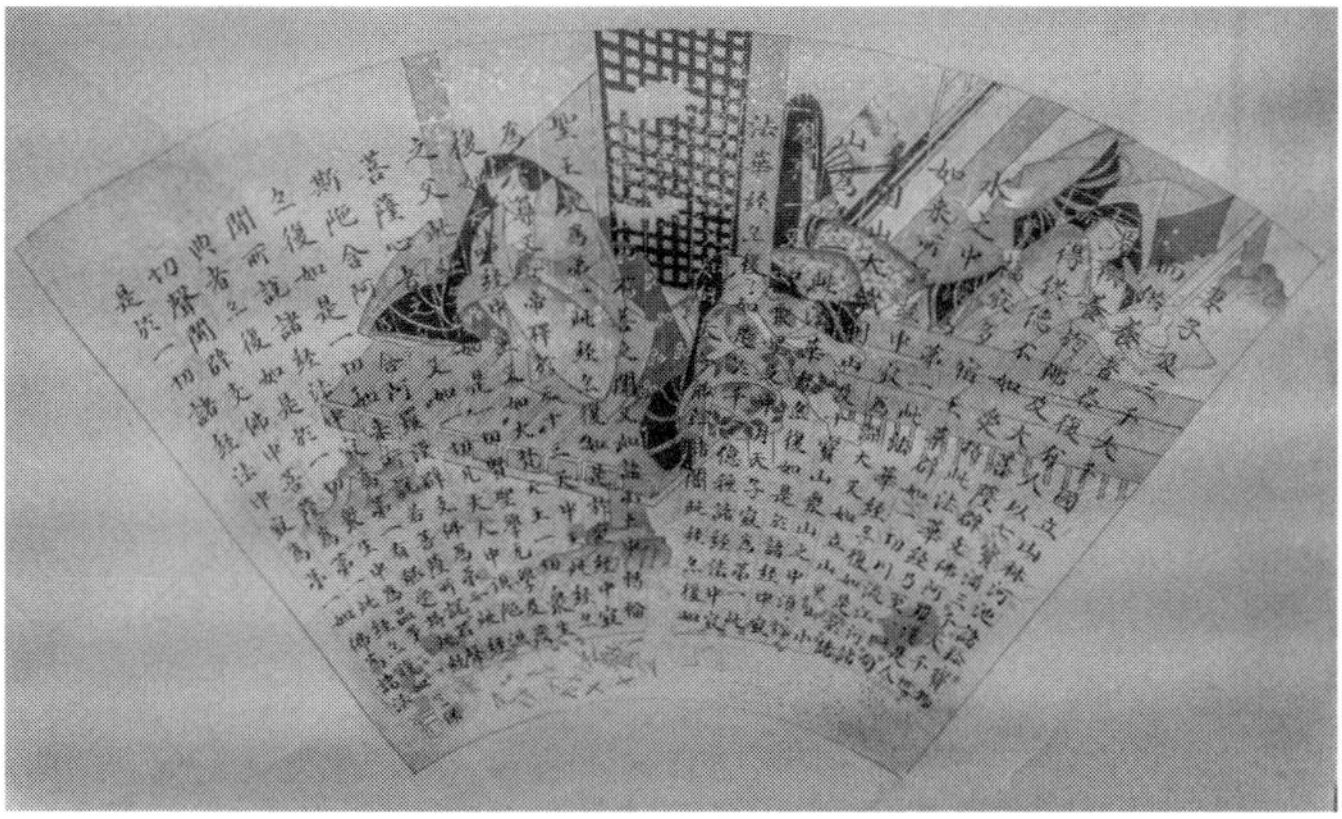

大阪四天王寺扇面写経　模写　大島ミホ

くりができたのは、母の倹約や暮らしの知恵を見ていたおかげだと思う。ずっと一緒に暮らしていた末娘の私の渡米は思いがけず、きっととても寂しかっただろう。携帯電話やメールのない時代だったので、アメリカにはこまめに葉書をくれた。その頃から趣味の習字に熱が入り、大和絵も本格的に習って、大阪四天王寺扇面写経の模写を何枚も書き、教えるようになっていった。昔母の教室で習った習字は、アメリカの大学生に漢字の書き方を教える折にとても役に立った。姉と私に女性としての自立を促した母は、先を見る目があった人だと思う。

父母は控えめで、誠実な人たちだった。二人とも、クラシック音楽を志した人が多い家で育ち、親戚には音楽関係者が多い。姉も音楽の道へと進んだ。私はと言えば、練習が嫌いで五年生でピアノをやめてしまったが、語学を専門と決めてからも、現在までいろいろな音楽活動を楽しんでいる。音楽と語学の学習法には共通点が多いし、人の心の表現方法として共に味わいが深い。スポーツ好きだった兄は今も相撲やゴルフを楽しんでいる。両親は子どもたちの特徴をよくとらえて、それぞれに合う育て方をしてくれた。

新しい暮らし

私がアメリカに来た当時、『カモメのジョナサン』という本が世界で四千万部の大ベストセラーになっていた。そのイメージに便乗すると、私は飛んで来た一羽のカモメのジョナサンに同行し、アメリカという大空を一緒に飛ぶことになったように思った。

でも、カリフォルニア州サクラメントでの暮らしが始まった頃は、万事に戸惑った。まず、東京しか知らなかったので、便利な電車もバスもないこの町にびっくり。ようやく買った中古車一台だけが私たち二人の交通手段となり、一人で自由にどこにでも行くというのは夢のような話。それに、日本なら当たり前の「身の安全」が、アメリカではままならない。日本では買い物や友だちとの食事に気楽に楽しく出かけていたのに、夜はすっかり出られなくなってしまった。暗闇のなかでは犯罪が起こりやすく、どこに拳銃を持っている人がいるかわからない。実際に暗いニュースを耳にするので、自分のことは自分で守らなければならないと肝に命じた。

そんなわけで、車を運転してジョナサンが仕事に出かけてしまうと、私は一人家でじっとしていることになった。家の前の通りはほとんど人も歩いていない。「えーっ？　こうやって一日中、誰一人に会うこともなく過ぎていくの？」と驚いた。近所を歩いてみても、芝生の前庭がある住宅の並んだ通りはガラーンとしていて、誰にも会わない。だだっ広いところにポツンと一人。友だちもいないし家族もいない初めての寂しさ。「大変なところに来てしまったなあ」と、東京の喧騒や混んだ電車が無性に懐かしく感じられた。

そんななかで、環境の違いが文化の違いを生み出すのだろうと思い当たった。日本人は都会に住んでいればつねに人に囲まれている。電車に乗るだけで、衣服、本、携帯、眠りこけている様子など、そこに居る人たちの様子がつぶさに目に入り、それを無意識に観察しながらあれこれ考え、影響もされる。人と話さなくても目から入ってくるたくさんの情報が溢れていて、それとなく生活のなかに取り入れる。一方で「人と自分を比べる」ことも多い。

電車やバスに乗らずに、自分の車の運転だけで外出するサクラメントでの生活は、移動の間、誰にも会わない。家から行先までの道のりを一人だけで過ごし、乗り換えの駅や下車駅で周りを見ながら歩くこともない。運転しながらあれこれ考えるときでも、人から影響されることがない。移動の方法の違いは、こうして人間の考え方にも大きな影響を与えて、日本文化では「人にどう思われるか」が意識の上で先行するのに対して、アメリカ文化では「自分は何をしたいか」が優先する傾向につながると思った。

ゼロからの出発

日本で英語の教師だったのだから、アメリカでも英語はそれなりに大丈夫だろうと思っていたのに、とんでもなかった。自宅に電話がかかってくると、いずれも早口なのには閉口した。顔の見えない電話での会話は、とても難しかった。スーパーのレジでとっさに何か言われても即答できなかった。そんなときは、「ああ、私は英語のよくわからない移民の一人になったなあ」と寂しくなった。気がついてみると、私のことを知っている人は周りには一人もいない。日本だったら家族に守られ、卒業した大学や勤務先など私が属していた「場」が私のアイデンティティになっていたが、それがまったくのゼロになり、どの枠組みにも属さないただの「Haruko」になったのだ。この「ゼロ」地点から、新しい国でどのように自分を立ち上げていけるのか、とそのとき漠然とした不安に包まれた。

今振り返ると、この新しい原点こそが、自己発見と新しい人間理解、そして大切な学びを生み出すことにつながったと思える。外国での暮らしは、多くの大切な気づきを与えてくれる。

日本には、自分の生まれた家や場所、兄弟の順番、性別によって行動様式の決まりがあり、その伝統を守ることに長い歴史がある。その上、日本語は敬語を使うことで上下の違いをあらわすため、与えられた役割から自由になるのは、容易ではない。しかし、生まれた場を離れ、一度身についた文化や生活習慣を外側から見つめ直してみる機会を与えられると、自分が生まれつき受けた人間としての生来の自然があることに気づき、それを取り戻そうとするようになる。こうしてゼロの自分にもどることは、私にとって新しい始まりの一歩でもあった。

サクラメントという町

サクラメントは深い緑の合間に白いドームの議事堂がそびえる州都で、ロサンゼルス、サンフランシスコなどに続いてカリフォルニア州で六番目に大きい都市だ。人口は推定四八万五千人。東京から行けばサンフランシスコまで飛行機で約九時間、それから内陸を東に車で二時間ほどで到着する。アメリカはとにかくだだっ広いのに、新幹線のような便利で速い交通網がないので、地上での移動にはとても時間がかかる。カリフォルニア州そのものが、日本の

サクラメントの議事堂

全土と同じぐらいの広さだから、サンフランシスコからロスまですぐに行けると思ったら大まちがいで、車なら最速でも八時間はかかる道のりとなる。

サクラメントには州の議事堂があるので、州政府の仕事をする公務員が多い。周辺の住宅地域から市の中心部へ車で通うから、ダウンタウンは夜になると人口がぐんと減る。でも、この町は、最近土地や家の価格が高い西海岸からの引越し組がどんどん増えて、急成長している。中心部には、町の象徴であるバスケットボールチーム「サクラメントキングズ」の巨大なアリーナも出来上がった。山にも湖にも近くて、スキーやキャンピング、山登りや釣りなど、余暇の過ごしやすい場所でもある。私が来た一九八〇年にはこの辺には寿司屋はたった二軒しかなくて、美味しい寿司を食べたければ、二時間運転してサンフランシスコまで行かなければならなかった。しかし、四〇年後の今は寿司がアメリカ人の食生活に馴染み、この町の寿司屋の数も二〇軒以上になった。

一八四八年に金が発見されて、大勢（三〇万人）が押し寄せた「ゴールドラッシュ」という歴史や川沿いの自然な風情を目当てに、観光客も多い。アメリカのなかで他の都市へも行ってみたが、サクラメントは適度に都会で適度に田舎の町で暮らしやすい。何より、どこまでも広がる青い空と自由な空気が好きだ。

二、カリフォルニア州で教える

移民の多い土地

二〇二〇年現在カリフォルニア州の人口は四〇〇〇万人以上で、約三億五千万人を上回るアメリカの総人口のなかで、人口がもっとも多い州となっている。全米の居住者の八人に一人がここに住んでいることになる。もう一つの特徴は移民としてここに定着した人たちが多いことで、州全体の五八％はメキシコ系、アジア系、さらに先住民のインディアン系などの、白人ではない「マイノリティ」がしめている。また、州の居住者の四分の一は米国外で生まれた人たちなので、子どもの総人口の半分は、親のどちらかが米国に移民してきたことになる。

なかでもサクラメントは全米で一番の人種のるつぼの町といわれており、日本、韓国、中国、台湾、ベトナム、カンボジア、フィリピン、メキシコ、ウクライナ、サウジアラビア、モン族（中国南部、タイ、ラオス、ベトナムなどの山岳地帯からアメリカへ移民した民族）など、なんらかの事情で移民してきた人たちが暮らしている。私の二人の娘たちはそんななかで育ったため、小さいときから皮膚の色や文化が違う子どもたちと学校で交わり、人間関係の捉え方がとても自由だ。

ＥＳＬ（外国人のための英語）のクラスを教える

一人目の娘の出産後、夜学で行ける大学院を見つけて「外国人のための英語教授法 -Teaching English as a Second Language = ESL」の修士号を五年かけて取得した。子育てと初めてのアメリカでの学校通いでとても大変だったが、学校へ行く間は近所の親切な老婦人が娘を預かってくれて、なんとか終えることができた。これでアメリカの大学で教える資格を得て、一九八七年からサクラメントシティーカレッジで「外国人のための英語」を教えることになった。英文法、英作文、英会話など二つのクラスを週三回ずつ教えるパートタイムの仕事だった。

当時はベトナムやウクライナからの移民一世の大人たちが、この国で仕事ができるように英語を学んでいた。アメリカはとにかく広いので、州によって人々も文化も多少異なり、ときにはまったく違う外国へ行ったような感もあるなかで、カリフォルニアという土地柄は、アメリカのなかでもっとも外国人に好意的な州だ。日本人の私に英語を教えることを任せたこの大学のアメリカ人の先生たちの懐の深さには感動したとはいえ、実際に始めるとなると冷や汗物だった。

一八歳以上の大人の移民の学生たちは、それまでの学習習慣によって、それぞれに合ったやり方が必要だった。

文化の違いは国の教育の方法にも現れるため、こんなときに自分の知っている学習方法だけを強調しても空回りになる。短時間に量をこなす受験勉強で鍛えられた私は、目的に向かう計画的な勉強方法を身につけていたが、日本のような受験がない国で育った人たちは、もっと大らかに学んできた。そんな違いに気づいたのは、自分自身を見つめ直すことでもあった。

初めて受け持ったクラスでは、外国人に教えるのは初めてで、とても緊張した。学生はみな大人ばかり。実際、最初のクラスでは、私が日本人だとわかった瞬間、二人の韓国人男性がいきなり立って、教室を出て行ってしまった。日本の韓国統治という負の歴史が原因だと瞬間的に察知はしたが、自分が「日本人」として嫌悪の対象にされたのは生まれて初めてだったので、胸がドキドキした。そのまま残ってくれたベトナム人、ウクライナ人、中国人、中東からの人、メキシコ人などの学生には、ていねいに教えるととても喜ばれて、学期末には感謝された。

それぞれの国の人の学び方の特徴を観察するのはとても面白かった。ベトナム人は競争心に満ちていてとても前向きで、結果を出すのに熱心。ウクライナ人はコルホーズ、ソフホーズなどの集団農場での経験からか、みんなで協力する精神があり、それがテストのときにも答えを教え合う「協力」になったときにはびっくりした。でも、「助け合う」彼らに競争心はなかったし、罪悪感もなかった。とても穏やかで、美味しい家庭料理でもてなしてくれる人もあった。

その頃、一八歳だったベトナム人のベティは卒業後、私の行っていた近くのジムで受付をしていた。二児の母になり、笑顔でよく声をかけてくれた。ウクライナ人の男性のユーリーは、時計の修理と宝石の店の経営者になった。彼の三人の子どもたちはみな結婚して、長男は医者になったそうだ。

人気のあるコミュニティーカレッジ

サクラメントシティーカレッジは、和訳すると「市民大学」ということになるが、このように税金で運営されている安価でどの市民にも開かれている身近な大学の総称は「コミュニティーカレッジ」と呼ばれている。全米に合計一〇〇〇あり、全体で九〇〇万人が登録していて、全米で四割の大学生が通っている。卒業には二年かかり、短大卒業資格が得られる。日本には同じシステムはない(1)。

カリフォルニア州には一一六のコミュニティーカレッジがあり、およそ二一〇〇万人が利用している。入学試験はなくて、州への納税者ならどんなクラスでも履修できる。年齢制限なしで、学期ごとの出入りも自由だ。半数の利用者は高卒の学生たちで、そこで短大卒業資格を得るか、二年間教養科目を安い学費で履修してから、さらに行きたい四年制の大学へと編入する。受け入れる四年制大学側でも、その枠組みをきちんと用意している。残りの半数は二五歳以上の成人で、全体としては、約三割が正規の学生として登録し、六割が選択した授業だけを受講し、一割は聴講生として参加している。最近のデータによると、学生の平均年齢は二八歳となっている(2)。

広いアメリカでは、離れた土地にある大学に子どもを行かせるときの親の経済的負担が大きいため、初めの二年、このようにして地元の大学に家から通えるシステムは歓迎されている。また看護士、航空整備士、ヘアースタイリスト、料理人などの専門養成コースも人気がある。夜間や週末の授業もあるので、すでに仕事をしている人たちが、さらに違う分野の知識を学んで、収入を増やすためにも利用されるし、退職後のシニアは絵や音楽、テニスを習ったりする。

移民のための「第二外国語としての英語」のクラスも充実している。カリフォルニア州は移民の人たちを援助し、やがてアメリカで仕事ができる責任ある市民になれるように補助する役目があるので、命綱の英語学習をサポートしている。現在はアメリカではメキシコ国境からの移民の扱い方が大きな問題になっているが、そもそも一七七六年に成立したアメリカ合衆国は移民が築いた国なのだ。先住民のネイティヴ・アメリカンの血を引く人々を除けば、この国の誰もが、先祖はアメリカ以外の国から来た移民だった。

カリフォルニアに入ってくる移民の人たちは、来た当初には言語的経済的な制約から厳しい生活を強いられても、子どもの二世の時代になる頃には、誰もがアメリカという社会に同じように同化していくチャンスを与えられている。実際の生活では不自由な思いや周りからの差別を経験することがあるとしても、法律上は他のアメリカ人と同様に守られている。つまり、現在のカリフォルニアの社会には多文化が共存していく方向性が与えられて、誰もが夢を持つことができるといえる。その点歴史がまだ浅いアメリカには、流動的で自由な考え方がある。幸せを求めて生きていく人たちにとって、「希望」は何よりも強い動機となる。「コミュニティーカレッジ」の英語のクラスはその希望への入り口だった。

カリフォルニア大学デイビス校の学生たち

私が一九八六年から二〇一七年まで日本語を教えたカリフォルニア大学デイビス校は、人口約七万人の穏やかな学園都市、デイビス市にある。家からは車で西へ二〇分。サンフランシスコからなら車で東へ一時間半走ると、緑豊かなそのキャンパスが広がっている。カリフォルニア大学は他にバークレー校、ロサンゼルス校をはじめとして、州内に一〇のキャンパスがあるが、デイビス校は地域の広域農業をサポートする農学部やそれに伴う獣医学部の必要性から次第に大きくなってきた。農学部の発展には、日本から移民してきた農業関係者の稲や果物、野菜栽培への貢献も少なくない。敷地面積の広さはカリフォルニア大学のなかでも一番だ。そして、デイビスは先生も学生も大人も子どもも同じように自転車に乗る平和な「自転車の町」として知られていて比較的安全なため、日本からの留学生も多い。

カリフォルニア大学デイビス校

この大学の二〇二二年現在の統計によると、大学院生を含めた学生総数は約四万人。一番多いのはアジア系二八・一%、次に白人二四・一%、ラテン系二二・一%、そしてアフリカ系（英語では「黒人」という言葉は差別用語なので使用しない）一・九七%と続く。その他にも二種類以上の混合の人種が五・九六%あり、無回答やその他の人種もいる。最近ではアジア系に続きラテン系、また女性の学生数が急激に伸びている。キャンパスの学生の半分以上は、英語を母国語としない家庭に育った人たちだ(3)。

そのため最近は英語がよく話せない、書けないという学生の数も目立ってきている。これは英語で教育活動をして高度の知識を学ばせるのを目標とする学校側にとって頭の痛い問題だし、当の学生たちにも、自分の本心をきめ細かに表現できる言語を一つとして持ちあわせていないという悩みは深い。母国語でも英語でも自分の思考を自由自在に表せるだけの言語習得の時間が与えられないまま、レポートや試験だけに追われて卒業、ということになってしまう。すると、自分自身への自信を培うチャンスを失い、この国で英語で仕事を続けていくあいだ中、不安が続いていくことになる。

「日本語のクラスなら英語がさほど必要ではなくて、漢字がわかるから、いい成績をとれるだろう」と思って、日本語を履修する中国人の留学生たちも多い。英語で書かれた彼らの答案を見ると、動詞の過去形や三人称単数現在にはsをつけること、名詞の単数複数の扱いなど、基本的なことに問題が多い。しかし、彼らはとても勤勉で、努力の積み重ねで外国での大学入学を果たしたのだ。中国の他、台湾、ベトナム、韓国は日本と同様に儒教思想の歴史を背景とする文化圏にあるので、その影響下で成長した親たちはみな、子どもの教育に対して強い期待や熱意を持っている。そして、その親に従う真面目な子どもたちがこのように良い大学に入るという成果をあげている。

大学進学前の高校ではどうだろうか。カリフォルニアの高校は日本のような偏差値中心の受験勉強はないので、塾や進学教室はなく、進学は本人の意欲が鍵になる。豊かな親の経済的サポートがあり、順調に良い大学への進学を目指す生徒たちもいるが、環境は良くてもあまり勉強しない生徒たちもいる。そんななかで、アジア系移民の子どもたちは、親たちは新しい土地で経済的に立ち行くために英語を学ぶ間もなくレストランやクリーニング店などで必死に日々働いているので、家で親に勉強は見てもらえない。でも、純粋な気持ちで、自分たちのために働いてくれている親のために必死に勉強する。そんな真摯なアジア系の学生たちの態度は心ある先生たちの目に留まり、親身な指導を受けることが多い。そして、彼らは良い大学に合格する。

しかし、そのようにして入学したアジア系の学生たちは、アメリカの一般家庭の暮らし方に接する機会があまりないまま、限られた環境のなかだけで成長する傾向がある。日本では小さな情報でもすぐ全国に均一に拡散してみなが共有するが、アメリカではそうではない。新しい情報は、自主的に興味をもった人だけを中心に伝わっていく。「機会均等」ではなく、「個人の運」なのだ。また、カリフォルニアでは日本と違って、課外活動や文化活動は学校ではなく、すべて親に託されている。中学、高校の先生たちは課外活動の指導の責任は負わず、授業が終わればすぐ帰宅する仕組みだ。それで、親たちは学校への毎日の車の送り迎えの他に、個人レッスン、そして週末のサッカーの試合の観戦と、とても忙しい。ところが、生活のために忙しく働いている移民の親にはそんな時間の余裕はないので、その子どもたちは家で一人ゲームをすることになりやすい。

大学の日本語のクラスにはそんなアジア系の学生たちがたくさんいた。みな気持ちよくてとてもよくできる学生たちだったが、大学に来る前にもう少し文化的な経験やスポーツ、社会参加のボランティア活動の経験があるとよかったのに、と感じることがあった。

日本語は二倍難しい

カリフォルニア大学デイビス校での日本語教師の仕事は、大学院で英語教授法を専攻して、かつ日本語が母国語だったということが採用資格となった。そのころはアメリカでの日本語教育はスペイン語などに比べて、まだ大学の第二外国語として確立していなかったが、考えてみると、第二次世界大戦が終わってまだ半世紀にもなっていなかったから、敵国の言語だった日本語が、大学で外国語としての公民権を得ていたことだけでも驚きだった。当時の学生たちはクラスのなかに白人が三分の一ぐらいで、あとはアジア系やメキシコ系、そしてアフリカ系の学生が少しいた。学生の構成はその後世相を反映して、少しずつ変わっていった。

教え始めてから数年経った一九九〇年前後に、『ドラゴンボール』や『セーラームーン』など日本のアニメが劇的にヒットすると、アメリカやアジアの諸国でも小さい頃からアニメを楽しんで育つ子どもたちが増えて、日本語への興味が増した。カリフォルニアでも大学だけではなく、高校でも日本語のクラスがぐんと増え、日本語教育はブームを迎えたのだ。とくに東南アジア諸国からの移民家庭で育った学生たちは、アジアの中心的存在である日本への憧れもあり、日本語履修人口はどんどん増えていった。そして、小さかったカリフォルニア大学デイビス校の日本語科はみるみるうちに一〇〇名以上の学生を抱えることになり、大学内で日本語を単独で専攻することが可能な、スペイン語に次ぐ大きな外国語科目へと躍進した。それまで小さなプレハブ建築を使っていた私たち講師の部屋も、校内の中心部にある大きな外国語学部の建物の中へ移動することになった。

大学での第二外国語としての日本語学習は、アラビア語と並んで、他のスペイン語、ドイツ語、フランス語などのヨーロッパ言語の学習と比較すると二倍の年数がかかることが証明されている。つまり、日本語は習得が二倍難しい。それは漢字の書き方と読み方の複雑さに起因している。それで、教える方は四年分のカリキュラムを二年に押し込み、日本語を実際に使える学生を育てるために四苦八苦する。習う方はその詰め込まれた内容を、毎日のクイズや宿題をこなしながら、なんとか乗り越える。学生たちは時々、こんな間違えをした。「ぼくの彼女はきらい（きれい）です。」「妹はこわい（かわいい）です。」「ちょうと（ちょっと）待て（待って）ください。」でも、習った日本語だけで少しずつ話せるようになり、単元の終わりに自分たちで作ったスキット（寸劇）は、簡単な衣装や舞台装置で傑作な仕上がりとなった。日本語科で年に一度「学生の日」を設けて各クラスからの代表がスキット大会で競う催しは、学生たちがとても楽しみにしていた。そんなときには、日本からの留学生もお手伝いで大活躍してくれた。言語学習は、人と実際に交じり合って勉強の成果を楽しめる達成感を味わうと先へと進める。

学期のおわりには、手作りの大福や巻き寿司で学生たちの労をねぎらった。「こんなにたくさんの努力をして、私の国の言葉を学んでくれてありがとう！」そんなことを重ねているうちに、初めは寡黙だった学生たちも笑顔を返してくるようになった。

スズキメソードピアノ研修会の通訳

日本語を教えていたのとほぼ同じ期間の一九八七年から二〇二〇年まで、私は夏休みになると松本才能教育研究会の指導者、故片岡ハル子先生（一九二七－二〇〇四）、そして先生の没後はその後継者の荻原慧子《おぎわらけいこ》先生と河村圭子《かわむらけいこ》先生のスズキメソード、ピアノベイシック奏法の米国での講習会の通訳をしていた。片岡ハルコ先生は、伴奏者として東京から松本に招かれてから長い間、バイオリンのスズキメソードの創始者、鈴木鎮一先生に学び、その理念をピアノ奏法に移し替えた稀有な方だった。片岡先生の通訳として、サクラメントを始めとしてシカゴ、アトランタ、ロサンゼルスなどに行き、ベルギーでのヨーロッパの先生たちの講習会もあった。講習会には三〇～五〇人ぐらいのピアノの先生やその生徒たちが参加して、この奏法を体得できるように、実際に片岡先生ご自身のレッスンがていねいに繰り返された。通訳したレッスンは数千回になる。この間、集中して聴くことや体を自然に使うことの大切さを体得し、音の勉強のなかから語学の音韻の学び方への気づきも得られた。

「何かをしようとするときに一つの分野だけで考えていては限界がある。たとえば科学の分野で新しい発見を志す人の考えが暗礁に乗りあげてしまったとき、何気なく芸術の分野に浸ることで、そこから新たな創意工夫が生まれることがある」という専門家の話を聞いたことがあるが、片岡先生は博学でそのような洞察力を持った方だった。先生の講義には文化、科学、哲学、芸術、人間観察などあちこちの分野からのトピックが登場して、どこへ行くのかと思っていると、最後にはスーッと音楽の話としてまとめられる、という具合だった。通訳の私は何かとても大切なことを任されているという気持ちになり、いつも身が引き締まっていた。少し慣れてきた頃、先生が「榊原さんは聞いている人たちに理解してほしいという教師としての熱意があり、二つの文化を理解した上での配慮があるので、部屋の後ろにいる参加者まで、ひとりひとりがよく聞いている」とほめてくださった。

当時上の娘がスズキメソードの先生にピアノを習っていたために頼まれて始めた仕事だったが、それは私にとってかけがえのない学びとなり、日本とアメリカのピアノの生徒たちの国際交流も交え各地のピアノの先生たちとも交友ができて娘ともどもこれはとても楽しい経験だった。(4)

この通訳の仕事で、私は音楽と語学の教育法を比較し、良い音の出し方を日本語の音韻の教え方などに当てはめて、いろいろな発見をしていた。先生は「通訳の人は一番近くでピアノを見ながら聞いているので、じつは一番よくわかるのよ」と言っておられた。片岡先生のレッスンでは、良い演奏を繰り返し聴き、赤ちゃんが母語を聴きながら育つのと同じように音楽の溢れる生活環境を作り、本人の自発的意欲を啓発した上で、体の部位をいかに自然に使うかを繰り返し学んで、自然な良い音を作る訓練が続いた。片岡先生は日本国内だけでなく、海外の指導者の育成と生徒の指導を熱心におこない、その功績に対してアメリカで博士号を授与されている。片岡先生の教育法は『感性と教育』（三秀社、一九九〇年）に詳しい。(5)

「体の自然」や「こころの自然」を重視するようになったという点で、私はスズキメソードとの出会いに決定的な影響を受けた。その考えを中心に据えると、肌の色や文化の違いも気にならない。そして、繰り返しによる練習法の力が身につき、音楽を自由に楽しめるようになったし、環境の影響力の大きさに気づいた。

世界の歴史とアメリカ移民

現在のカリフォルニアの移民は、世界の歴史を反映している。

私が渡米した一九八〇年頃はベトナム戦争の終了後のボートピープルと呼ばれるベトナム人が多かった。一九七五年の「サイゴン陥落」以後のたくさんの難民の海外亡命だ。洋上で命を落とした人も多いと聞いている。こうして南ベトナムを命からがら船で脱出してきた人たちは、都市部で商業を営んでいた華僑、南ベトナム政府関係者とその家族、資産家、地主などであった。知り合いのなかには、祖国ベトナムでは教育もあって、召使いを使うような良い暮らしをしていた人たちもいる。彼らは突然の運命の変化のなかで、アメリカでの生活に唯一の望みをかけて、身一つで渡米した。死や暴力と隣り合わせの過酷な過去を乗り越えてきた彼らが見せる現在の笑顔は、涙と汗の結晶に他ならない。

そして今は、その子どもの世代の二世たちが大学を卒業して社会で活躍する年齢になっている。私の日本語のクラスにもそんな学生たちが大勢いた。二世は一世の必死の努力を目の当たりにしてきたので、親への感謝と忠誠心に溢れ、まっすぐな心で育つし、働き者で有能だ。あるとき日本語の口頭試験で、ベトナム人二世の学生に「あなたの夢は何ですか」と聞いた。すると、彼は「母を幸せにすることです」と答えた。その純粋な答えに古くからの親子の情愛を思い出し、目頭が熱くなった。ゲームに釘づけになり、人と会う時間も作らない若い世代のなかで、このような若者の存在は光っている。最近若いベトナム人が医師や歯科医になる例が増えているが、勤勉な彼らの仕事の質の高さは好評だ。

また一九九七年に香港がイギリスの統治下から中国へ返還される前には、香港からの移民が激増した。香港の「中国化」を恐れた中国人たちの自由確保のための脱出だった。彼らの多くはカナダへも渡った。

そして、共産圏での宗教迫害を逃れてきたウクライナ人のキリスト教徒が急に増えたこともある。一人の指導者がまずサクラメントにやってきて、短波放送で母国のクリスチャンに呼びかけた結果、何千人もの人たちがサクラメントにやってきた。現在、ウクライナ戦争で苦しむ母国を、このウクライナ系アメリカ人たちは必死に支えようとしている。

東アジアの文化が見える

退職前の私の日本語の学生の多くはアジア系移民二世で、クラス編成はだんだん韓国、中国、台湾、フィリピン、ベトナム系の学生が増えていった。以前は白人もいた日本語のクラスがこうして次第に黒い髪のアジア系で埋まっていった頃から、クラスで冗談を言って笑わせる陽気な学生やパッと手をあげて自由に質問する学生の数がめっきり減ってしまった。楽しい学びの場だった教室が、寡黙なアジア系の学生が多いクラスに急変し、私は戸惑った。

英語圏の文化で育つ人たちは、折々に"I am proud of you!"と両親や先生に言われて育つ。私たちは、どんな小さなことをするときにも、自分の考えや意思のもとに選んだことをやっているから、少し時間をかけて努力したり、思い通りの結果が出たときはとてもうれしい。そのとき"I am proud of you!"と誰かから言われたなら、自分自身という存在の内側から考える力が「認められた」ことになり、それが自信につながる。こうして、英語で育つ子どもたちは、"acknowledgement"（他者からの承認）を経験しながら、少しずつ自分の特徴を自身で把握し、育っていく。

しかし、アジア系の子どもたちはそうではなく、親の言いつけに従って、親を喜ばせることがよしとされてきたので、自由に自己表現をするのは慣れていない。日本もそうだが、このように長い儒教文化の影響から、大人の傘下にいて育ったアジア系の子どもたちは、大人に従う存在として大きくなる。確かに子どもは体は小さいし、知らないことがたくさんあるが、アメリカを中心に発達した心理学の分野では、子どもの成長は受胎の瞬間から始まっていることが証明されている。その命は、何も言わなくても内側から学び続けているから、親や先生、周りの大人など、成長する子どもを取り巻く人たちは、その学びに大きな影響を与える。

小さい頃、母がよく友だちと長電話をしていた。日本ではこんなとき、よく「うちの子どもはできが悪くて」など、自分の「内」の世界に属する子どもを、自分と同様にへりくだる習慣がある。そして「外」の世界にいる電話の相手をたてることで、日本的な人間関係の調和が達成される。しかし、その会話を横で聞いている子どもは、母親の言っている言葉をそのまま受けて、「私はできが悪い子どもなのだ」と思ってしまう。一方、英語での会話では内、外などの場の設定はなく、ストレートに事実だけが語られるから、子どもにもわかりやすく、実際に起きていることの筋道を追うのが楽だ。そして、子どもも小さいときから一人の人格を持った人間として扱われる。このような言葉の使い方はそれぞれの文化の特徴と重なっている。

私の日本語のクラスで「小さいときに、親にほめてもらった人は？」と聞くと、決まって手を挙げるのは白人系かメキシコ系で、アジア系はみな黙っていたが、成績はと言えば、そのアジア系の寡黙なガリ勉学生の方がはるかに上だ。私は、二五人の学生たちに毎日日本語を教えるときに「一人一人の学生の特徴を把握して、まずそれぞれが学ぶことに興味を持てるような人間関係を築く」のを大切にしていたのだが、こういう静まりかえったクラスの雰囲気のなかでは、向こうからは何も発信してもらえなかった。それで、個々の学生との交わりを増やすために、たとえば宿題の端っこに「字がきれいですね」と書いたり、キャンパスの食堂ですれ違ったときに、名前を呼んで軽い挨拶をしたりして、学生の気持ちをほぐすようにした。

『アジア文化圏の時代』（大修館書店、一九八七）の著者L・ヴァンデルメールシュは、漢字文化諸国に「儒教的伝統による文化的均質性」を見いだした。それによると、儒教文化圏は中国を中心とし、中国と冊封・朝貢の宗属関係をもった韓国、日本、ベトナムの四国で成り立ち、実質的には中国との関係がある台湾・香港・シンガポールも含まれている。私の学生たちは、このような歴史的に儒教文化圏にあったアジア諸国の出身だったので、同じような、家族や学問、学歴の縦社会が残っている文化の影響が見られた。

日本では「世界に一つだけの花」「みんなちがってみんないい」などの歌もあって、近年人間それぞれの違いの大切さが指摘されるようになった。儒教という言葉さえ知らない若者もおり、一人一人が尊重される方向にあるが、鎌倉時代の武家文化から浸透してきた儒教文化の考え方の影響は、まだあちこちに見られる。しかし、私のアジアからの学生たちには、まだまだ親が絶対の存在だった。オフィスアワーに訪れてゆっくりしていく学生たちから、移民してきた親たちが子どもの将来の幸せを願ってレストランやクリーニング店などで懸命に働き、子どもはその親の期待に応えようと必死に勉強してきた様子が手にとるようにわかった。

そんな彼らから話をじっくり聞くと、アメリカに育つ若い世代として親に言えない悩みもあり、一人ひとりの葛藤や優しさが伝わってきた。教室では私は教える側だったけれど、このように向き合うとき、彼らの生い立ちから、私は知らないことをたくさん学び、人間同士の出会いを感じた。あの頃の彼らの素晴らしい努力と明るい笑顔を思い出すたびに、信頼関係を築き、その伸びる力を見守っていられたことはなんと楽しいことだったかと思う。なかには今もずっと日本語学習を楽しみとし続けている人たちもいる。

忙しい日本語の一学期（一〇週間）は、あっという間に終わりを迎える。次の学期には会えないかもしれない。最終日に、私は学生たちに伝えた。「アジアから来たみなさんのなかには、日本との戦争で、許しがたい過去を抱えたご家族がいるかもしれません。それなのに、日本語を学んで下さってありがとう。みなさん、日本語が大好きになってくれたのは、なんて嬉しいことでしょう。このような草の根のレベルでの信頼を築くことで、私たちは悲惨な経験を共に超えていくことができるのではないでしょうか。」すると、学生たちの表情が変わり、そこには暖かな空気が流れた。

後年、私がシベリア抑留のテーマと出会ってからは、叔父が犠牲者だったことやシベリアのウェブサイトの内容、そしてこのテーマに携わりながら私がいかに平和の尊さを学んだかを紹介することも加わった。日本の韓国統治、マニラや中国での日本軍の蛮行などを目の当たりにした祖父母を身近に持つアジアの若者たちがそこにはいたのだが、少しの間の沈黙のあと、一つ、また一つと静かな拍手が聞こえてきたとき、私は目頭が熱くなり、日本語を教えていて本当によかったと思った。

三、日系アメリカ人とその歴史

夫の家族

話を日系人の歴史に移そう。私は夫のジョナサンの日系アメリカ人の三世の歴史を肌で感じてきた。彼の正式な名前はジョナサン・正純・サカキバラ（榊原）で、アメリカ生まれの二世の父、ジョセフ・純二・サカキバラと東京、本郷で生まれ育った日本人の母、蓮江（ハスエ）啓子の長男として東京で生まれた。

二世のジョセフの父、榊原平治（一八七九－一九七九）は愛知県武豊《たけとよ》町出身で、家族を窮状から救うために一八九五（明治二八）年にアメリカに渡り、線路工夫をしながら、懸命に働いた一世だった。そして、写真結婚で一四歳年下の妻のみつじを静岡県から迎えた。百歳まで生きた平治は寡黙で頑固な人だった。平治とみつじはジョセフ・純二を筆頭に、正平、はつ、みや子の四人の子どもを授かり、一家はオレゴン州ポートランドで小さな食料品店を営んで、つましく暮らしていた。

私はジョナサンと武豊町を訪ねたことがある。名古屋から名鉄で一時間。武豊の駅を降り歩いてみると、町中の店や事務所、医療機関などの名前に「榊原」が溢れていてびっくりした。織田家に仕えた氏族だった人たちの集落らしい。そこからアメリカに渡った平治のささやかで平和な家庭にも、やがて戦争の嵐が吹いた。

日米開戦と日系アメリカ人の強制収容

一九四一年一二月八日未明、突然日本軍が真珠湾を攻撃し、日米開戦となった。それは、日系アメリカ人の運命を変える瞬間だった。米国生まれではない平治のような一世は、米国籍は取れなかったが、その子どもの二世は誕生と同時に米国人となった。そのように米国で一世から始まった日本人の血縁の家族は、日系人または日系アメリカ人と呼ばれ、日本国籍のままアメリカに住む日本人とは区別されている。日系アメリカ人の人口は二〇世紀になってから急増していたが、勤勉で優れていてとくに農業などで頭角を現していたために、他の人種から排斥を受け始めていた。そして、日米の戦争が始まると、さらに、「敵となる外国に祖先を持つもの」として「敵性外国人」という汚名を着せられた。アメリカ政府からそのような身に覚えのないスパイ容疑を受けるようになると、日系アメリカ人への更なる偏見が一般のアメリカ人の間にまたたく間に広まった。「JAP」という偏見用語があちこちに貼られ、それまでの平穏な生活は豹変してしまった。日系の子どもたちは学校へ行けば石を投げられ、ようやく切り盛りしていた店は立ち行かなくなった。

翌年の一九四二年、状況は決定的なものとなり、ルーズベルトの「大統領令九〇六六」が施行され、約一二万人の日系アメリカ人が強制立ち退きの対象となった。これはカリフォルニアやワシントン、オレゴン州などのアメリカ西海岸沿岸と準州のハワイからの一部の日系アメリカ人に適用されたが、そのうちの六二％はすでに合衆国の市民権を持っていた日系二世あるいは三世だった。彼らはすべての財産や家屋、農地をたたき売りして、わずかな手荷物だけをスーツケースに詰めて立ち去るように命じられた。僧侶や牧師、教師など日系コミュニティーの指導者たち五千五百人は、それに先立って逮捕された。汗水垂らして開墾した田畑やようやく生活の糧となり始めた仕事、飼い犬や近所の人々との無言の別れ――突然降って湧いたこの旅立ちは、どれほどの不安に包まれていたことだろう。こうしてすべての自由を剝奪された日系アメリカ人には、苦難の道のりが待ち受けていた。

第二次世界大戦中日本とともに三国同盟を結んでいたドイツ系とイタリア系の場合には、このような強制立ち退き者の数はずっと少なかった。ドイツ系をみると、一九四〇年の時点で一二〇万人がドイツ生まれでアメリカに移住

「ここは白人の居住地だから、日本人は出ていけ！」と書いてある。JAP は日本人への差別用語。

してきた人たち、五百万人が両親共ドイツ生まれ、六百万人が親のどちらかがドイツ生まれ、その他の多くはドイツに遠い親戚を持つだけというように、すでにドイツ系アメリカ人は当時のアメリカの人口の多くを占めていた。したがってドイツ国籍を保持していた人たちだけが入念に調べられて、そのうち一万一千人が収容所送りとなった。イタリア人の場合にも、一九四〇年までに多くのイタリア生まれの人がアメリカ国籍を持っていたため、永住権保持者とともに立ち退きの対象にならなかった。一九四二年のイタリア移民総数約七〇万人のうち、収容されたのは約二千人で、このなかには外交官、事業家、イタリア国籍の学生などが含まれていた。日系アメリカ人の一二万人に対して白人系のドイツ人とイタリア人は一万一千人と二千人。このような相違の原因には肌の色の違いもあっただろう。

この強制立ち退きについては、後年一九八八年のレーガン大統領の時代に自由民権法が確立し、「当時のアメリカ政府の見解は、人種的偏見、戦争中の誤った判断、そして政治的指導の欠陥であった」ことが明記された。それに基づき、収容された日系アメリカ人一人ひとりに二万ドルの補償金が支払われた。現在それはアメリカの人権史上もっとも無慈悲な仕打ちであったことが公的に記録されている。また、カリフォルニア州政府は二〇二〇年二月二日に公式声明を発表し、戦争当時の日系アメリカ人に対する偏見に加担したことを謝罪した。アメリカの政府が、少なくとも間違いを間違いと公式に認めて謝罪をしたことは、苦しい経験を強いられた日系人に歓迎された。自国の歴史をこのように修正するという態度は公正で、アメリカの政治の良いところだと思う。

日系アメリカ人の強制収容所は、人の誰も住んでいない荒地や砂漠の一〇ヵ所、ポストン、ツールレイク、マンザナール、ヒラリバー、ミニドカ、ハートマウンテン、グラナダ、トパーズ、ローワー、ジェロームに作られた。榊

収容所の様子

原平治の家族は、他のシアトル方面の日系アメリカ人と同様、ミニドカの強制収容所に連れて行かれた。

収容所は英語でいうと prison camp という。私ははじめ、「キャンプ」という言葉が収容所を意味するとは知らなかったが、どの日系人もこの「キャンプ」という言葉をよく使ったので、次第にそれが森でのキャンプではなく、大変な経験だったことがわかった。

日系アメリカ人たちは、異国の地で長い間汗水をたらして働き続けようやく築いた全財産を、一夜のうちにすべて没収され、小さな荷物だけで汽車に乗せられた。長い旅路の果てにたどり着いた場所は、馬小屋のような掘っ立て小屋の収容所。隣りとの仕切りもなかったので、家族の会話は筒抜けで、プライバシーは何もなかった。また、鉄条網で囲まれた収容所には銃を持った警護官が随所に立っていた。どんなに恐ろしかったことだろう。こうして罪のない人たちが、「日本人の血が流れている」というだけで、囚人の扱いを受けることになったのだ。

恥をよしとしない日本の文化で育った後に移民した日系一世にとって、罪を犯したわけではないのに罪人のように扱われた収容所経験は「屈辱」以外の何ものでもなかった。

日系三世の友人、キャシー・ニシザキ（西崎）の両親は二人とも幼少期はカリフォルニア州サクラメントに住んでいた。父のボブはアマシェ強制収容所（コロラド州）、母のリリアンはツールレイク強制収容所（カリフォルニア州北部）からトパーズ（ユタ州）へと連れて行かれたが、二人とも収容所での経験につ

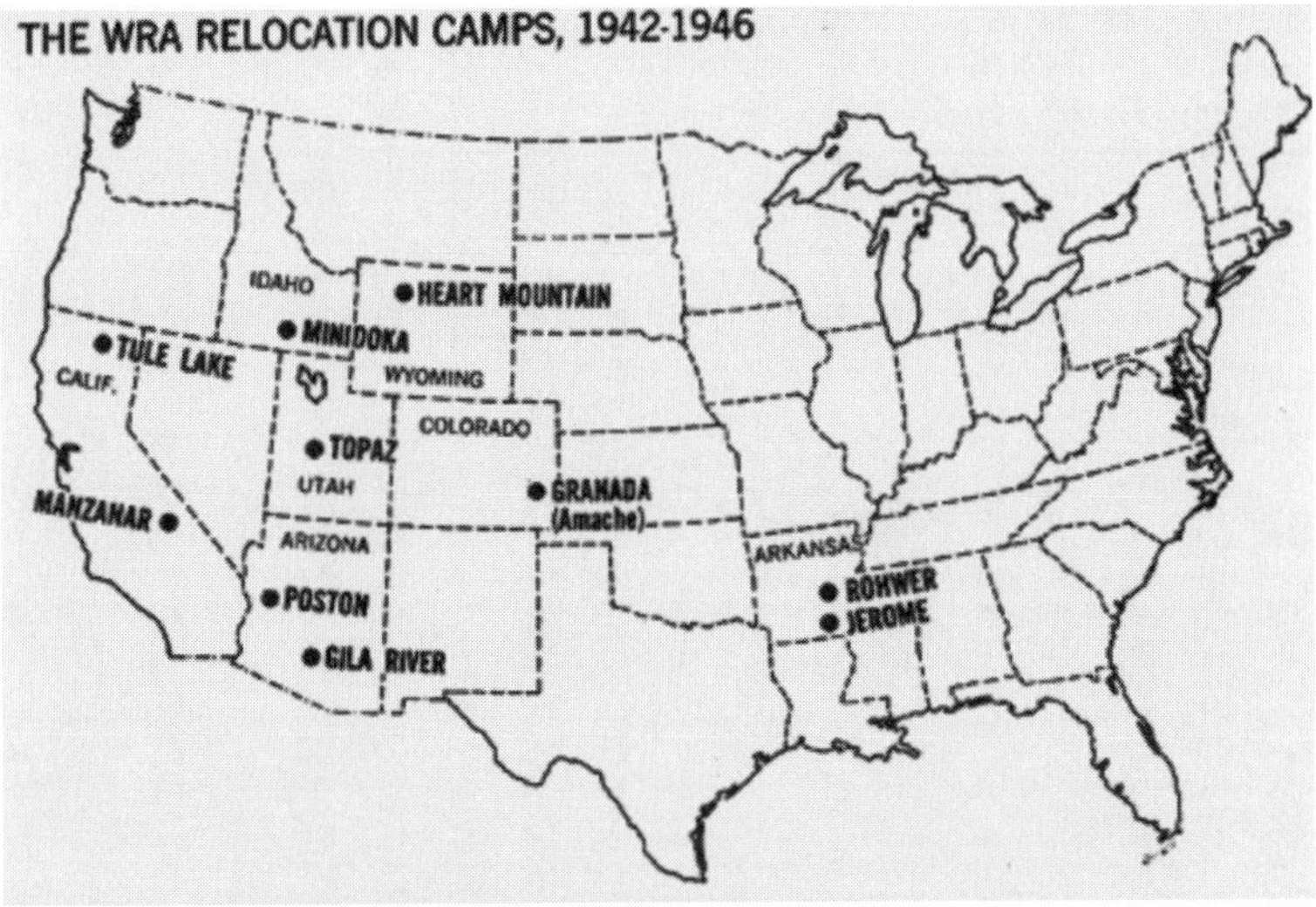

1942 年から 1956 年の間の収容所の位置を示した地図

いては口をつぐんだ。父は第四四二連隊（後述）にも参加して、奇跡的に生還したが、その経験は語らなかった[6]。

歴史から学ぶ

多くの日系アメリカ人は、見た目は日本人と変わらない。しかもほんの百年ぐらい前までは日本に住んでいた人たちなのだが、日本の学校では日系アメリカ人の屈辱の歴史を教わる機会はない。

歴史の授業は、私たちが未来を担う大人になったときに、それまでの歴史から学び、過ちを繰り返さないためにあると思う。自国の歴史の日の当たるところだけを覚えるのでは、考える人間は育たない。どんなことにも検証が必要で、事実を理解して何かを問い、考える機会こそが人を育てる。

頭の柔軟な若い時代に授業で学ぶことは大切なきっかけになる。日本から移民として外国へ行った人たちに何が起きたのかを知るのは、世界のなかでの人種や人権という問題を考える絶好の機会でもあるはずだ。だから、このような負の歴史も、子どもたちが学校で学び、考える機会が増えてほしいと私は切に願っている。

日系人の国会議員

日系アメリカ人の政治家で、ともに日系アメリカ人が再び米国社会での信頼を得るのに大きく貢献した二人を紹介したい。

一人は日系アメリカ人として初めてアメリカ合衆国の上院議員として活躍したダニエル・イノウエ氏（一九二四―二〇一二）。日本軍の真珠湾攻撃当時にはハワイ大学に在学中だったが、ハワイでの医療支援活動を志願、その後、アメリカ人としての忠誠心を示すためにアメリカ軍に志願した。入隊後はアメリカ軍の日系人部隊として有名な第四四二連隊に配属され、ヨーロッパ前線で戦った。一九四五年イタリア戦線において勇敢に戦い、右腕を失った。その後政治学を専攻して大学院に進み、のちに政界に進出。彼は多くの部隊員とともに数々の勲章を授与され、日系アメリカ人社会だけでなく、アメリカ軍からも英雄としてたたえられた。後年一九六三年から五〇年近く上院議員を務め、下院議長に選出された。大統領継承順位第三位の高位で、これはアメリカの歴史上アジア系アメリカ人が得た地位としては最上位だった。その足跡は日系人がアメリカ社会の主流に入っていく歴史の第一歩だったといえる(7)。

夫人のアイリーン・ヒラノ・イノウエ氏（一九四八―二〇二〇）も共に活躍した日系女性で、日米カウンシル創設に加わり、ロサンゼルスのリトル・トーキョーにある全米日系人博物館の初代館長を二〇年務めた。二人は日米の友好を多面的に促進した(8)。

もう一人は、カリフォルニア州サンノゼで生まれたノーマン・ミネタ氏（一九三一―二〇二二）。ミネタ氏はサンノゼ市長を経て、一九七四年に日系人として初めて下院議員に当選した。父親は一九〇八（明治四一）年に渡米した静岡県清水町出身の峯田国作、母親は三島市大宮町出身のかね（旧姓：渡邊）。ミネタファミリーは、第二次世界大戦中はハートマウンテン収容所に数年間収容された。二〇年間の議員在職中、一九八八年には、太平洋戦争中の日系人の強制収容に対するアメリカ合衆国政府による公式の謝罪および賠償を規定したCivil Liberties Act（市民の自由法）の成立を陰で支えた。ジョージ・ブッシュ大統領の下では、運輸長官としてもっとも長い任期を務め、二〇〇一年の米国同時多発テロ事件の際、アメリカ史上初めて全民間航空機の緊急着陸を命令した。彼の長年の功績をたたえて、サンノゼ国際空港は現在「ノーマン・Y・ミネタ・サンノゼ国際空港」と呼ばれている。[9]

日本人留学生との交流

一九八六年から二〇一七年までカリフォルニア大学デイビス校にいた間、たくさんの日本人留学生に出会った。授業以外で留学生の世話が仕事として与えられていたわけではないが、彼らがアメリカ生活を通して日本との違いに気づき、自分でものを考える人になって帰国できるようになるのは、私の最大の楽しみの一つだった。

アメリカを知ろうとするなら、実体験がなければ、真の意味での文化摂取はできない。ソーシャル・メディアから入る画像やニュースは、限られた情報を切り取った現象だけを伝えるから、外国に一定期間滞在して、そこで暮らしてみるのとは違う。日本で暮らし、培ってきた思いを抱えたまま、まったく異なった新しい壁にぶつかるなら、留学生はものの考え方の違いに初めて気づく。そこから、「自分で考え、選択する」ことが始まる。

たとえばホームステイをしていた学生たちのなかには、晩御飯は自由に冷蔵庫の中の材料で一人でサンドウィッチを作って食べるように、と言われてびっくりした人がいた。日本のように夕食時には家族がテーブルに座り、お母さんの作った手作りの食事が出てくるとは限らないし、サンドウィッチはアメリカではお弁当やランチにだけ作るものではなくて、おにぎりのようにいつでも好まれる食べ物だ。もし望むなら「晩御飯は暖かいものが食べたい」「家族と一緒にテーブルに座りたい」と自分の希望を伝えてみれば考慮してもらえるかもしれないが、何も言わなければ、希望は伝わらない。生活習慣が違う人には、自分が慣れ親しんだ日本での暮らし方をまず説明する必要がある。遠慮しすぎると、変えてもらえるかもしれない機会も逸してしまう。

また、アメリカのレストランは体の大きい食欲旺盛の人に合わせたサービスで、どこでも大盛りなので、それを残さないで食べようとしているうちに、みるみるうちに五キロ、七キロと太ってしまって困っていた留学生が大勢いた。大盛りのお皿はまず三分の一をお土産用の箱に入れてしまって後で食べることにして、その残りを食べるとちょうどいい。目の前に出されたものでも、それをどう処理するか、選択権は自分にある。

Noと言うことが苦手な日本人は、自分が人を傷つけないように、人と異なることがないようにとまず考えるので、主張をするより、まず受け入れる姿勢を示すが、それは自由な意見交換や意思表示が前提のアメリカ人の考え方とは反対だ。「傷つく」「傷つけられる」という表現は、英語の会話ではあまり耳にしない。相手の思いを想像して自分の立場を考えるより、相手がどう思っているかを実際に確かめ、次に自分がどう思っているかを述べて、意見の交換を土台にして解決していくことの方が多いからだ。言語による意思表示を重視するコミュニケーションのなかでは、沈黙はかえって誤解を招く。そんな壁に突き当たって初めて勇気をふるい起こして意見を言ってみると、意外にすんなりと思いが伝わり、それに少しずつ自信をつけて、留学生たちは自己表現の大切さを学んだ。

日米の大学生活の過ごし方には大きな違いがある。受験勉強からようやく解放された日本の大学生は、大学生活をできるだけ楽しみたいが、アメリカでは、入学より卒業の方がずっと難しくて、入学後猛烈に勉強しなければ、どんどん落伍していく。そのためアメリカの大学生はあまり余暇を楽しむ余裕がないので、留学生に対してとくに時間を使って親しくなろうとする人は多くはない。そんな状況のなかで日本からの留学生たちにとって意外に充実した経験となったのが、私の日本語のクラスの手伝いにくることだった。日本語を履修している学生たちにとっては、日本語を流暢に話すのは自分たちのゴールなので、日本人留学生と共に時間を過ごすことが日本語上達の道となる。留学生が教室に来て日本語の練習の相手になってくれることで、アメリカ人の学生たちは日本語を話す楽しみを覚えて、どんどん向上心が湧いていく。すると次第に一緒に週末出かけ、自然に英語と日本語を教えあうようになり、やがて友情も育まれた。

このように留学生が日本語教育を支えてくれたのは、とてもありがたかった。とはいえ、授業中にはあまり自由に話すことはできなかったので、あるときから授業後にキャフェテリアで集まる時間を設け、「コーヒーアワー」と名づけた。それがとても人気があったので、やがて「会話アワー」という名に変えて、語学交換の活動の場として、毎週二時間ぐらいの枠で大学の部屋を予約することにした。それは単位とは無関係に自発的な交流の場として定着して、多いときで五〇人ぐらいの日米の学生が楽しそうに語らうようになった。その後、日本で合流していっしょに居酒屋にいるところ、旅行をしているところなどの写真が送られてくることもあった。なかには日本へ行ってやがて結婚して家庭を持った学生たちもいる。彼らから時折もらう手紙やメールは宝物だ。授業外の時間に自主的に運営していた「会話アワー」は、日本語と英語の習得を目指している若人たち双方が興味を持ってお互いを知り合う場となったのと同時に、なかなか日本の新しいニュースが入ってきにくいアメリカの環境のなかで、留学生たちが運んでくれた日本の息吹を楽しめるところでもあった。外国語学習そして、その活動が人間同士の真のコミュニケーションを提供する場となったことは、私の望外の喜びとなった。

じゃんけんぽ学校

一九九八年から四年間、私はサクラメントの日系アメリカ人の子どもたちのための夏季学校のディレクターを務めた。この学校は「じゃんけんぽ学校」（「じゃんけんぽん」の「ん」が無い方言が、日系アメリカ人の間に定着した呼び名）といい、収容所の経験がある日系二世の大人たちが、その子どもたちのために作った四週間の日本文化を伝えるプログラムだった。北カリフォルニアには「だるまの学校」「めだかの学校」などの同様の学校がある。日本育ちの私は子ども向けの日本語学習や日本語の歌を担当したが、お母さんたちがボランティアでうどんやいなり寿司の作り方を教えたりして、とても楽しいプログラムだった。次女も四年生のときに加わった。

テーマのなかには収容所の経験を子どもたちに伝える試みもあったが、自分の知らないことなので、もう一人のディレクターだった日系三世のダナ・コムレ（小牟禮）・トオヤマ（遠山）を頼って、“We the People: A Story of Internment In America”（メアリー・塚本『私たちの強制収容の物語』一九八七年）を基に英語劇を書いてもらった。そして私は暗い内容に少し幅を持たせるために、何曲か歌を書いた。こうして、全員参加のなかなか良い劇が出来上がり、四〇人の子どもたちの発表会は大成功だった。その後、そのときの歌の一つ、「いつ家を出るの」のＣＤ作成のために録音をすることになった。親しいピアニストの深澤なつきさんや私の所属していたSacramento Master Singersがこのプロジェクトを盛り上げてくれた。

このじゃんけんぽ学校の卒業生のなかには、現在大人になって、日系アメリカ人の市民団体で活躍している人もいる。こうして、草の根の文化活動を通して辛い歴史を若い世代へと伝え、先へとつないでいく日系人の努力には敬服する。私は長い教師経験を生かして、この教育活動に心を込めて携わったし、ボランティアの親たちはほとんどが英語話者だったが、子どもに日本の文化を教えたいという熱い思いがあったから、私が日本語を駆使して子どもたちに教えるのをとても喜んでくれた。そして、このような交わりのなかから、私は徐々に日系アメリカ人の気持ちによ り細やかに気づくようになっていった。

このプログラムのなかで、収容所体験を伝えるおばあちゃんの話を子どもたちと一緒に聞いたことがあった。すると、その原因はアメリカ政府の偏見というだけでなく、本当の祖国であるはずの日本という国が仕掛けた戦争が大きな原因であることがはっきりとわかり、当惑した。真珠湾攻撃が起きたとき、私はまだ生まれていなかったが、私の国籍は日本。ここで日系アメリカ人と共に暮らしていく自分は、日本人側に位置する。彼らが私を心の底から受け入れてくれるのかどうかが、私にとって大問題となった。

日系アメリカ人の悲しみ

戦後生まれの私には戦時体験がない。私の知っていた「戦争」といえば、東京に空襲があり、父母が疎開していた話。おじたちが兵隊となり、空母艦の中で一人は戦死、一人はシベリアに抑留。それに加えて、物資と医療、薬の不足のなかで母の家族が三人、父の家族が二人他界したことなど、両親から伝え聞いたことだけだ。姉はまだ戦争中に生まれたのでミルクが不足し、母は育てるのにとても苦労したらしい。同じときに生まれた従兄弟は生き延びられなかった。

終戦記念日の八月一五日が来るたびに戦争の特集があったので、そのときに新聞やテレビで少しずつ情報は得ていた。だが、学校の歴史の授業で、日系人の収容について聞いたことは一度もなかった。そして、サクラメントで日系収容の歴史の全容が見えてきたとき、自分が「加害者」の側の国の人間であることに初めて気づいたのだ。

親に守られて日本にいた間は「みんなと同じ」で戦争について何も知らないのが普通でも、一歩国外に出れば、私は一人の「日本人」という立場を与えられ、それなりの責任を負うことになった。知っていても知らなくても、日本の国のしたことと私という存在を無関係にすることはできない。

その上、それによって大きな不幸を背負った人たちが目の前にいて、彼らは私の「隣人」だという現実。「この人たちは心の奥底では日本人のことをどう思っているのだろうか」「本当の友だちになれるのだろうか」「私は許してもらえるのだろうか」考えても答えはなかった。日本人が日系アメリカ人の悲しみの歴史の原因を作った――この事実は、私の胸に深く刺さった。しかし、「知る」ことは新しい旅の始まりでもある。そして、次に「私にはこの土地で何ができるのか」という課題が見えてきた。

日系アメリカ人は西日本の農家出身の人が多い。彼らは新天地での将来に賭けて渡米したが、言葉もわからず、すべてを一から始めるのは、苦労の連続だった。サクラメントには農耕地面積が少なかった広島県、熊本県、和歌山県などからの移民が集まっている。長男が世襲で親の田畠を譲り受けるしきたりのなかで、農家の次男、三男が自立への道を求めて海外へ出たのだ。

日系アメリカ人の歴史を知るにつれ、私は彼らの血のにじむような努力の歴史を深く受け止めるようになった。現在アメリカに自由に出入りする日本人がこの国を楽しむことができるのは、そのような下地があったからこそだ。日本人と同じ顔の彼らが苦労と努力の末にアメリカ社会で勝ち得た信頼が、日本人にもそのまま適用される。しかし、日系人たちは、さらなる排斥をされないように日本語という代々伝わってきた言語をもう学ばない、伝えないという大きな決断をしたときから、日本からの直接の情報を徐々に失うことになった。今は多くが英語話者として日本とつながっている。それで、私はこの土地で二つの言語を使って情報のギャップを埋める「つなぎ役」を志した。

ジョセフは広島・長崎へ行った

ジョナサンの父、ジョセフ・純治（一九二五―二〇〇〇）の家族がアメリカで収容された頃、シアトルとポートランド在留の日本人及び日系アメリカ人の家族はほとんどがアイダホ州のミニドカ強制収容所送りとなったため、ジョセフの家族も小さな自営業を没収され、みんなミニドカに連れて行かれた。慣れない異国の地アメリカで必死の努力で生活を営んできた一世たちは、厳しい試練の果てにようやく手にした小さな幸せを突如奪われてしまった。そして、その果ては、鉄条網に囲まれた収容所の中の掘っ立て小屋。そんな考えたこともない自由のない生活を強いられたのは、耐え難い屈辱だった。

ジョセフは熱血漢で親思いの真面目な二世の青年で、幼い頃からシアトルのバプテスト教会に通い、将来は牧師になりたいという夢を持っていた。一六歳で収容所に送られ収容所内の高校を卒業すると、シアトルの教会で以前世話になっていたアンドリュー牧師（Emery Andrews）（一九二五―六九）の推薦により、バークレーの神学校（Baptist Divinity Theological School）に入学することができた。こうして、一足早く収容所を出ることができたのは幸いだった。そして、ジョセフは牧師への道を歩むことになった。

一九四五年、長かった戦争は終結を迎えた。アメリカ軍の広島・長崎への原爆投下の知らせがあってから、その悲惨な知らせに心を痛めていたジョセフは、一九五〇年に日本へ飛び、広島・長崎の原爆の跡地に家を建てるプロジェクトを率いていたシアトル出身の平和運動家のフロイド・シュモー氏（Floyd Schmoe）（一八九五―二〇〇一）のグループのボランティアの一員となった。シュモー氏と、アンドリュー牧師は懇意の間柄だった。

二〇〇〇年に七五歳で他界するまで、ジョセフは自分のこのような働きを人には話さなかったので、その頃の詳細は、ごく最近わかったことである。情熱的な行動派で、伝道やボランティアの仕事などは多くの人の記憶に残っているが、私たちは「パパは広島に行った」ということだけしか知らなかった。

それが、最近たまたま遊びに来ていたジョナサンの女子学院での教え子の浅井靖子さんが、番組作りのために広島の取材をしていたので、ジョセフのことが話題にのぼった。すると、それから一本の糸がつながり、広島流川教会の故谷本清牧師の娘さんで、ご自身の幼少期の被爆の体験から広島の平和運動に深く関わっておられる近藤紘子さんが、ジョセフが写っている写真を見つけてくださった。当時子どもだった紘子さんは、教会に寝泊まりして働いてい

（左）広島のシュモーハウス／（右）写真左端の青年がジョセフ・榊原

た日本人やアメリカ人の青年たちを覚えていたのだ。現在「シュモーハウス」は広島に寄せられた海外からの支援を伝える建物として、広島平和記念資料館の附属展示施設となって残っている。

その後、ジョセフは東京の三崎町教会の副牧師として赴任し、そこで教会員だった蓮江啓子と出会って結婚。私の夫のジョナサン・正純と妹のセラ・かおるは東京で生まれた。米国への帰国後、弟のネイサン・純郎が生まれ、家族はジョセフの仕事でカリフォルニア州内のフレズノの近くのダイニューバやバークレー、サクラメントへと移り住んだ。

日本の海外移民の歴史

日本の海外移民は、歴史的には日本政府の政策として国内の過剰な人口の緩和のためにおこなわれた。江戸時代の長い鎖国の後の明治維新という政治形態の変化が、移民の大きな波を作るきっかけとなった。明治政府は一八八四年に日本国民の海外渡航を正式に許可した。維新後には労働の方法が変わり、地方の農村や漁村では労働力が溢れてしまったし、一九〇五年の日露戦争後には、帰還兵の多くが仕事を見つけられなかった。そのように日本での生活に困窮していた人たちにとって、移民は唯一の希望への道となった。移民の多くは「出稼ぎ」のつもりだったが、思うようにお金を貯められずにそのまま残ったというケースも多い。

移民が早くから入ったのはハワイで、サトウキビ畑の労働者として一八九四年までに約二万九千人がハワイへ渡った。それに先立って一八八五年に日布移民条約（『布』はハワイを意味する『布哇』の略）が結ばれたが、公約に反して過酷な労働が待ち受けていた[10]。

北米大陸への移民は一九世紀の終わりから二〇世紀初めにかけて推奨された。その第一号は一八七七年にカナダへ渡った永野万蔵とされている。万蔵は鮭漁の漁師として働き、木材搬入の仕事もした[11]。そしてアメリカでは愛媛県西宇和郡矢野崎村（現在は廃村）の半農半漁の次男として一八五六年に生まれた西井久八が、外国船の船員として働き、上陸後オレゴン州のポートランドの製材所で働き、その後シアトルに移り日本人として初めてレストランを開いたことが知られている[12]。

南米への移民は一九〇八年に笠戸丸によるブラジルへの移民で始まり、七八一人がサンパウロのコーヒー園に労働力として入植した。母国日本では一九二四年に海外への移民禁止令が発令されたが、のちにアジアへの移民となった一九三二年の満洲国の建設もまた、日本政府の形を変えた移民政策の一環であった[13]。

北米への移民

北米に移民した一八万人の日本人たちは、懸命に働いた。日系一世たちは言葉が通じない困難のなかで、農場、缶詰工場、鉄道敷設などの過酷な肉体労働に従事した。そして家族を持ち、仏教会（お寺のこと）やキリスト教の教会を建て、やがては生き生きとした日系人の社会を築いた。

皮肉にも、このような努力の結晶は、日本人の勤勉さと緻密な仕事ぶりに目を見張った白人社会に不安を与えることになる。その結果、一世はアメリカ国籍所有者にはなれないという法律ができた。そして、土地の所有への道を閉ざされ、白人との結婚はできず、子どもたちは白人の子どもたちとは違う学校へ通うこととなった。二世も、就職、家探し、レストランや店、プールなどの公共の建物の出入りに関しての制限を受けた[14]。

アメリカでの黒人差別はよく知られているが、その頃からさまざまな公民権運動を経た現在でも、白人ではない人種がいろいろなところで見えない差別を受けることは、アメリカに住んでいる私たちには残念だが受け入れなければいけない実情となっている。

米国でもっとも歴史のある邦字新聞、シアトルの北米報知社（一九〇二年創刊）の室橋美佐氏は「米国移民一五〇周年」という記事を次のように結んでいる。「アメリカで生活する日本人として、日系一世の軌跡には励まされる思いがする。言葉や文化の壁にぶつかりながらの試行錯誤、日本に残してきた両親への心配、またはアメリカ人として育っていく子どもたちへの複雑な思い。異国生活ゆえの辛さに不平をこぼしたくなるが、一世の苦労の上に成り立つ恵まれた現在の環境を思えば、むしろ感謝しなくてはならない」(15)。

日系アメリカ人をつなぐ新聞は他にもあったが、日本語人口の減少と共に発行部数が減っていった。現在アメリカ西海岸では唯一ロサンゼルスの『羅府新報』（一九〇三年創刊）が残っており、二月一九日の強制収容の大統領令発令の日を収容記念日とする日系コミュニティーの行事や収容所の跡地などに関する記事を日本や世界のニュースのダイジェストと合わせて、日本語と英語の両方できめ細かに報じている(16)。

日系アメリカ人の心のルーツ

日系アメリカ人は英語で育ち、英語でものを考えても、今も心のルーツは日本にある。中国やフィリピンなど、他のアジア系の人たちも同じ頃アメリカに移り住み、それぞれが母国の文化を誇りにしている。

ここで、私が日系社会での日本文化の継承を体感した出来事を一つ紹介したい。一九九〇年代にサクラメント市にサクラメント・シンフォニーという交響楽団があった。シーズンごとにオーケストラの重厚なプログラムを組み、町のひとつの顔になっていた。隣のおばさんのパットはその理事会の重鎮だったので、「いろいろな人種がいた方がいいのよ」と、アジア系の私をそのシンフォニーの理事会に誘い込んだ。

ゴールドラッシュで栄えたカリフォルニア州は、ヨーロッパの文化がそのまま入ってきた東海岸とは文化的に異なる。ここでは、金を求めてあちこちからやってきた人々（ならず者も多かった）が好んだポピュラー音楽の方が優勢で、クラシック音楽を好む人口は少ない。そんななかで、白人が主流の理事会は、財政的な基盤を強化するために、新しい層のオーケストラの支持者を増やす必要があり、違う人種の理事会のメンバーを探していたのだ。私が理事会に行ってみると、市長をはじめ、町の資産家や有力者の白人たちが顔を連ねていて、足がすくんだ。まだ彼らの英語の速度に十分に太刀打ちできるとは思えなかったので、とても不安になった。

やがてそのオーケストラで「世界の音楽」というシリーズをやろうという話になり、ラテン系、ヨーロッパ系、アフリカ系と共にアジア系アメリカ人をも対象にした個々のコンサートが企画された。それから各コンサートの企画、チケット販売の担当、広告や寄付集めを理事たちが任されて、それぞれの人種のコミュニティーで協力を得て、コンサートを実現させることになった。

ボランティアとはいえ、アメリカでこんな広い範囲の人たちのなかで働くのは初めてだったので、とてもやりがいがあって、ワクワクした。私はさっそく、知り合いの日系人で音楽好きの人たちを数人見つけて、「アジア系音楽の夕べ」というコンサートを成功させるために、日本関連の音楽の準備と日系社会からの寄付を集める仕事から始めた。こうして日系人三世の友だちのキャシー・メンダ（免田）、同じく三世で私の歯科医だったウェイド・タンバラ（丹原）と一緒に、まず電話帳で日系関係の会社を探し出し、分担して全体をカバーする方針を立てた。それから、それぞれが電話をかけて寄付を仰いだ。結果は良好で、いくつか大口の寄付もあったし、小さな寄付も合わせて千ドルぐらいにはなった。

「アジア系音楽の夕べ」は私たち日系の他に中国系、フィリピン系、韓国系の四つのグループで構成されており、寄付集めの締め切りが設定されてから、それぞれのグループが別行動で目的に向かって動いていた。オーケストラの事務局の責任者はその四つのグループと個々に連絡を保ち、準備を総合的にまとめていた。そして、締め切りがやってくると、寄付が集まっていたのは、なんと私たち日系のグループだけだったのだ。

私はとても不思議に思った。これだけのことをしようとしているなかで責任を任された人たちがどうして期限を守らないのだろう。事務局の人に聞いてみると、他のグループはバラバラで、私たちのように電話帳のリストアップなどはせず、フィリピンの人たちは有力者やお金持ちを頼るという形で事を進めていたし、中国系の人たちは個々の個性に応じて個人的に連絡する方法をとるだけで、「みんなでやる」とか「協力する」といったことは一切なかった。韓国系のグループは下働きをする人がいなくて、誰もが一匹狼といった働き方だった。「日系人は協力を惜しまず、みんなでやるということには責任を果たし、期限もきちんと守る。日本人と同じ考え方なのだ！」と、そのときわかった。この州にいる人たちは、こうして、それぞれが自分のルーツである国の文化の価値観を反映して暮らしている。それは親や祖父母の代から、長い時間をかけて伝えられてきた大切なものだ。

こうして私は、グループで目的を達成するために力を合わせる協調性、任された仕事をきちんとこなす真面目さ、周りに対する緻密な配慮、という日本文化の作り出した国民性が日系アメリカ人にも継承されていたということがわかり、とてもうれしかった。彼らは英語を話すアメリカ人ではあっても、内側では日本人としての伝統を共有しているという信頼感から、日系三世のキャシーとウェイドとは、その後とてもいい友だちになった。

もう一つ、こちらでよくある一人一品持ち寄りのポットラックパーティーを例にとろう。パーティーに呼ばれたとき、何を作っていこうかと考える。その際、誰が来るのか、他にどんな食べ物が集まりそうかを考えて、自分の持っていくものを決める。パーティーに日本人や日系人が来るのであれば、ご馳走が並ぶことが想定されるので、私はいそいそと、何かみんなに喜んでもらえそうなおいしいものを手作りする計画を立てる。そうでない場合、とくに白人のパーティーのときには、持ってくる一品がお店で買ってきたサラダだったり、チーズやクラッカーが主流なので、持っていくものを少し変える。「手作り」に心を込めることにはあまりこだわらない。この違いは、「おもてなしの心」の有無にある。

今や世界中の人が日本を観光する時代になったのは、日本が拳銃のない安全な国であると同時に、日本人の「おもてなし」が行き届いているからだろう。お客様に対してベストを尽くすこの考え方は他の文化にはあまり見られないので、私の友だちも日本へ行くと大喜びで帰ってくる。明治時代に移民としてアメリカに来た日系一世たちは、そんな日本人としての大切な価値観を後世に伝えた。多文化のアメリカ社会のなかで、それは光を放っている。

日系社会の日本語

母国からアメリカに来たばかりの一世は誰もが英語はよくできないなか、子どもを育てるために懸命に労働に従事する。子どもたちはそんな親の苦労のなかで、学校に通って英語の読み書きができるようになる。つぎに、その二世が家の柱となって、両親を助けて英語の書類を読みこなし、今ならコンピュータを駆使して、家族がアメリカでの暮らしにさまざまな面から順応するための主力になっていく。これは私がカリフォルニアでの生活のなかで見てきた、日系、中国系、韓国系、メキシコ系などの移民のすべてに共通する縮図だ。どの文化からの移民の場合でも、母国の文化や言語を子どもにも伝えたいという願いは強い。でも日系アメリカ人は、やむなく日本語を手放した。

現在、日系アメリカ人のほとんどは日本語を話せないが、私がサクラメントに来た当時は二世の人もまだ多く、彼らの英語の会話のなかにはときどき日本語が混じっていた。二世は日本生まれの一世の両親が家で日本語を話していたので、日本語を聞きながら育った。義父のジョセフはメソジスト教会の牧師で、自分と同じ二世の世代と親の世代である一世の日系人を大切にして、献身的に仕事をしていた。私もその教会へ通うようになると、会員の多くは日系アメリカ人で、日本で生まれ育った人は戦争花嫁の年代の方が多く、まだ三〇代の日本人は私ひとりだった。

あるとき教会で、若い三世のハンサムな青年がそばに来て、日本語を少し話せるから話してみたいと言う。そして真面目な顔で、「ベンジョハドコデスカ」と言ったので、お腹を抱えて笑いそうになった。英語を話すというだけで、日本にいたらなんとなく「かっこいい人」というイメージがあるのに、そのかっこいい人の口からいきなりこんな言葉が出てくるなんて……。でも、彼は自分のおばあちゃんが言っていた日本語をそのまま使って、大真面目だったのだ。うれしそうに「コレ、ナンボ?」と知っている日本語を教えてくれた三世もいた。その人の親は二世で、一世の広島弁を聞いて育ったという。私はといえば、東京育ちで標準語しか知らず、方言はテレビで聞いていただけだった。

アメリカで育った二世や三世は、日本語を耳で聞けるテレビやラジオはなかったから、日本育ちの一世たちが話すさまざまな方言が日本語の世界を形作った。方言と標準語、男言葉と女言葉の違い、子どもの言葉や敬語といった社会状況によって使い分ける細かい日本語の違いに触れることはなかった。それに、小さい「っ」や長母音などは間違えやすいので、「ちょっと」は「ちょと」「おばあさん」は「おばさん」になったりする。

日本で育つ場合は学校で何度も漢字の試験を受けながら一つの漢字そのものの意味を次第に理解していくので、「大」（大きい、広い、量が多い）という意味を知れば、「大学、大海、大金」などの熟語の意味が次第に理解できるようになる。一方、日系社会では「大」を「大きい＝おおきい」という訓読みで単語として知っている人は多いが、漢字そのものの意味の学習経験がないので、「おおきい」を「ダイ」という音読みと意味との関わりの組み合わせで知っている人はいない。そのため、新しく熟語を作る応用力がない。自分の漢字の知識を元にして新しい言葉を増やす、という語学能力がないと、日本語の会話も耳から入った日本語だけになって、自ずと限りがある。

一世が他界すると、日本語を聞く機会は益々減っていき、二世の育っていた時代には第二次世界大戦、日系収容があったから、戦争終了と共に二世が日本語を習わなくなり、三世は英語でのコミュニケーション世代になった。

私の夫は小さい頃は日本生まれの母と日本語だけで話し、小学校からはずっと英語で学習したが、大学で第二外国語としての日本語を勉強したのち、日本に五年住んでいたので、私と日本語での日常会話がある程度できる。でも、漢字は苦手で熟語は使わないので、夫と日本語で話すときには、なるべくわかりやすい表現を選んでいる。一緒にテレビを見ているときには、朝ドラの会話は大体わかっても、ＮＨＫニュースは難解だ。つまり、読み書きを学ばなければ、日本語はきちんとわからない。また、家庭以外の社会で、家族以外の複雑な人間関係を前提に使われている日本語の機微を体験しなければ、本当の意味での「生きた日本語」を習得することはできない。日系アメリカ人は、家庭で耳から聞いた、いわば「家庭で使う日本語」だけを覚えたので、戦争で日本語を諦めることになる前にも、それが日本語習得の限界になっていたのだ。

なぜ古い日本が残っているのか

日本からアメリカに来て、予備知識がないまま日系アメリカ人の文化を観察すると、古い明治時代の日本からの考え方がそのまま変わらずに残っていることにおどろく。伝統的な日本がここに残っている。彼らは自分たちの家族に伝わる「じいちゃん」や「ばあちゃん」の残したものを大切にしていて、それこそが彼らにとっての「日本」なのだ。それがお正月の餅つきの方法であったり、沢庵の漬け方であったりもする。彼らの知っている日本はあまりに古くて、昭和生まれの私でさえ、初めはそのギャップに目を見張ったものだ。

日本のイメージとは何か、と今の四世、五世の世代に聞けば、たいてい「太鼓、寿司、ゲーム、照り焼きチキン（これはアメリカにある日本のレストランの定番）」と答える。それらは、カリフォルニアの生活のなかで身近にある日本由来のものだが、その原点である日本では時代とともにその姿は変わってゆく。つねに変化し続ける日本と固定化した日本。私自身はこうして、このカリフォルニアで、インターネットやさまざまな新しい情報源で知る新しい日本と、私のここでの生活を囲む日系人の古い日本の習慣の名残りの狭間に暮らしている。

でも、日本語で直接情報を入手できない日系人にとって、一度学んだ日本のイメージがそこで固定してしまうのは仕方がない。近所の大手の日系アメリカ人経営の日本食料品店「オトーズ」には、昔ながらの製品と新製品とが並んでいるが、日系アメリカ人の友だちは新製品の包装の日本語がわからないので、使い方や作り方がわからず、前から知っている古い製品だけをいつも買っている。インスタントラーメンなら必ず日清の即席ラーメンを買って、袋入りの生ラーメンや冷やし中華を作ろうとする人はあまりいない。

教会などに手作りの家庭料理を持っていくと、「レシピを教えてほしい」と言われることがあるが、たとえば、「出し」と言っても、日系人の友だちはお店で売っている「ほんだし」を使っている。私は昆布やかつお節など、なるべく本物の味を出せるものをいろいろ使うので、レシピだけではなく、料理の仕上げの方法も伝えるのは難しいことがある。

私が現在通うパークビュー長老派教会は、日系アメリカ人の建てた教会で百年の歴史があるが、今では多文化の教会になっていて、持ち寄りのポットラックの食事のときには多種多様な食べ物が集まる。日系人も多いので、私は何か日本の食べ物を作って持っていくが、コロッケなどこちらでは伝統的ではない日本の味を作ると、食べる人は多くない。しかし、いなり寿司やちらし寿司などみなが食べたことのある食べ物は人気があって、すぐになくなってしまう。

日系人の日本理解が停滞した決定的原因は、戦争によって日本語が敵国の言語という位置づけを受けたことだったが、その頃育ち盛りだったグローリア・イマギレ（今給黎）には、多くのことを習った。

一九三五年生まれの彼女は、今年八九歳になる。渡米して間もなく、日系メソジスト教会で出会った。誰も知り合いがいなかった頃、彼女の温かな配慮にどんなに救われたことだろう。家族のようにお世話になった事は忘れることができない。たとえば、初めての産後で右往左往しているときに、娘を産湯に入れるために自宅まで来てくれたり、日本の元旦のような家族の集まりがある感謝祭の日、親族の誰もいない私たちも家に呼んでくれた。そして、私の父母が初めて日本から尋ねてきたときにも、家でもてなされた。それから今までずっと、グローリアはこの土地での母親のような存在として、いつもそばにいる大切な人になった。

彼女は六歳のとき、ツールレイクの収容所に入った。そして、カリフォルニア大学バークレー校を卒業して看護士として長い間働き、三人の娘さんを育てた。退職してからはご主人と何度も日本に行き、自分のルーツを調べている。

そのグローリアがふと悲しそうにこう語った。「私は小さいとき、日本語学校で「サイタサイタサクラガサイタ」と読めるようになっていたのに、あとはもう何も習えなくなってしまったのよ。戦争が始まったとき、急に家のなかでも日本語を使ってはいけないと言われたの。自分の生活のなかから突然日本語が消えてしまった……。私たちはアメリカ人にならなくてはいけなかった。あんなことがなかったら、私は今頃もっと日本語が上手になっていたはずなのに……」「私は子ども心に、おじいちゃんとおばあちゃんの国が私たちをこんな目に遭わせるなんて、どう考えて良いかわからなくなってしまったの。日本とアメリカのどちらの国に忠誠を誓ったら良いのか、というのは大問題だったのよ。」多くの日系人の知り合いのなかでグローリアは知的好奇心がとても旺盛で、今も行動範囲も広いし、教会やコミュニティーの活動で責任のある役割をどんどんこなすリーダー的存在だ。

太平洋戦争の勃発と同時に収容所送りとなり、アメリカ社会での嵐のような日本人排斥運動に直面した日系アメリカ人は、あらゆる知恵をふりしぼってアメリカで生き抜かなければならなかった。そして、言語を英語のみにしぼり、アメリカ人として暮らしていく道を選んだ。それまでは日本の文化は大切にされ、家でも日本語を聞く機会があったし、子どものための日本語学校などもあったが、一世たちの決断により、二世たちは急に家でも日本語を話してはいけないことになった。そのようにして、家庭でも、日本語を聞く機会は失われ、日々変化する日本の情報が直接入る術もすっかり失われてしまった。

教室で日本語を教えていた私にも、カリフォルニアで育った日系四世、五世の子どもたちが大学で日本語を学ぶときには、他の人種の学生たちと少しも変わらず、日本語の予備知識が何もないという実情が、こうして少しずつわかってきた。

渡米する以前には、日本人が外国に移り住んだ場合、新しい言語や文化に直面してどのような変容を迫られるのか、考えたことはなかった。しかし、渡米によって、私自身がその当事者となり、ここアメリカでその状況を切り抜けていく現実が目の前に生じた。その努力の先にもし国家間の戦争という壁が立ちはだかれば、個人の意志や選択はまったく反映されずに自由が剥奪されるかもしれないと気づくと、私は愕然とした。そのとき、叔父の健夫が日本人としてシベリアに拘置された「強制収容」の歴史が頭をよぎり、日系移民に起きた事件との類似性に気づいた。シベリア抑留の実態についてもっと調べてみたいと思うようになったのは、それからだ。

第二章

新しいプロジェクトに取り組む

一．「シベリア抑留」への導き

写真家・新正卓氏と出会う

私の「シベリア抑留」との出会いは、二〇〇三年にひとりの日本人写真家と知り合ったことから始まった。前章で紹介した「じゃんけんぽ学校」の活動で、あるときサクラメントの「仏教会」で毎週おこなわれるシニアの昼ごはんの会のときに子どもたちを連れて行き、日本語のお遊戯や歌を披露することになり、偶然の出会いはそこで起きた。

「仏教会」というのは日本では聞き慣れない言葉だが、こちらではBuddhist Churchと言われ、普通に使われている。日系アメリカ人の間で仏教の普及が始まったとき、アメリカに多いキリスト教の教会のあり方に習ったものだ。教会では日曜日ごとに家族ぐるみで集まって聖書の教えを学び、教会員との親睦ではそれぞれの国の言語で話す機会もあった。一七七六年のアメリカ合衆国成立の初期にヨーロッパからの移民がたくさん入ったときにも、そのようにキリスト教の教会がドイツ系、イタリア系、アイルランド系のように一つ一つの文化圏からの人々が集まる拠り所となった。それで、仏教もそれに準じた形式で、日本人も日曜日に集まり、仏式の礼拝をおこなうようになった。それが「仏教会」という名称の始まりだ。キリスト教の教会で歌われる「讃美歌」のように、「讃仏歌」もある。サクラメントには今でもこのような仏教会が二つあり、キリスト教の教会に通う日系人と仏教会に通う日系人に分かれているが、それぞれに街の人々の生活の中心となって、人をつないでいる。

日本では仏教の学びのために大人や子どもがこのように集まる習慣はあまり耳にしたことがない。「日本人の宗教は？」と問われたら、答えは「神道と仏教」だが、どちらも定期的に参加することで個々の人間の心の内側の闇や寂しさを解決していくための学びの場はない。それだけに、このように米国で普及している仏教の日曜日の集まりは、画期的だ。古くからの形式を踏襲するだけではなく、必要に応じて柔軟に考え直し、目的のために新しい方法を実行するのは、アメリカという風土でよく見られる。

仏教会の建物には子どもたちがバスケットボールができる体育館や舞台もある。その日、「じゃんけんぽ」の子どもたちは学芸会のように、舞台の上で可愛い声で、習ったばかりの「チューリップの歌」などを歌い、日系一世のお年寄りたちはそれを見ながら昼ごはんを楽しんでいた。

そのとき、客席の一番後ろに立っていた私の隣りに、少し年配の男性がいた。声をかけてみると、その方は新正《あらまさ》卓《たく》氏という日本から来た写真家で、たまたまその日にその仏教会を訪れ、新しい日系収容の記録の写真集のために、「この付近に在住する現在百歳以上で強制収容所経験のある方を探している」とのことだった。日本では、お寺に行けば人々の消息がわかる時代があったように、サクラメントでもこうした仏教会やキリスト教の教会に行くと、日本から移民してきた人たちの情報が得られることがある。私が通っていた教会にも百歳以上の方が二人おられたのでご紹介し、後日、新正氏の撮影にお付き合いすることになった。カリフォルニアの強い日差しのもと、二人のご婦人の撮影はまる二日間続き、そのときの作品は、のちに『約束の大地／アメリカ』（みすず書房、二〇〇〇）という白黒の立派な写真集になって発表された。

お別れの挨拶をしていたとき、新正氏から一冊の写真集を「お礼に」とすっと手渡された。開いてみると白黒の写真で荒地が広がっている。本のタイトルを見てみると、『沈黙の大地／シベリア』と書いてあった。

新正氏は幼少時代を満洲で過ごし、終戦と同時に無法地帯となった満洲からご家族と命からがらの逃避行の末、帰国。写真家となった後満洲にいた日本人の若者たちがある日突然目の前からみんな消えてしまった日のことを忘れられず、その人たちが連れていかれたシベリアという大地の記録を写真に収めるというプロジェクトを実行した。通訳を一人つけてシベリア鉄道に乗り、一駅一駅で降りてはその場所にいたロシア人の高齢者にたずねながら、日本人の収容所のあった場所や強制労働をさせられた場所の風景の写真をていねいに撮って歩いたのだった。

その作品集のページをめくると、一枚一枚が遠いシベリアの荒地のなかに連れていかれた人々の苦難と悲しみが語りかけてきた。現在のような手軽なデジタル写真の時代ではなかったので、重いカメラを下げて、一枚の写真のために多大な時間と精魂を込めた力作はそこに厳然と広がり、私を揺り動かした。そのとき、とっさに亡き健夫（タケオ）叔父の顔が頭をよぎった。

抑留者だった叔父を想う

健夫《たけお》叔父はそのときすでに他界していたが、この写真集のシベリアに抑留されていたのだ。私の子ども時代にその叔父には何度か会ったことがあった。とても優しい人だと聞いてはいたが、どこか近寄りがたかった。親戚の集まりにも時折顔を出していたが、みんなに心から打ち解けている様子はなかった。

私はこの叔父のことはあまり知らないままアメリカに来てしまったが、家族思いの父は、小さいときにとても可愛がっていた弟の「健夫」の人生の暗転を、ずっと心配している様子だった。どうして日本に帰ってきてから、抑留のことは一言も口にしなかったのだろう。新聞記者として書くことが本職だったのに、なぜ自分のシベリアでの経験は何も書かなかったのだろう。やがて叔父は肺がんになり、まだ六〇代の若さで他界した。一〇人きょうだいの下から二番目の智夫叔父はキリスト教の家庭集会の主催者の一人で、最後を迎えた健夫叔父の様子を「伝道私信―海老名だより―」の記事にした。海を超えて私の手元に届いたその内容は思いもよらないものだった。健夫叔父は人生の終わりに神の許しを求め、天国へ旅立ったというのだ。そのとき、人は一生すべての時間をかけた後、死の寸前に神と出会うこともあるのだ、という深い感動が心に残った。

そして、偶然手にすることになったシベリアの大地の写真集『沈黙の大地／シベリア』を見ながら、私は、健夫叔父と亡き父の兄弟愛に思いを巡らした。優しかった父のためにも、このテーマを掘り下げる必要がありそうだ、と感じたのはそのときだった。

健夫叔父

大島健夫は、一九二三年一二月八日に東京都目黒区で一〇人きょうだいの下から三番目として生まれ、活発で明るく、勤勉な少年だった。当時の風習では家の存続のために親戚同士での養子縁組がおこなわれることがあり、健夫は久芳《くば》健夫と姓が変わった。それは経済的に生活が守られる道だったが、感受性の鋭い少年には、親の愛と自分の存在についての葛藤が生じたかもしれない。

大学在学中は西洋哲学を専攻し、キリスト教も学んでいたが、第二次世界大戦に学徒出陣となり、一九四三年に龍山で韓国二二連帯に入隊し、小隊長となった。一九四五年八月一五日に終戦を満洲で迎えると、日本の家族のもとに帰れるという期待は裏切られ、突然侵攻してきたソ連軍に牡丹江の北西に位置する横道河子《おうどかし》市で停戦命令を受け、捕虜となった。その後は五ヵ所の収容所を転々と移動。ウラジオストクの第一三収容所とウスリースクの第一四収容所にいた記録が残っており、最後は一九五〇年に第三八〇収容所に送られている。食料もろくに与えられない厳寒のシベリアでの辛い毎日を、どのような気持ちで過ごしたのだろう。そのころの叔父の心の記述は何も残っていない。

本人の記録によれば、舞鶴へは最後の船で一九五〇年に帰国した。智夫叔父が迎えにいったとき、列車の中にようやく見つけた健夫はやつれて目だけがギラリと光り、前歯が全部なくなっていた。ソ連軍に捕らえられる前に戦場で銃弾が飛んできて、吹き飛ばされたのだそうだ。そのままでずっと抑留を耐えたとは……。叔父はドイツ語がわかったので、ドイツ語とロシア語の辞書から猛然と学び、ロシア語が堪能になることで、少しばかりの抑留生活の待遇の改善を望んだ。しかし、どの収容所でも、通訳となった者はソ連側と抑留者側の板ばさみとなり、いばらの道を歩んだようだ。無実の密告をされた人も多い。そのような場合、当時のソ連の裁き方では、密告への検証はされず、長くて二五年の実刑判決を受けたり、死刑となった人たちが大勢いる。そのような無実の罪人としての不当な扱いが、叔父のシベリア抑留を長引かせたのではないか、叔父が体験したシベリアは、肉体的にも精神的にも想像を絶する暗黒の場所であったのではないか、と私は想像した。

智夫叔父は、「シベリア鎮魂歌—七男健夫の最後—」という文章のなかでこう綴っている。「私は帰国後の苦難のなかにあった兄の生涯を傍観していた訳ではありませんでしたが、自分には彼を慰める事も説得する事も到底できませんでした。彼は自分をシベリア捕囚の苦悩のどん底に蹴落とした関東軍と、人間性を否定されたソ連の六年間のラーゲリ生活によって、「神などいない」と思わざるを得なかったのです。誰がそのことを非難できましょう。」

人生の終わりに

「放蕩息子のたとえ話」は新約聖書の「ルカによる福音書」の一五章にある。放蕩息子であった弟が故郷に帰還し、父親に祝宴を開いて受け入れられるという物語を通して、神の深い憐れみの奥義が表現されている。智夫叔父の記述によれば、死の床にあった健夫叔父はこの「放蕩息子の話」について書かれた塚本虎二（一八八五―一九七三）の小冊子を受け取り、何度も読み返した。健夫叔父は学業の途中で戦争に駆り出されたとき、塚本虎二の聖書集会にも出席したことがあったので、これを読むのは初めてではなかった。

私は、健夫叔父があるとき私の父に言ったという言葉を覚えている。「「右の頬を打たれたら左の頬を差し出せ」（マタイによる福音書）という聖書の教えは間違っている。戦場でそんなことをしたら、すぐに殺されてしまう。」この聖句には複数の解釈があるが、一般的には「悪に対して悪を持って報いてはならない」という無抵抗、非暴力主義の意味で受け取られている。しかし、健夫叔父自身のシベリア抑留という恐ろしい経験は本人の知っていた聖書の言葉とは矛盾していて、その人生の方向をまったく変えてしまった。

人生の終わりに、智夫叔父が「兄さん、これが最後のチャンスだよ」と言ったとき、健夫叔父はおもむろに「僕のようなものでも天国に行く一人として加えていただけるのだろうか、それならば、そうして頂きたい。僕は長い人生を無駄にしてしまった」と答えたのだった。試練と恐怖、迷いと悲しみに満ちた叔父の長い一生の終わりに、こうして訪れた一筋の光があった。

二．史実を伝承するために

シベリア抑留と日系アメリカ人収容

思いもよらぬ出来事により、私はそれからシベリア抑留というテーマに何とかして取り組んでみたいと思うようになった。しかし、深く難しい歴史の扱い方について、試行錯誤の日々が続いた。そんなとき、新正氏が旧ソ連の捕虜収容所跡地を訪れて『沈黙の大地／シベリア』を出版した後、それに連なるプロジェクトとして日系アメリカ人強制収容所跡の風化する現在とそれを体験した一世、二世の肖像をとらえて『約束の大地／アメリカ』を出版し、二つの収容を同時にとりあげたことがヒントになった。

日系アメリカ人の強制収容とシベリア収容の二つの史実は、日本人が第二次世界大戦の影響で自由を剝奪された体験であるという共通点があった。日系アメリカ人の場合は家族ぐるみで住み慣れた家を追われ、積み上げた財産のすべてを奪われたが、シベリアに連れていかれた日本人たちは、いつ祖国に帰れるかまったくわからないまま果てのない厳寒、飢餓、強制労働へと放り込まれた。と同時に、日本国内では、父、夫、兄、息子の帰りをただひたすら待つ経済的に困窮した女性たちの、明日をも知れぬ苦労があった。二つの収容はそれぞれ違う場所、違う状況で起きたのだが、共に日本人が突然自由を剝奪されたいばらの道であり、家族や世代を超えて悲しみの連鎖を起こしたことに変わりはない。国家や個人の権力闘争の末に起きる戦争に庶民が巻き込まれていく残酷な現実と、かけがえのない一つ一つの命の意味が抹殺されていく様子は、今を生きる私たちにもつながるものだ。ウクライナでの戦争のニュースの報道でも、その不幸が繰り返されているし、被爆地広島、長崎の人々の苦しみの歴史も、子孫へと伝える語り部が少なくなった。そして私は、日系収容を家族の歴史として持つ友人たちや夫の家族の体験からも、自分自身が学ぶ機会の只中にいることに気づいた。

二つの収容は異なった状況で起きたが、突然の自由の剝奪の他にも共通点がある。それは、この不幸の対象になった日本人やアメリカの日系人一世たちが、その体験を受け止めるにあたって、古くからの日本の「恥をよしとしない文化」に影響されたことだ。日系一世は日常の生活から、突然監獄のような場所に放り込まれたという謂われのない無実の屈辱から、収容所を出た後も長い間口を閉ざした。シベリア収容経験者も同様に、帰国後自ら語ることは稀だった。このような経緯から、この二つの収容の実体験が具体的に一般の人々に知られるようになるのには時間がかかっている。

一方で、記録を後世へ伝える努力という点では、違いが見られる。アメリカの日系社会の場合には、英語に長けた子どもの世代である二世たちが立ち上がって記録を残す努力を始めたので、現在も全米にある日系市民協会を中心に、日系収容の歴史を残す運動が続けられている。公的な不服申立運動が盛り上がり、一九八八年レーガン大統領の時代に自由民権法が設立されて、国からの謝罪と生存者一人一人に補償金が支払われた事は、日系人の名誉回復の大きな一歩だった。口述記録や写真収集などの活動を見ていると、積極的に英語でデジタル化していく方法が着実に進んでいる。そのため、学生が学校の宿題などで調べ物をしたいときでも、どこにいてもコンピュータで検索ができるようになった。

シアトルを中心に立ち上げられた「densho」(伝承)[1]という民間のホームページは、個人の写真や報告など収容の記録を詳細に集め、教育のためのプログラムも添えて、全体を検索できるようにしてある。サクラメント州立大学の図書館には、日系収容の特別のアーカイブ(保存記録)があり、世界各国の研究者がその資料を使っている。また、一九九二年にロサンゼルスのリトル・トーキョーに設立された全米日系人博物館には、日系収容の歴史と日系人の文化が展示されており、今も新しい展示を目指して活発な活動が続いている。さらに、サクラメントにあるカリフォルニア博物館では、毎年二月に小学生を招いて第二次世界大戦中の日系収容について学ぶクラスが開講されており、夫のジョナサンはボランティアで講師の一人として、直接子どもたちに教えている。この試みには、毎年五〇〇〇人以上の小学生が学校教育の一環として訪れて、公民権、社会的公正、民主主義の大切さについて学んでいる。スライドを見ながら、子どもたちは「なぜ日系アメリカ人の人たちだけが収容所へ連れて行かれたの?」「収容所では何を食べていたの?」などの素朴な質問をしながら、じっと話に聞き入る。その子どもたちのなかには日系アメリカ人の生徒もいるので、みんながこの歴史を身近に受け取る機会となる。

広いアメリカでは、西部以外の土地へ行けば、日系収容の歴史を知らない人たちの方が多い。そのなかで続けられるこのような努力の裏には、日系収容の歴史を背負った日系アメリカ人たち自身が古い世代の苦難を未来に伝えようとする固い決意と、公民権運動に共鳴する他のアメリカ人たちの強い支えがある。全米日系人協会は、現在同じような状況のなかで差別を受ける中東系アメリカ人の支援をしている。

シベリア抑留の場合には、日本国内で次のような情報活動が見られる。まず、一九四五年から一三年にわたり六六万人の引揚者を迎えた町、舞鶴には、舞鶴引揚記念館があり、引き揚げやシベリア抑留を後世に継承し、平和の尊さを広く発信する施設として大きな役割を担っている。平成二七（二〇一五）年九月には、若い世代にもわかりやすく共感できる展示を整えリニューアル・オープン。同年に収蔵資料のうち五七〇点がユネスコ世界記憶遺産に登録された[2]。

また、新宿の平和祈念展示資料館でも、展示や催しを通して、とくに戦争体験のない世代に、シベリア抑留に関するわかりやすい情報を伝えている。館外活動やインターネットによる情報もあり、全国で幅広い年齢層がアクセスできる。今後は、こういった情報のデジタル化が加速して、より多くの人がどこにいても学べるシステムの確立が望まれる[3]。

一般財団法人全国強制抑留者協会（与党と協力して補償を実現させようとした帰還者らが結成した組織で略称は全抑協。もう一つ全国抑留者補償協議会もあり、略称は同じだが、後者は訴訟を通じて国から補償を勝ちとろうと活動した団体）では、抑留関係者のボランティアの熱心な働きで、毎年「語り継ぐ集い」を各地で開催し、小・中学校での講演を実施している。最近では二〇二二年八月、石川県金沢市支部（事務局長・山村三知子）が抑留の実態を絵や写真、資料などで伝える「シベリア抑留関係展示会」を企画し、七〇人が集まった。ロシアのウクライナ侵攻による戦争被害の拡大が懸念されているなか、講演者の元抑留者、三重県伊勢市の大釈《たいしゃく》敏夫さん（九九）は、「自国の平和を守るのは戦争ではできない。絶対に戦争をしたらいかん。地球は戦争どころじゃない。仲良く一緒になれる政治をしてほしい」と訴えた。同支部が二〇二三年四月に発刊した発足三五年記念誌には、シベリア抑留に関する活動記録や抑留者やそのご家族の証言がまとめられている[4]。

抑留経験者がすでに九〇歳を超える高齢となり、現在はその子どもたちの世代がこの歴史を伝える役割を担わなくてはいけなくなっている現在、日本でこのような運動に関わる人たちは多くはない。日本でも、公共機関と学校教育との連携がもっと見られるようになると、歴史伝達の可能性にも光が見えてくるのではないだろうか。

多くの人の目に触れるテレビや映画は、歴史を伝える重要な役割を果たす。日系収容をテーマにしたものでは、二〇一〇年にTBSの『99年の愛』（草薙剛・仲間由紀恵主演）が話題を呼び、二〇一九年には山崎豊子原作『二つの祖国』（小栗旬主演）がドラマ化された。シベリア抑留については、山崎豊子さんの小説『不毛地帯』が二〇〇九年にテレビドラマ化（唐沢寿明主演）され、二〇二二年には映画『ラーゲリから愛を込めて』（二宮和也・北川景子主演）が公開された。この映画には多くの若い世代が足を運んでいると聞いている。戦争のない平和な社会しか知らない若者にとって、国民的アイドルの「嵐」にいた二宮和也さんが、一転してシベリア抑留を体験した祖父のために自らその歴史のなかに身を投じ、迫真の演技を見せたこの作品。抑留生活の苦難のさまざまな要素を的確に映像化しながら、見知らぬ土地でのギリギリの命の日々が次々と展開し、私も知らぬ間にグイグイとその世界へ引き込まれた。

この映画の主人公として、人間以下の生活を強いられても生きる意味を問い続け、無念の死後も人間愛について深い感動を与えた山本幡男さんの感動の実話は、原作『収容所から来た遺書』（辺見じゅん、文藝春秋、一九九二）に詳しい。山本さんはその遺書のなかで次のような言葉を書いた。「日本民族こそは将来、東洋、西洋の文化を融合する唯一の媒介者、東洋の優れた同義の文化——人道主義を以て世界文化再建に寄与し得る唯一の民族である。この歴史的使命を片時も忘れてはならぬ。」(5) この言葉を初めて読んだとき、命を揺さぶられる大いなる困難のなかにありながらも、世界文化の融合の担い手という日本人の特徴を深い視点から見極め、私たちが将来に向けて備えるべき意識を示したその哲学に、驚きの念を抱いたことを思い出す。

ウェブページによるデジタル化という突破口

日本人がシベリアに抑留されたという史実を知っているか、と私が周りのアメリカ人に聞いてみると、知っている人は一人もいなかった。高校の歴史の教師の友人でさえ、「それって何？」と聞き返してきた。

英語で話す日系社会では、日系収容問題は盛んに話題になっても、日本人側の戦争体験や戦後日本の復興の様子や現在の日本のニュースはあまり話題に昇らない。この土地に住んでいるのだから、私は彼らの歴史を知りたいと思うが、逆に彼らから私の背景にある日本の様子を聞かれることはあまりないのだ。日本食や和太鼓を好んではいても、今の日本が戦後どのように築かれ、どこへ向かっているのか、に目を向けている人は少ない。その現実を私なりに受け止めて、日本の現代史の情報を少しでも日系人に伝えようと思い、シベリア抑留についても英語で書きたいと思ったことが、私のプロジェクトを一歩先に進めた。英語で本を出版することも考えたが、暗い内容の、とくにソ連に関する本はアメリカでは売れにくいだろうと思っているうちに、時はコンピュータの全盛時代を迎えており、大きな転機が訪れた。ウェブページを作成すれば、出版の経費の心配がないのだ。

その頃大学で日本語を履修していた学生たちの勉強の仕方を見ていると、彼らは図書館に行って情報を探すという従来の方法ではなく、より簡単にアクセスできるウェブページを利用するようになってきていた。時代はまさに大きく変わろうとしていた。それで、このようなこれからの新しい世代の若い読者を考えると、情報を読むという形式だけではなく、絵、音楽などいろいろな媒体も取り入れて、スマホからでも手軽にアクセスできる情報源が適切なのではないかと考え始めた。いろいろな媒体を用いれば、若い人たちの興味を引くことが可能だ。

一九八〇年代には大学の授業にもコンピュータが導入され、教える側の私も選択の余地はなく、押し出されるようにいくつもの講習会に出席して必死に学んだ。決して得意分野ではなかったが、覚悟を決めた。それに、アメリカという土地は「わからない」ということを素直に伝えるとだれかが教えてくれる。私は、この新しいプロジェクトが戦争や平和への理解を促すためのものであると明らかにすることで、心ある人たちの共感が呼べるようにと願った。

三、たくさんの後押し

自主的な研究活動を始める

私の勤めていたカリフォルニア大学は研究を重んじる大学で、博士号を持っている教授たちは、「出版するか、消え去るか」の二者択一のプレッシャーのなかで、つねに論文を書き、発表をすることで評価される。昇進はアメリカ国内でのランキング、その研究の成果の質や量で決められる。自分の研究時間を作り出すために、教授たちが学生の教育に直接関わる時間は少なくなる。デイビス校の約三万人の学生たちの教育の六〇％は、実際には私のような大学院出の講師や大学院生が担っていた。私は日本語の授業を毎日二、三単元担当していた。五〇分のクラスを楽しく学びやすくするために日々工夫を凝らして教材を作り、提出される宿題や語彙、漢字、文法の日々のクイズなどの採点をこなしながら、一週間があっという間に過ぎる。また、学生の日々の様子をよく観察しながら適切な指導をして、勉学に集中しやすい環境作りをしたかったので、オフィスアワーでの面談も多かったし、就職や大学院進学のための英語の推薦状書きは、年間百通を超えていた。外国語としての日本語学習は、アメリカの大学ではアラビア語と同様にもっとも習得の難しい外国語とされている。この二つの言語は読み書きがヨーロッパ言語とはまったく異なっている。だが、大学教育で与えられている時間は同じなので、日本語教師は他の外国語教師の二倍の量の情報を同じ時間数で教え込まなければならない。

そのような仕事環境のなかで、このシベリア抑留に関するウェブサイト作りは、私が単独で進める自主的な研究活動だった。研究費は出ない。となると、何をどう進めていこうか、資料はどこから手に入れようか、など高い山が目前に迫ってきて工夫を要した。それは、とてつもなく大きな山のふもとで、たった一人で佇む小さな人間のような感覚だった。

でも、信念はあった。それは、ライフワークという考え方だ。自分が生きている間に示される意味のある仕事とは、自分だけに与えられたものであり、それを受け止めて力を注ぐことは、神に与えられた生命を全うすることに他ならない。そして、そのように「いただいた」仕事であるならばその道は守られて、自ずと開けていくのではないか、と。

恩師からの一言

アメリカという遠隔地でこの古い日本の歴史について調べる作業をするに当たって、日本から何らかの形で資料を取り寄せる必要があったので、まずその方法を探し始めた。デイビスの大学図書館にはシベリア抑留に関するものはほとんどなかった。そこで、東京女子大の短期大学部時代からの恩師で、学外の文部省などでも英語教育者として広く活動をされていた小林祐子先生（一九二九－二〇一八）にうかがってみることにした。

短大の新入生のときの小林先生の斬新な英語の授業は忘れられない。日本語をまったく使わず、英語だけでおこなわれた英文法の授業。「なぜ」という問いをつねに直接向けてこられる先生にはときにはおじけづいたこともあるが、誰に対しても、「知りたい」と思う気持ちを率直に表現される先生の好奇心はとても新鮮だった。そして、分け隔てなく学生の心に寄り添い、共に歩もうとする思いやりと優しさは、かけがえのないものだった。また、二十三歳のときに訪れた人生最大の試練を迎えていた私のことも、先生はさりげなく見守ってくださった。

故小林祐子先生

渡米後も、人生の岐路に立ったとき、先生に何度相談に乗っていただいたことだろう。アメリカに来て三〇歳を過ぎて母親になってから大学院に入ったのも、先生のご経験に励まされてのことだった——授業中に、ご自身のこんなエピソードをふと話された。まだ女性は結婚後家庭に入って出産し、良妻賢母になることが理想とされていた時代に、先生は何度かの流産を経験し、母親への道を断念。その後一念発起して、三〇歳を過ぎてから大学院に入学。その社会参加のための強い意志があったからこそ、私たちは先生の素晴らしい教育に触れることができたのだった。二〇一二年に私の母が亡くなり、それまでずっと米国から送り続けていた母の日のカードの宛先がなくなってしまったとき、私は代わりに私の精神的な母の役割をしていただいていた小林先生に母の日のカードを送るようになった。それは先生が他界された二〇一八年まで続いた。

私が大学院に行くことにしたのは、就職のためだった。子どもを産んだばかりで、想像以上に大変だったが、限られた時間のなかでたくさんの英語の資料を読みこなし、レポート提出やテストに追われた。体じゅうに湿疹が出て、グルテンアレルギーになったこともある。そのときはどうしたらよいかわからず、「ああ、もう一生、ご飯やパン、大好きな麺類もケーキも食べられなくなってしまった!」と悲観した。日頃の食いしん坊に別れを告げることは考えられなかった。でも、体は正直なものだ。授業の一部を翌年に取り直すことに決めた途端、湿疹があっという間に消え、うそのように平常に戻った。体調を崩した原因はストレスだったのだ。それから、昼間は子育てと大学での英語の自習室管理のアルバイトをしながら、夜の授業を少しずつ履修し、晴れて卒業。修士号を手にしたときにはもう五年たっていた。卒業後、先生は東京から卒業祝いを送ってくださった。遠くから私の心の機微を理解し、喜びや悲しみを共に生きてくださる、そんな方だった。こうして小林祐子先生は教室での出会いからずっと、私の人生に伴走してくださった。

二〇〇九年の秋、その祐子先生にシベリアのことを電話でご相談してみると、こんな返事を頂いた。「私の家で英語の読書会をやっていて、そこに来られる饗庭早苗さんという方のお父様が、シベリア抑留の関係のお仕事をしておられるわよ。」この電話の一言で、それから先の流れのすべてが形作られていった。振り返ると、それは先生の、何気ない、しかし、とてつもなく大きな日本社会への橋渡しの一言だった。

全抑協の饗庭秀男氏に会う

そして二〇一〇年に東京へ行ったとき、新宿の三井ビルにある平和祈念展示資料館で、饗庭秀男《アエバヒデオ》氏(一九二三―二〇一二)と早苗さんのお二人にお会いすることになった。饗庭氏は薄紫のダンディな背広をさっそうと着こなし、こぼれるような笑顔で立っておられた。私は日本を離れて長い年月が経っていたので、とても緊張していた。饗庭さんは東京九段にある一般財団法人全国強制抑留者協会の事務局長（当時の会長は相澤英之氏）をしておられた。

英語には日本語のような敬語はないので、お互いを「IとYou」で呼び、対等な立場で話が進められる。だからといって相手を敬う気持ちがないというわけではなくて、言い方やタイミングなどの工夫で、相手に対する敬意を表すが、その心配りの度合いは日本語と比べるとずっと楽だ。私はそんな話し方にすっかり慣れてしまっていた。相手の気持ちや自分の立場を考慮する日本語の会話では、言葉づかいやあいづちの打ち方など、細心の注意が必要だ。とくに初対面の方には失礼のないようにしなければならない。そんなことを考えていた私に、響庭さんは穏やかな心地よい雰囲気を作ってくださり、頬っぺたが落ちるような美味しい天ぷらをご馳走してくださった。饗庭さんには、その翌年私のウェブサイトでの初めてのインタビューをさせていただくことになった。

饗庭さんは一般財団法人全国強制抑留者協会事務局長として、総務省との連携のもと、帰還した抑留者の慰藉事業、事業内容を報告する機関紙の発行、現地で亡くなられた方々の慰霊訪問、中央と地方での慰霊祭、絵画や現地から持ち帰ったものの展示会、経験者の語り継ぐ集いなどを開催。一方で、民間レベルでのロシアとの対話のための日露シンポジウム、日記などの私物品の返還を求める活動なども実施されていた。その活動の結果、個人の身上書カードが発見されるなどの成果もあった。

饗庭さんは終戦後満洲からハバロフスク二一七収容所へ送られ、四年間の抑留経験があった。収容中二回盲腸になり入退院を繰り返すたびに違う収容所へ回されたので、伐採、製材、道路補修、トラック貨車積み卸し、収容所内務作業、炭坑、護岸工事など合計二〇種類以上の強制労働に携わったという。体力がないなかを仕事に追い回され、現場監督がソ連の囚人でノルマを理由なく増やされたのが一番キツかったそうだ。だが、饗庭さんは数字に強かったので、算数に弱いロシア人監督たちの役に立ち、内務作業に回されたため、体が楽になったという。それらの苦しい経験を、遠くを見つめるようにしてユーモアを交えて語られていた姿が、今も目に焼きついている。

お話のなかで、一九四九年の舞鶴帰還のときの出来事はとても印象的だった。饗庭さんは、船の上から懐かしい日本の山河を眺めていたが、その先がどうなるかまったくわからずボオッとしていた。すると、乗っていた明優丸の周りを小さな小舟がグルグルと回っていた。「親父の面影に似ているなあ」と思いながらじっと目を凝らすと、それは本当にお父さんだったのだ。それは子と親の長い間のお互いへの想いが一つになった感動的な対面だった。帰還された方々はそれぞれにこの饗庭さんのような再会の瞬間があったのだろう。

帰宅後、饗庭さんは両親も爆撃を受けたり、疎開をしながら自分の帰りを心配して待っていたことを知り、「苦労したのは自分だけでない」と気づいた。あまりに苦痛の伴う抑留経験から「自分だけが大変な目に遭った」という思いにとらわれる帰還者も多いなか、饗庭さんは「家族もみな一緒に苦労した」と考えることの意味を語られた。また、柔らかな物腰で、世代の違う若人に対しても、その時々の生き方の選択の自由を理解された上で、「歴史の事実はきちんと踏まえるべきだ」というはっきりとした意見を述べられた。膨大な抑留の史実を整理しながら、それに関わる人々に淡々と丁寧に接していくお仕事ぶりの源に、このような柔軟な考え方があることに気づき、私には「経験に基づく寛容」というまったく新しい世界が広がった。

昼食後さっそく事務局へ連れて行っていただくと、『ダモイへの道』という画集を手渡された。私がシベリア抑留の実態が描かれている絵入りの資料を探しているのを知り、用意しておいてくださったのだ。ウェブサイトを作り始めた当初、内容を充実させるために大学のロシア史の専門家に意見を聞きにいったことがある。そのとき、「ウェブサイトはどんなところで誰がいつ見るかまったくわからず、続けて読むかどうかを判断するのは瞬間的なことなので、パッと見た画面から強制労働の実際や人々の苦しみの場面をはっきりとそのまま伝える画像があると良い」というアドバイスを頂いていた。抑留者の実際の生活の様子を伝える写真は入手できないが、経験者の写実的絵画からそのときの事実が伝わってくる。そんなことから、饗庭氏は『ダモイへの道』を選んでくださったのだった。

のちにおこなった饗庭氏との二回のインタビューは、日本語と英語で私のサイトに入っている。(6)

キャンパスからの支援

ウェブサイトの構築には、大学のキャンパスの中から一人の強力な助っ人が現れ、私の考えに合わせて、基礎的なスケッチがどんどんデザインされていくことになった。それはケビン・ローディー氏というヨーロッパの中世史、キリスト教倫理、そして英作文の授業を担当する同僚だった。彼はキャンパス全体の労働組合のまとめ役でもあったから、大学の雇用条件で行き詰まったときに相談したことがあった。彼は広い心の持ち主で、教育のコンピュータ化の波のなかで四苦八苦していた外国語学科の多くの言語教師たちに率先していくつものコンピュータの勉強会を主催してくれていて、私も世話になっていた。

そんなある日、私は何気なく、ケビンにシベリアのプロジェクトの話をしてみた。すると、「とても大切なことだね。僕で力になれるなら何でもしよう」と思いがけない言葉が返ってきた。数日後、彼の研究室に相談に行ってみると、部屋には学生が溢れていて、彼のきめ細かな指導の様子がよくわかった。机の上には山のような採点待ちの答案。それでも、私とのミーティングの間は、このプロジェクトの今後を決めることだけに真剣に向き合ってくれた。また、日本語科の同僚として長い間一緒に働いたデイビッド・フェイ氏のウェブページデザインのミーティング参加も心強かった。

二人とも、シベリア抑留の本質は日本人だけの問題ではなく、世界に共通する人権侵害の歴史だとすぐに察知して、私を誘導してくれていた。こうしてカリフォルニア大学デイビス校のアメリカ人の同僚たちが、このシベリア抑留についての情報をまとめるウェブサイトのユニークさと必要性を確信し、協力を惜しまずにプロジェクトの滑り出しを支えてくれたことは、この大仕事の船出の第一歩となった。

また、同じように大きな力となってくれたのは、意外にも、私の日本語のクラスの学生たちだった。学生が教える側のプロジェクトに一個人として興味を持ち、参加できたのは、上下関係の内在しない英語という言語のおかげだった。

ある日、私は数人の学生たちに「シベリア抑留という非人道的な知られざる日本人の歴史があって、私の叔父も犠牲者の一人だった。そして、それはさまざまな理由から、まだ日本以外の外国ではほとんど知られていない」と説明した。私が考えている日英両語のウェブページの作成によって、アメリカなど英語圏に住む人々にも英語で身近に読める情報源ができること、そして、英語版はかつてソ連だった国々の若人にも史実を伝える役に立つかもしれないし、日本語版は、日本国内の若者にも読んでもらえることなどを伝えた。すると「自分にもできることがあれば、是非手伝いたい」と申し出る学生たちが次々に出てきた。そのなかにはコンピュータ・デザイン専門の学生やロシア語に堪能な学生もいたし、私の助手として日本語の指導を手伝ってくれていた日本からの留学生もいた。みなボランティアとして心が一つになり、こんな若い力に押されて、二〇〇三年からウェブサイト作りの構想が始まった。

厚生省「引揚げと援護 30 年の歩み」から抜粋

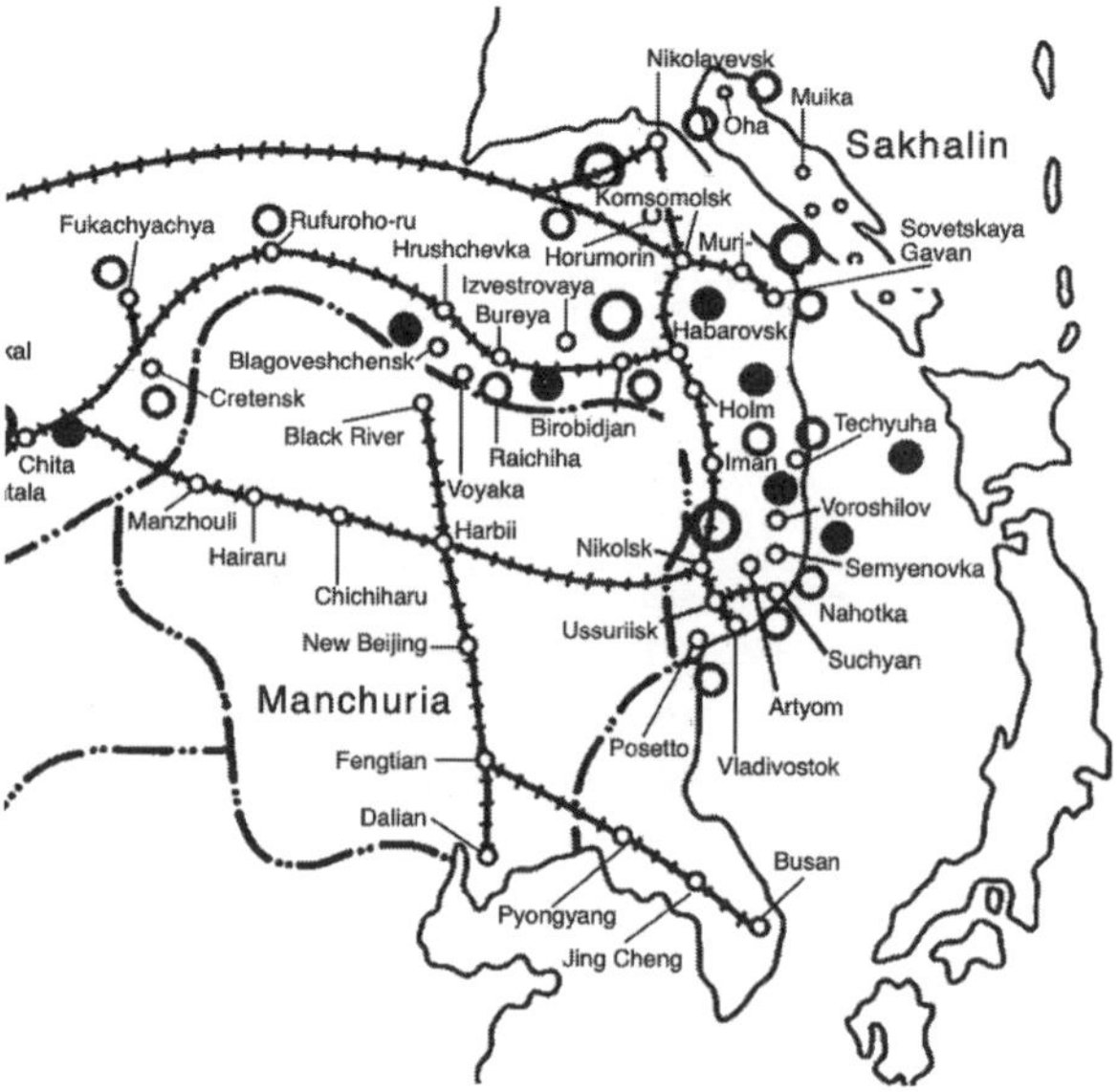

Excerpt from "Repatriation and 30 years of Support for the Detainees" by Former Ministry of Health and Walfare

温かなウェブサイトの輪

日本の内側ではあまり語られてこなかったシベリア抑留の本質が、このように外国の若者の心を揺さぶり、彼らが平和のために何かをしたいという気持ちを伝えてくれたことに、私は本当に胸を打たれた。この本を書いている今も、あのときの温かなつながりを思いだす。それは、教室での学びとは違った空間で、文化や年齢の違う私たちの平和のための活動となった。

まずトーマスから初期のウェブデザインの斬新なアイデアが出てきた。また、たくさんの吉田勇さんの絵画（前出『ダモイへの道』で掲載）のスキャニングも順調に進んだ。[7] 日本からの留学生の長谷川優さん、大西里奈さん、岡野真由子さんには、日本語の縦書き原稿を横書きにするタイプ打ちを手伝ってもらえた。おかげで、横書きで入れていく私の英訳の作業のプロセスが、とても速まった。難関はロシアの地図の中の二百近い収容所のカタカナの地名を英訳することだった。カタカナの音で書かれた地名を類似したロシア語の綴りに変えてから、実際のロシア語の地図で場所を確定し、さらに英語の地図と参照して英語の綴りを探しだす作業は難関だったが、地図にとても興味があるディランやロシア語が読めるティモシーもいて、とても心強かった。

このような学生との関係は、私が大学の教師という上下関係を利用してただ働きさせたのではない。そもそもこのプロジェクトには経済的利益や地位の向上など、私の個人的利益はともなってはいなかった。自分の意志で加わった学生たちも私からの恩典を受けることはなく、自分の仕事として誇りを持ち、その達成感を味わった。そして、私はウェブサイトに参加したすべての学生の名前を書き出して、彼らの貢献への感謝の印とした。

アメリカでは、こういった立場を超えた人間関係が社会のさまざまな場で見られる。個々の気持ちが重視されることで、自己表現が誘発され、その存在価値も増してくる。英語でアメリカの教育現場に携わった長い経験から、このような学生とのコミュニケーションは、英語という言語が可能にする自由からくるのではないか、とも感じている。日本語のように敬語が存在すると、どうしてもそれぞれの上下の立場を取り除くことは難しく、自由な発想や表現がしにくくなるだろう。指導者としての立場はあっても、参加する学生の一人ひとりの人間性や英知から学び合うことで、このプロジェクトは前進していった。

「シベリアの歌」（榊原晴子作詞・作曲、二〇一四）の演奏用楽譜製作をするときには、以前の日本語の学生で音楽専攻だったグローリアが作曲用アプリ、「フィナーレ」の使い方を教えてくれた。私の英訳作業が終わったときには、大学院で言語学を専攻していた以前の学生のクリスが英文校正を引き受けてくれた。カリフォルニア大学デイビス校で学内全体のコンピュータ使用の責任を持っているITサポートグループのアンソニーは、このプロジェクトの意味を重視して、いろいろな面から応援してくれた。加えて、インタビューの編集や音楽をウェブのなかに入れる技術は、近所に住む友人のルージュン・ヒューストンさんに教わった。こうして私のウェブサイトが徐々に形作られていくなかで、私は平和を願う心が人の和を広げていくことを感じていた。

思えば、このように私自身が必要な知識や技術をすべて持ち合わせていないことを自覚しつつ、年齢や立場を超えて広く協力や教えを仰ぐことで、一つの目標を達成していく方法を思いついたのは、一九八〇年代にコンピュータ技術を大学教育に導入していったときのカリフォルニア大学デイビス校の英断に由来する。世界中のコミュニケーションに関する方法と伝達手段のどんでん返しが起きたあのとき、若い世代はコンピュータに小さいときから少しずつ慣れ親しんでいたので、いきなり価値転換を迫られた大人の世代より、順応がずっと早かったし、なんと言っても彼らは脳が柔らかかった。その違いに着目し、大学側は大学の主導で「学生たちの指導者グループ」を作った。選ばれた学生たちは丁寧に教授陣との応対方法の指導を受けてから、予約した教授や講師たちの研究室へ派遣された。こうして、本来教わる立場の学生が先生たちを教える、というまったく新しい試みが実行に移された。そして、教授陣が知識の伝達の更なる推進のために、その立場の交換を受け入れたことが、新しい時代の始まりだった。なかには、そのときそこで遅れをとった先生たちもいた。

コンピュータの技術習得は、大学側主催のいくつもの合同セミナーに参加して学んでも、実際に自分が一人で授業の準備をするときに操作で手間取って立ち止まってしまうことがあった。でも、この試みのおかげで、私が必要とする技術を学生から自分の研究室で繰り返し指導してもらう道が拓けた。コンピュータ操作は、もはや楽屋裏の「技術者」の仕事ではなく、私たちすべてが共有しなくてはならないコミュニケーションの手段となったので、それを使って教える者、学ぶ者は上下関係を振り払い、共に横一線で歩み始めた。おかげで私は教師としての立場を離れて、自分がつねに学ぶ者であるという自覚を持つことができた。教師としてのプライドなら、自分が専門とする日本語教授の分野だけで保てれば良い。人生の他の場面では、私はいつも「学ぶ」者だ。学ぶ場はどこにでもあり、誰からでも学ぶことができる。

こうして、私がアメリカで立ち上げた「シベリア抑留のバイリンガルウェブサイト作成プロジェクト」の背景には、アメリカでの柔軟な人間関係があった。違う文化で育ち、異なった年齢、異なった立場の多くの人たちが自分の意志で参加したのだ。抑留は日本人独自の経験ではなく、人権が突然奪われて抑圧された人類全体の歴史のなかで繰り返されてきた重要問題の一つだ、という認識をみなで共有できたことは貴重な経験となった。おのおのが静かに平和を願う心を具体的な行動で表したことは、私たちが作った人類の未来へのかけがえのない贈り物だったと思う。こうして、人として同じような思いに根差して、教育の現場で学生たちと共有した歓びは心に深く残っている。

四．相澤英之氏との交流と「シベリアの歌」

「相澤さん」へのインタビューが実現

相澤英之《アイザワヒデユキ》氏（一九一九–二〇一九）は元抑留者のお一人で、終戦から三年後にソ連タタール自治共和国エラブガより帰国され、のちに一般財団法人全国強制抑留者協会（全抑協）を立ち上げる原動力となった方だ。政治家としてもよく知られている。夫人の司葉子さんの地元、鳥取県からの出馬だったので、政界から引退後は米子の「青英塾」で後進の指導にあたった。

全抑協は抑留者の全国組織の一つで、「相澤会」のリーダーとしての活動が別の活動グループと合流した結果、一九九八年に生まれた。以後、二〇一九年までの長い間、相澤氏は全抑協の会長を務められ、九九歳九ヵ月で他界されるまで、その息の長いエネルギッシュな活動で会を盛り上げた。戦友たちの遺骨の収集と墓参をはじめとして、その活動は広範囲にわたり、ロシアとの直接の交渉も、最後の最後までまとめようとしておられた。饗庭秀男事務局長（前出）のあと、現在は吉田一則事務局長がその仕事を引き継いでおられ、相澤氏の深い思いが実行に移されてきた。九段にある事務所では秘書の乙訓ますみさんもデータの処理や連絡など細かく献身的な努力を惜しまない。乙訓さんには初めてお会いしたとき、同じ目黒区の東山中学の一年後輩だった方だとわかり、親しみを覚えた。乙訓さんは饗庭さんのご近所で、饗庭さんのお人柄に惹かれてこの仕事に携わったとうかがった。抑留者やその家族のための地道な努力は、このように人と人との出会いによって支えられてきた。

私が饗庭氏の次に相澤会長へのインタビューのお願いをしたとき、饗庭氏の取り次ぎがあったので、快く受けてくださった。しかし、内心とてもびっくりした。願いが叶ったとはいうものの、政治家として衆議院議員に当選九回。海部俊樹総理大臣の元で経済企画庁長官を歴任してきたという相澤氏の錚々たるキャリアにとても緊張した。ウェブサイトの内容を充実させるために、相澤氏にお話をうかがえればとてもありがたかったので、できるだけの準備をしてインタビューに臨んだ。

相澤氏は東大法学部卒業後、大蔵省主計局へ勤務された。しかし一九四二年に召集され、陸軍東部第一七部隊（近衛軽輜重兵連隊）に初年兵として入営した。一九四三年に陸軍経理学校を卒業。主計少尉として、ソウルで終戦を迎えたが、ソ連軍の突然の参入により日本への帰還はかなわず、タタール自治共和国エラブガで三年の抑留生活を強いられた。一九四八年に復員後は大蔵省に復職。長い間主計局に勤務し、予算編成の仕事に携わった。その後は大蔵事務次官を経て一九七四年に大蔵省を退官。一九七六年の衆議院議員総選挙で当選し、政治家として活躍。二〇〇五年に八五歳で新たに弁護士登録、弁護士活動に入った。一九六九年には、女優の司葉子さんとの再婚が話題に上った。

相澤氏は大の読書好きで執筆家でもあり、『タタールの森』『ボルガは遠く』のご著書や、いくつかの対談の原稿なども手に入った。これらを読んでからインタビューの内容をまとめ、細かい質問を添えて、前もって提出してご了解をいただいた。ミーティングは暑い夏の二〇一四年七月一四日に決まった。私はサクラメントから成田まで飛び、この日に備えた。主なビデオ撮りは夫のジョナサンに頼み、中学のブラスバンド部時代の友人の森田秀夫さんも快く手伝ってくださった。場所は東京、西麻布の相澤英之法律事務所。森ビルの一二階で、当時九五歳の相澤氏が成城のご自宅から毎日通って、弁護士活動をされていた明るく光のさすガラス張りの心地良い事務所で、相澤氏は私たちを笑顔で迎えてくださった。

一番初めに、私は「どうお呼びしたらいいでしょうか。相澤先生。相澤会長。相澤さん…」と切り出すと、答えは「じゃあ、「相澤さん」で…」とのお返事。気さくな方で、少し肩の力が抜けた。お話ししてみると、相澤さんは杓子定規ではなく、物事をよく観察されて、具体的により良い方向へ向かうように粘り強く働く方だという印象を持った。それは、「人間が好きだ」とおっしゃったことにも現れており、監獄に入れられた苦しい経験を経ても、ロシア人全般については人間としての共感や文化の違いへの興味や理解を示しておられた。元々は文学青年だったが、生活のためには、文学や芸術をより多く育てられる環境づくりの仕事に携わろうと決めて、そのような予算を準備する大蔵省主計局で働かれていたとうかがって、氏の一貫する論理性に感銘を受けた。

相澤英之さんと　平成26年7月14日
相澤法律事務所にて撮影

あとでわかったことだが、その頃相澤さんは弁護士の仕事をこなしながら二〇以上の外国との交流の文化財団にも理事として関わっておられた。その一つが「かめのり財団」という日本とアジア・オセアニアの若い世代の交流を促進する財団で、ベトナムから日本に語学留学でやってくる高校生のための事業などをしている。そのような日本語を学ぶ若い人たちは、私自身の仕事とも関係が深いので、とても親近感が持てた。おもしろいことに、このインタビューの翌日、たまたま出席した中学時代のブラスバンド部の集まりで、一年先輩の藤井純一さんから、この「かめのり財団」で相澤さんのシベリア抑留のお話しを耳にした、と聞いた。五〇年ぶりのこんなに珍しい場所でたまたま藤井さんの隣の席に座らなければ、相澤さんが思いがけない共通の話題になることもなかっただろう。世間は本当に狭い。そして、あちこちに顔を出してはいろいろな年代の人たちと交わる相澤氏の日常を知り、「残された人生は長くないので、世の中に奉仕したい。仕事の記録を残して、何かこれからの人たちの役にたててほしい」とおっしゃっていた九五歳の相澤さんのキラリと輝く瞳を思い出した。

相澤さんはとても腰の低い方で、抑留に関する私の質問をよく聞きながら、適切なコメントをしてくださった。国を動かす多くの重要な仕事を経験していらした方だと考えると、私などによく会ってくださったと思う気持ちは変わらなかったが、「ウラジオストックで帰国の前に検査場が三つぐらいあって、シャワーなど浴びさせられているうちにどんどん私物がなくなっていった」という経験や、家宝だった政宗の短刀をソ連当局に取り上げられたまま返されないことを悔しそうに語っておられたときには、私も自然に相槌を打っていた。

私が本でシベリア抑留のことをいろいろと読んで知っていたことが相澤さんの思い出の世界と繋がり、そのとき不思議な共感の場が生まれていたのを思い出す。遠いシベリアのことは何も知らない人たちに囲まれていて普段は話題にできないことであったが、相澤さんの胸のなかには、いつもそれはあった。そして、アメリカからやってきた見知らぬ私が、そのお話しの相手になっていたのだった。

あのとき、相澤氏の経験の重厚さや鋭い洞察力、人に対する純粋な思いと直感に従う強さにあのように身近に触れることができたのは、私の人生のなかでなんと幸運なことだっただろう。そしてこの出会いは、私にとって新たな出発点となった。以前、饗庭秀男氏に初めてお会いしたとき、私は六〇代になったばかりだった。「これからは抑留経験者がどんどん他界していくので、若い世代にトーチを渡していかなければならない」とつぶやいておられたのだが、その言葉が私自身に向けられているという自覚は、まだあの頃はまったくなかった。

このプロジェクトに関わる私の心には迷いもあった。というのは、シベリア抑留の想像を絶する実態を知り、「私にこんなに重い仕事ができるのだろうか」という懸念が生じていたのだ。でも、相澤さんという人生経験の豊富な方の真摯で温かで底力のあるお人柄との出会いによって、この仕事をしっかり腰を落ち着けてやりとげたいという覚悟ができたのだった。そのインパクトは忘れない。人は生きる時間は限られていても、その間に何を「伝える」かで、その先も魂として生き続けていけるのではないかと思う。

　相澤さんに、大女優の奥様、司葉子さんとの馴れ初めをうかがうと、「自宅で一人、テレビで司さんのお芝居を見ていたとき、自分はいつかこの人と結婚するだろうと思ったんだ」と教えてくださった。私は、相澤さんはご自分の人生の方向を予感し、自然にそちらへ向かっていく方なのだと興味深く思った。インタビューの後で、ご自身の写真集を頂くと、毎朝庭に出ては丹精しておられたたくさんの花々の写真とともに、帽子をかぶってふと上を見上げている、美しい司さんの姿があった。相澤氏との二回のインタビューは、日本語と英語で以下のサイトに入っている。(8)

ＣＤ「なぜ家を出るの」ができるまで

　相澤さんは、長い政治家としてのキャリアの後、八五歳で司法試験に合格し、新たに弁護士事務所を構えたという驚くべき方だ。その麻布の弁護士事務所でインタビューが終わったとき、私は御礼に日系収容の自作の歌“We Had to Go”（なぜ家を出るの）というＣＤを差し上げることにした。このＣＤは、サクラメントで、六〇人ぐらいの人々の善意により出来上がった。「じゃんけんぽ」学校の生徒たちが日系収容の歴史を上演したときに歌われた曲で、メアリー・塚本著“We the People”という本の内容からイメージして二〇〇一年に私が制作した。思いがけないことにその劇を上演した翌年、サクラメント市のクロッカー美術館から、日系画家、ヘンリー・杉本氏の展覧会の余興としてその歌の演奏を依頼された。コンサートの日、観客のなかに白人の小学校の先生たちが三人いて、終了後私のところに来て「この曲はここだけに留めずに、広く歌われて、この悲しい歴史が伝わっていくことを望んでいます」というコメントをくださった。何気なく子どもたちのために書いた自作の曲に、そのとき新たな命が吹き込まれた。

　それがきっかけとなり、私はその曲のバリエーションをいくつか書いて、友人のピアニスト、深澤なつきさんらに演奏を依頼した。ジュリアード音楽院を卒業したバリバリの演奏家の深澤さんは、「意義ある音楽の制作に協力したい」と、多忙な演奏活動の合間をぬって、ボランティアとして参加してくださった。また、私が属しているサクラメントマスターシンガーズの指揮者、ラルフ・ヒューズ氏にも合唱団としての参加を依頼してみると、快諾され、メンバーは週末何時間もこの曲の練習と演奏にあててくれた。この五〇人の混声合唱団はそれぞれ仕事を持ちながらも合唱を愛し、年間三回のコンサートをこなしていて、練習はなかなか厳しい。こうして、大勢の仲間たちが私個人のプロジェクトに温かな支援を惜しまなかったことには、感謝の言葉もなかった。

この合唱団のメンバーは殆どが白人だが、同じ白人たちが日系社会に弾圧を加えたことは多くの人たちが知っていて、たった一人の日本人の仲間である私のリクエストを「大切なことだから」と快く受け入れてくれた。カリフォルニアの文化は土地柄、多文化が共生する場所なので、人種の違いが受け入れられやすく、人間理解の深さが見られる。ラルフ・ヒューズ氏は、「音楽に携わる我々が、こういう社会活動に参加するのは大事なこと」と言った。デイビス市の声楽家、故レイチェル・ケスラー氏の子どもの合唱団の協力もあった。この音楽は“We the People”という口述の日系収容の歴史を伝えるビデオシリーズ（キャサリーン・ブッシュ製作、二〇一九）のバックグラウンド・ミュージックとして用いられており、サクラメント州立大学の日系収容関係資料にも収められている。[9]

私の育った家には音楽家が多かったので、若い頃自分も音楽を志そうかどうか迷ったことがある。しかし、私はそうではない人生を歩んだ。でも、こうしてアメリカで思いがけない曲づくりができるとは、想像もつかなかった。このCD制作の間、誰も肩書きにはとらわれず、プロもアマチュアも、大人も子どもも、違う文化で育った人たちもみな思いは一つだった。歴史の誤った出来事を認識し、後世に伝える努力の一助となる。社会の軌道修正を期して、こうして心と心とのつながりから出来上がった輪は、美しい余韻を残した。私は心から、「アメリカってすごい」と思った。そこには誰もが等しく平和を願う人間社会の希望があった。

歴史の伝達に関しては、初めに私に声をかけてくださった小学校の先生方の思いのように、耳にした音楽から悲しみを感じとり、さらに読書へと進む人もいるだろう。しかし、実際には音楽から入る人はさほど多くはないようで、この音楽のカリフォルニアの学校や日系収容関連の内容を扱う博物館での展示用の利用は、今のところまだない。それで、夫のジョナサンの協力のもとに、簡単に使える一〇分ぐらいの英語視覚教材にしてインターネットに入れてみた。日系収容の歴史はアメリカ全土にはまだまだ知られていないので、[10]いつかどこかで役に立てばよいと思っている。

なぜ家を出るの（英語タイトル We Had to Go）
作詞作曲： Haruko O Sakakibara, 2012

五月のある日　荷造りをした
スーツケース一つだけ　なぜここにいられないの
この汽車に乗り　どこへ行くの
人のいない遠い　砂漠の地へ
みんな静かに　部屋にたたずむ
パパはうつむき　ママは泣いて　家に別れを告げる
この汽車に乗り　どこへ行くの
人のいない遠い　砂漠の地へ

さよなら友だち　畑や花　誰がみるの
こんな悲しい事があるの　なぜ私達　家を出るの
この汽車に乗り　どこへ行くの
人のいない遠い　砂漠の地へ

「シベリアの歌」の制作

日系収容とシベリア収容は異なった収容の歴史なのだが、抑圧された収容者の暗く悲しい気持ちという点では共通点があると思い、私は自作のＣＤを相

澤さんにお渡しした。でも、日本の社会の高い地位におられた相澤さんが、私のような素人が手掛けたそのCDをどのように思われるかはまったく見当がつかなかった。しかし、その数ヵ月後、相澤さん自筆のお礼状が思いがけず、サクラメントの家に届いた。巻物に墨で書かれた達筆な書状を頂いたのは後にも先にもそのときが最初で最後だ。それにはこう書いてあった。「僕は毎晩あなたの「なぜ家を出るの」を一人静かに聞いています。何度も何度もくり返すうちに、遠いシベリアでの日々を思い出しています……。」あれは日系収容のときの情景描写の音楽だったのに、それでシベリアでの日々を思い出してくださったとは……。二つの収容の本質的な悲しさが相澤さんの胸のなかで一つになったことを知り、涙が溢れた。そして、思った。今度は、相澤さんにふさわしいシベリア抑留の音楽を作れないだろうか、と。

翌日、雨が降るなかをいつものように仕事に出かけた。すると、運転中、知らないうちにあるメロディーを口ずさんでいる自分がいた。家に帰ってからピアノを弾いて楽譜に書いてみると、それは前日考えていた「相澤さんのために書きたいシベリアの音楽」が、私の深層構造から一本の糸のようにつるんと出てきて、求めていたもう一つの悲しみの音楽となったように感じられた。曲想が浮かぶときには、たいてい同じような状況がある。まず何かに私が心の底から感動、あるいは埋没している状態があり、その渦のなかで感情が細やかに心の動きを刻む。そして、言葉となって出てくるのと同じように、それがメロディーとして発生する。そのテーマとなる部分がわかると、あとは歌ったりピアノで弾いたりしているうちにストーリーとして完結する。今回もそのようにして曲を仕上げた後で、それまでに学んで知っていた抑留の実際を思い出し、歌詞を書いた。

それからしばらくして「シベリアの歌」のCD録音が、カリフォルニア大学デイビス校の音楽科の録音室でおこなわれた。ピアノは再び深澤なつきさんに、そしてバイオリンは深澤さんの友人でウクライナ出身のイゴール・ベリガンさんに、歌は当時サクラメント在住の声楽家の伊佐野三和子さんにお願いし、録音はマスターシンガーズの録音担当者ビクターさんと友人のルージュンさんに依頼した。

その日イゴールさんは、「僕のいたウクライナも前はソ連領で、多くの罪のない市民がこのようなソ連の強制収容の犠牲となっていたのです。僕の目の前で捕らえられ、連行される市民たちのことを今でも思い出します……」と自らの歴史を語り、その思いをそのまま演奏してくださった。彼のバイオリンソロでは、私の思いを遥かに超えた、心を震わせる音が聞こえてくる。

こうして出来上がった二枚目のＣＤ「シベリアの歌」は、すぐに相澤英之氏にお送りした。相澤氏の没後も一般財団法人全国強制抑留者協会の年に一度の中央慰霊祭の献花のときには、この曲を流してくださっている。また、私のウェブサイトの「音楽」のタブの中には、「岸壁の母」「異国の丘」の次に、この「シベリアの歌」の録音が入っている。(11)

シベリアの歌（英語名　Song of Siberia）
作詞作曲：　Haruko O Sakakibara, 2015

遠いシベリアの大地に　眠る友よ　安らかに
時はめぐり　あの時の無念を　知る人一人一人旅立ち
あーあーあ　あー　祈り捧ぐ

凍てつく荒野に吹きすさぶ　雪の嵐にまみれて
今日も木を切る　積荷を下ろす　疲れたこの身守るすべなく
あーあーあ　あー　黒パン一切れ　塩のスープ

見えた舞鶴の港よ　待ち焦がれたふるさとの
緑まぶしく頬がぬれる　ダモイ　自由よ　ここにあり
三年の月日流れて　また会えたこの日　夢心地　夢心地

二〇二二年の夏、この歌のことでパサディナ市在住のブライアン・竹田さんという方から初めてメールを頂いた。彼は九四歳で他界したお父さんの竹田潔さんの一生を短いデジタルフィルムで綴ろうとしていた。潔さんはシベリア抑留者で、日本への帰還後、みゆきさん（日系アメリカ人でそのときは日本に住んでいた）と結婚、渡米してロサンゼルスに定住した。ブライアンさんはそこで生まれた日系二世だ。シベリア抑留については何も知らず、日本語の資料は読めないので、ネットで英語の資料を探すうちに、私のウェブサイトを見つけたのだと言う。そして「シベリアの歌」が気に入ったから使わせてほしい、という依頼を受けた。

もう日本語を使わなくなって久しい日系人社会だが、父親が日本から来たというブライアンさんには日本に親戚がいる。ロサンゼルスでお会いしてみるととても話が弾んだ。彼は「シベリアの歌」を映画のタイトルに使って、曲のすべてのバリエーションをバックグラウンド・ミュージックとして使い、七分の英語の記録映画を完成させたので、私は日本語訳を作ってプレゼントした。

ブライアンさんは一九五七年発足の三島市・パサディナ市姉妹都市委員会に二〇〇〇年より参加。副会長、委員長などを務めた。二〇二二年には青少年交流プログラムを設立し、隔年の訪問を実施している活動的な、心ある日系人のリーダーだ。以来三島市をほぼ毎年訪れており、二〇二二年一一月には、姉妹都市提携六五周年を記念した上映会「日系アメリカ人の歴史を知る」に参加。他の被爆経験者の映画などと共に自作の映画『シベリアの歌』を上映した。そのときに確かな手応えがあり、とくにそこに集まった若い学生たちが、知らなかった抑留の歴史に衝撃を受け、是非また来てほしいと依頼されたとうかがっている。細い糸ではあるが、日本人のシベリア抑留の歴史が、アメリカを経由して、こうして日本の若者に伝わったのは心温まる出来事だった。

「Japanese in Siberia- 日本人のシベリア抑留」の構成(12)

二〇二〇年、さまざまな経緯を経て、ようやくシベリア抑留に関するウェブサイト（ホームページ）が完成した。スタートから一七年経っていた。サイトの管理に関しては、カリフォルニア大学デイビス校の関係者に依るところが大きい。開けてみると、まず日本語か英語かの選択がある。（ロシア語の選択は一ヵ所だけに限定されており、全体ではない。）次に、日本語の場合は一二のタブの選択、「サイトについて、久芳健夫、抑留所所在地、吉田勇絵画集、ボルガは遠く、労苦の記録、インタビュー、舞鶴引揚記念館内蔵品、関連文書、女性の抑留者、音楽、参考文献」があり、どれかを選んでクリックするとさらにいくつかの情報が整理されている。ここに、おもだったタブにどのようなことがまとめられているか要約してみたい。

抑留の資料を初めて見る方には、まず写真のようにリアルに当時の様子がわかる「吉田勇絵画集」をお勧めしたい。

吉田勇絵画集(13)

吉田勇氏（故人）がシベリア抑留時の様子を描いた二三七点の絵画は二〇一三年にご家族によって舞鶴引揚記念館に寄贈されたが、このサイトには絵画集に取り上げられた全ページが掲載されており、一枚一枚の絵をクリックするとさらに拡大できる。それぞれの絵には作者の短い説明がついている。この絵画は戦中からシベリア抑留そして舞鶴への復員まで一連の流れがわかる資料として価値の高い資料とされている。当時の経験を思い起こし、筆に平和への願いを込めた吉田さんは、強制収容所の管理の中心だったソ連極東軍管区司令部が置かれたウラジオストクなどで巡回絵画展を開いた。当時の模様を読売新聞（一九九二年一一月六日）は次のように伝えている。

—シベリア抑留体験を描き続ける奈良県大和高田市のアマチュア画家、吉田勇さん（六八）が、初めてロシアで開いた巡回絵画展。戦争の醜さを訴えて画面を埋める「魂の叫び」は、激動と混乱の社会（後述）で暮らす現地の人々にも、平和への誓いを伝えた。吹雪のなかで鋭く光るまなざしに、身をすくませる若者がいた。凍土で息絶えた屍《しかばね》に、涙をためる老人が見えた。

吉田さんは「私の絵が現地の人々に不快感を与えるので、という不安もあったが、予想以上に素直に見てもらっているようです。絵の前で議論を始める人、抑留生活や絵について熱心に尋ねる子もいて、日本での展覧会よりも手ごたえがある。日本人が自らの罪を目の前に示されたとき、こんなに謙虚になれるか、と考えると、ロシアの人たちの奥深さ、心の広さに頭が下がる思いです。今となっては勝者も敗者もなく、平和を求めて力を合わせるべきだと、改めて痛感しました」と語った。

「ロシア人にとっては目をそむけたいこと。でも、新しい国造りを進めるため、しっかりと見つめなければ」と、一点ずつ説明文を読んでいた極東史の専門家、ゾーヤ・モルガンさん（四五）は、「抑留については、ペレストロイカ後、やっと雑誌や新聞で知られるようになったばかりです」と話す。会場では「いい絵を見せてもらった。お礼が言いたい」と吉田さんを探す人も目立った。「ソ連兵の非をおわびします」と真っ赤な目で話しかける女性も――

別の記事には次のような記述があった。

吉田さんは、「戦争を知るには、相手側の見方を理解することが大切」「戦争の愚かさを感じてほしい」とも語った。現地では、日本とソ連の悲惨な歴史を知らない人も多く、訪れた市民らは、「戦争に対する怒りと恐怖で涙が出そうだ」「今後の友好関係を築くために、ぜひ見つめておくべき真実を知らされた」などと話していたという。(14)

真摯な平和への願いが表現されている吉田さんの絵画を目にすると、抑留の実態やそこに置かれた人々の身体や心の痛みがそのまま伝わってくる。私たちはそこにはいない。しかし、たまたま当時生を受け、歴史のめぐりあわせでそこにいた人々は、私たちと同じ日本人だった。

久芳健夫(15)

このプロジェクトの動機となった抑留者だった叔父、「久芳健夫」のタブには、厚生労働省より手に入れた叔父の抑留の記録が集められている。「軍事捕虜」としての資料や叔父のいたウラジオストクの第一三収容所やウスリースクの第一四収容所の位置がわかる沿海地方の地図もある。一九五〇（昭和二五）年三月二〇日付の本人による仕事申請書もあり、叔父が通訳者となったこともわかった。古いもう赤くなってしまっている舞鶴への「身上申告書」は本人の直筆で、本籍や家族関係をはじめ、入隊後の軍隊での移動記録や最後の抑留地ナホトカでの所在地などが書かれている。私は少し右上がりの特徴のある叔父の筆跡を目にして、胸が熱くなった。

もし読者のなかにご家族が抑留者だった方があり、前記のような抑留記録の受領をご希望の場合は、厚生労働省調査資料室の調査係（直通電話あり）に「ロシア政府から提供された資料の写しの申請について」並びに「開示申請書」について問い合わせできる。ただし、ロシア政府から当該資料が未着の場合もある（一般財団法人全国強制抑留者協会提供）。

ボルガは遠く(16)

元抑留者個人の手記はたくさん出版されているが、そのなかで、相澤英之氏が書かれた本は敗戦の瞬間から抑留へ、そして抑留生活での経験や人間観察が読みやすくまとめられているので、そのなかから主な文章を「ボルガは遠く」のタブからの抜粋とした。何よりもそのどん底の日々をどこか遠くから客観的に見つめ、二度と思い出したくない体験のなかからも明日への思いを掴んで帰国された相澤氏の意志と生命力の強さがにじみ出ている。そして、その後国を動かす影の力として抑留経験を前向きに捉え、抑留者全体の問題に関わり、ロシアとの交渉も率いて、さらに抑留者のご家族にも寄り添っておられた氏の生き方が浮き彫りになっている。実際にお会いした方の書かれた本なので、とても身近に感じられる。

労苦の記録(17)

「労苦の記録」には、『平和の礎――シベリア強制抑留者が語り継ぐ労苦』第一五巻と第一六巻(独立行政法人平和祈念事業特別基金 二〇〇五(平成一七)年)より宮崎維新(北海道)、鈴木良雄(岩手県)、星野誠一(島根県)、東島房治(北海道)、葛口宗一(岐阜県)の五人の方の生々しい抑留経験の記録が掲載されている。

平和祈念事業特別基金は内閣総理大臣の認可を受けて、一九八八(昭和六三)年七月一日に設立された。二〇〇三(平成一五)年に新たに総務省所管の独立行政法人として発足。慰労品の贈呈や啓発広報活動などを実施。さらに戦後強制抑留者の方に特別給付金を支給する事業を二〇一一(平成二四)年三月三一日まで実施し、二〇一三(平成二五)年四月一日に解散した。この『平和の礎』にはたくさんの貴重な手記が入っている。第一五巻に五五、第一六巻には四八の手記や聞き取り調査が収められている。なお平和祈念事業特別基金から受け継がれた資料は東京、新宿の平和祈念展示資料館で保存・展示されており、ウェブページでも見られる。

インタビュー(18)

二〇一〇(平成二二)年に饗庭秀男氏インタビュー(一)(二)、二〇一四(平成二六)年に相澤英之氏インタビュー(一)(二)また二〇一四(平成二六)年にカリフォルニア州で日系アメリカ人のピーター・巌・佐野氏インタビュー(一)(二)を著者が対面でおこなった。質問は前もってお渡しして、当日答えて頂いた。実際に抑留当時を思い出して言葉を探るように語ってくださった場面は忘れられず、私にとってとても貴重な経験だった。

インタビューの内容は今後調査活動をされる方のために全文書面が添付されている。すべての方が亡くなられた今となっては、大切な記録となった。インタビューにはいつも夫のジョナサンが同行し、ビデオ撮りを担当してくれた。

舞鶴引揚記念館内蔵品とユネスコ世界記憶遺産登録について[19]

ウェブサイトでのこの項目には、二〇一四（平成二六）年七月舞鶴の記念館訪問時に撮影したものを、記念館からの映像使用許可を頂いた上で紹介している。山下美晴館長にはとても丁寧に貯蔵品の紹介をして頂き、館内を案内して頂いた。

私の訪問の翌年、引揚記念館は世界遺産として登録されたので、その意義について調べてみた。この記念館の設立と意義については、黒沢文貴著『歴史に向きあう』（東京大学出版会、二〇二〇）に詳しい説明がある。氏は、「舞鶴への生還　一九四五―一九五六　シベリア抑留等日本人の本国引き揚げの記録」のユネスコへの登録申請に舞鶴市ユネスコ世界記憶遺産有識者会議の会長として携わった。これには、シベリア抑留体験の記録、安否を気遣い帰還を願う日本の家族に関する資料、引揚関連資料など、計五七〇点が含まれており、二〇一五年一〇月一〇日に登録されている。[20]

ユネスコ世界記憶遺産は一九九二年から始められて、歴史的な文書や本、絵画、地図、写真などの保存と振興を目的としていたが、日本ではあまり関心が寄せられず、マスコミの取り上げ方や国民の認知度・注目度があまり高くなかった。世界で有名なものには、『アンネの日記』やベートーヴェンの交響曲第九番の自筆楽譜、活字印刷の世界初の聖書である『グーテンベルグ聖書』などがある。日本では二〇一一年に地方自治体からの直接申請だった炭鉱の記録画が初めて記憶遺産として登録されたことにより、政府も地方自治体もその存在を強く意識して登録（二年に一度、各国二件まで）を目指すようになった。[21]

京都府の北部に位置する日本海に面した舞鶴港は、戦前は北の守りに備える軍港都市として発展した。そのため、第二次世界大戦の終戦後には、おもに旧満洲（中国東北部）や朝鮮半島、シベリア、樺太からの復員軍人、軍属、民間人たちの引揚港として指定され一九五〇年以降は日本全国で唯一の引揚港となった。当時海外在住の日本人は総数約六六〇万人（陸軍約三一〇万人、海軍約四〇万人、民間人約三一〇万人）で、一九四五年当時の日本の人口の約九％にあたる。一九五八年の引揚事業の終了までの間に、舞鶴港はのべ三四六隻の引揚船と約六六万人の引揚者、そして約一万六〇〇〇柱の遺骨を迎え入れた。中国や東南アジア各地、南方からの引き揚げは比較的順調に進んだが、ソ連軍の支配下に置かれて広範囲に多数設けられた強制収容所（ラーゲリ）のシベリア抑留者（モンゴルへの抑留者も含む）たちは、最長一一年帰国することができなかった。(22)

海外の日本人は、一九四五年九月二日、連合国軍一般命令第一号によって、連合国の五つの軍管区――中国軍管区、ソ連軍管区、東南アジア軍管区、オーストラリア軍管区、米軍管区――に管理されることになった。そのなかでソ連軍管区にいたシベリア抑留者たちは、一九四六年一二月から一九五〇年五月にかけて約四七万人が日本に送還され、一九五〇年にはタス通信が引き揚げの終了を発表した。さらに同年六月にソ連政府は、戦争犯罪人として服役中の一三八七人を除き日本人の送還は完了したと発表した。その後、ソ連側の送り出し港であるナホトカからの送還は一時途絶えたが、一九五六年一〇月一九日にモスクワで署名された日ソ共同宣言（同年一二月一二日発行）によって国交が回復したことから、同年一二月二六日に、シベリアからの最後の引揚船である興安丸が一〇二五人を乗せて舞鶴港へ入港し、シベリア抑留者の引き揚げが終了した。

舞鶴引揚記念館は、一九八八年、かつての引き揚げ桟橋を見下ろせる場所の引揚記念公園内に、全国から寄せられた約七〇〇〇万円の募金と数々の資料をもとに舞鶴市によって設立された。それは、戦後三、四〇年が経過して戦争を振り返る余裕が生まれ、その記憶を残し、忘れてはならない歴史的事実として後世に伝えておきたいという心の動きと、戦争当事者世代の高齢化にともなう証言欲求の高まりという両面を象徴していた。(23)引揚記念館所蔵資料には、日記、手記、名簿、俘虜用郵便葉書、証明書類、会報・機関紙、書籍などの文字資料や衣類や手作りの生活用品、絵画・彫刻など約一万六千点の資料が収蔵されている。ユネスコの世界記憶遺産にはそのうち五七〇点が登録された。この登録申請のために、その母体となった有識者会議はテーマを「シベリア抑留体験の記録」「安否を気遣い帰還を願う日本の家族に関する資料」「引揚関連資料」の三つの区分に絞り込み、絶望的な状態に置かれた人間のもつ生きる希望と生命力、さらには人間愛、家族愛、同胞愛、祖国愛、そして平和への想いなど、人類に共通する普遍的な主題を浮き彫りにしている。そして、ソ連が同時期に西方でおこなっていたドイツ人等の旧敵国人の強制抑留との共通性も示して、シベリア抑留とその引き揚げを、戦争で荒廃したソ連側の事情と共に、第二次世界大戦終結後の世界的な広がりを持った重要な歴史的事実と指摘した。その時代背景には、米ソの冷戦状況と、占領に伴う日本国の外交権の事実上の停止があったことも言及された。敗戦後連合国側に占領された日本は、主権、外交権を制限されたため、引き揚げに関してソ連と直接交渉ができなかったことや、一九五二年の主権回復後も、米ソ冷戦の影響を被り、日本がソ連と国交を回復し得ない政治的状況が一九五六年まで続いたことが、日本人抑留者の引き揚げを困難にした大きな要因だった。(24)

このユネスコ世界記憶遺産への登録によって、シベリア抑留と引き揚げという第二次世界大戦の敗北に伴う日本近現代の歴史が世界に共有される歴史的記憶になったことは特筆に値する。(25)日本の国内だけでその歴史が語られたり語られなかったりということではなく、このように世界的な歴史的事実として認められたことには何と大きな意義があることだろう。それにより、シベリア抑留と引き揚げは一国の歴史の一部ではなく、世界の重要な歴史の一つとなった。それを踏まえて、この記憶を世界のより多くの国々の人々へも伝え、相互理解を深めていくことが、歴史をやがて和解への糧としていく道を拓いていくことにつながる。

私が手掛けたこのウェブサイトは小さいものだが、そこからでも、小さな平和への願いは発信できる。その構築のために初めて夫と訪れた舞鶴の町。双葉百合子さんの歌った「岸壁の母」の舞台となったその場所もこの目で見てきた。あまたの帰還者たちのさまざまな思いが交錯した激動のその町は、静かなたたずまいのなかで、穏やかで優しい人々に守られて、歴史を伝えていた。

女性抑留者(26)

抑留者のなかに女性が含まれていたことはなかなか報道されなかったが、二〇一四（平成二六）年七月に『読売新聞』に「看護婦の証言」という記事が載り、さらに同年八月にＮＨＫで「女たちのシベリア抑留」という二回のシリーズが女性抑留者たちの証言と共に公表された。女性たちは終戦時に撤退が間に合わなかった看護婦、軍の補助的役割を担っていたタイピスト、秘書などであった。公式にはわかっていないが、第二次世界大戦後の捕虜のなかに三六七名の女性がいたとされている。

ここには、右記の新聞記事の全文とＮＨＫのシリーズのまとめの他に、坂間文子さんの手記『雪原にひとり囚われて――シベリア抑留10年の記録』（講談社、一九七五）の各章の要約もある。坂間文子さんという当時三四歳だった女性が、一〇年の間壮絶な運命に翻弄されてシベリアの荒野を彷徨い、苦しく惨めな生活にたった一人で耐えたのちに帰還を果たしたと知ったとき、それは驚くべきことだと思った。どうして女性である彼女が、そんな信じられない運命を一人たどることになったのか。本を読み始めると、次々と嵐に襲われるような逆境を、つねに内側からの知恵を絞って切り抜け、次へと向かっていく坂間さんの生きる力の凄さがひしひしと伝わってきた。坂間さんは満洲、大連のソ連大使館で日本語を教えていた。同じように日本語を教えることを職業としていた私にとって、同じ立場の女性の身の上に起こった試練、という意味でもとても興味深い内容だった。外国語を教えるという職業はスパイ教育に直結していた当時のソ連の常識から、日本人が文化への架け橋になりたいという真剣な気持ちから外国語教育に携わった過程がまったく逆に捉えられ、坂間さんがスパイ扱いされてこのような運命をたどったことは、日本文化での常識が、一歩外へ出ればまったく違う解釈となる可能性を示唆している。

私たちが享受している「今」とは与えられている偶然であって、その先は何も見えない。極限状況のなかで人間としての能力を研ぎ澄まして生き続け、未来を拓くことのできたこの日本女性の驚くべき足跡を覚えていたいと思う。

音楽(27)

音楽はその響きから、瞬間的に多くの人の心にメッセージを与える力を持っている。言葉なら一字一句の積み上げが求められても、音楽は全体の作り上げる雰囲気がそのまま聴く人の耳に伝わる。小さい頃よくテレビから流れてくる二葉百合子さんの「岩壁の母」という歌を聞いたとき、「母は来ました　今日も来た　この岸壁に　今日も来た……」と始まるこの浪曲が何かとても悲しいことを歌い上げているとは感じていたが、実際のテーマは知らないままだった。そしてこのシベリアに関する自分のプロジェクトを進めて初めて、それがシベリア抑留者の帰還を今日か明日かと待つ母親の歌だとわかった。そして私も舞鶴港のその岸壁に立ったとき、初めて「岸壁の母」の心に触れ、深く胸を打たれた。それで、ここにはまずこの歌を取り上げた。時代を超えて抑留の歴史を伝える音楽としてこの歌は欠かせない。

また、相澤氏とのお話のなかで、国民歌謡の作曲家として二四〇〇曲を超える作曲をされた吉田正さんが元抑留者だったことを教えられた。いくつものヒット曲を作り、紅白歌合戦の「ホタルの光」にも指揮者として登場しておられた。あいにくもう亡くなられた後で、お目にかかってインタビューさせて頂くことは叶わなかったが、氏の残された「異国の丘」をここに加えた。昭和一八年に陸軍上等兵として満洲にいたとき、現地で療養中に部隊の士気を上げるため作曲された歌である。その頃次々と歌を作っては現地の抑留者を励ましていた吉田さんのことを覚えている方の手記も、読んだことがある。

次に二〇一五年に私が製作した「シベリアの歌」の三つの作品（ピアノとバイオリンの伴奏による歌、バイオリンとピアノの二重奏、バイオリン独奏）を加えた。前述のように、この作品の動機は相澤英之氏との出会いによるものだった。創ろうとして絞り出した音楽ではなく、自然に流れ出てきたメロディーで、私自身が長い時間をかけて学ぶことになったシベリア抑留の歴史と紡いだ時間が、この音楽になったのだと思っている。教育のためのツールとして、どこかで使っている日が来るだろうか。

そして、若いバラライカ奏者、北川翔さんの演奏も加えた（第六章　家族の証言「北川翔」参照）。北川さんの祖父、北川剛さんは島根県生まれの音楽家で、北朝鮮で敗戦を迎え、六年間の捕虜生活のなかで危篤状態になったこともある。北川さんはそのどん底の日々のなかで、毎日作業場へ向かうロシア人農夫たちの力強い歌声に触れ、魂が根本から揺さぶられた。それは大地に根ざした民衆のロシア音楽との鮮やかな出会いだった。やがて沿海州楽劇団という日本兵のための楽団で歌うようになると、点在する収容所を慰問した。この楽劇団で使用されたトランペットやギターが二〇二一年一一月二日より二〇二二年一月三〇日まで総務省委託・平和祈念展示資料館で展示された。

北川さんは帰国後「歌声喫茶」や合唱指導を中心にロシア民謡の普及に努めた。「ともしび」「ボルガの舟唄」「ステンカ・ラージン」などの歌はよく知られている。孫の北川翔さんはロシアに留学してバラライカ奏者となり、現在も幅広く活動している。暗い抑留の歴史のなかで、日本の音楽に広がりをもたらしたこのような文化的啓発があったことは意味深い。

私の作成したウェブページは以上の内容で、二〇二四年九月一二日現在、一二万九三七一回のアクセスがあった。ウクライナのキーウから一九七六年にシカゴに移住して通訳や編集の仕事を続けているベナ・シュクリャノイさんは、「家族の物語」を語ることの大切さを強調するホームページで、二〇一七年に私のウェブサイトを引用している。[28] 長い時間をかけて多くの方々のご協力を得て少しずつ仕上げた内容は、日本やアメリカ、そしてすべての英語圏に住む人々の平和への祈念が込められている。この日本人のシベリア抑留の歴史が、日本国内だけではなく、世界史上の人権侵害の歴史として残っていく一助となることを心より願っている。

第三章

シベリア抑留者の苦難

一　敗戦

かき集められた戦力

第二次世界大戦の終結に近い頃、日本の兵員の消耗が激しくなり、「根こそぎ動員」がおこなわれた。まず、一九四三年九月の「学徒動員」の実行により、理工医系・教員養成学校以外の大学、初等専門学校の満二〇歳に達した学生・生徒の徴兵が決定された。さらに一九四四年には心身に支障がない一七～四五歳のすべての男性、一九四五年六月には義勇兵役法が施行されて一五～六〇歳の男性と一七～四〇歳の女性が召集対象となった。これらにより、日本は本土での米軍の上陸に備え、南方戦線へ移した兵力を補おうとした(1)。

満洲でも、関東軍の大兵力が南方に引き抜かれ、終戦を目の前にした一九四五年七月、在留の一般日本人男子三五万人のなかから、行政や産業従事者を除く二五万人が緊急に兵力としてかき集められた。その結果、実戦経験者が少ない七〇万人の関東軍となった。加えて、新兵には銃が行き渡らないほど武器弾薬は不足し、満洲の実戦能力は以前の三分の一ぐらいに低下した。このように満洲で終戦を迎えた人たちに、シベリア抑留への苦難の道が待っていた(2)。

戦争の終結

一九四五年二月、戦後処理に関するアメリカ、イギリス、ソ連の三国首脳によるヤルタ会談がおこなわれ、ソ連の参戦問題も話し合われた。そのときソ連は、南樺太の返還、大連・旅順の回復など日露戦争で失った諸権益のほかに千島列島の引き渡しを条件に、ドイツ降伏後、二～三ヵ月の対日参戦を約束した。そして、一九四五年四月五日、ソ連は日ソ中立条約の不延長を日本に一方的に宣告した。しかし、アジア太平洋戦争の終結に向けて考えのあった日本はソ連の仲介を期待しており、ポツダム会談が近づくなか、近衛特使を派遣してスターリンに仲介の依頼を試みた(3)。だが、ソ連は受け入れなかった。一九四五年七月二六日、ポツダム宣言が日本に勧告された。その内容は日本の無条件降伏・武装解除、民主主義の実現、連合国による管理、日本の領土規定などであった。それには英米中の三国の署名があり、ソ連は入っていなかったことから、日本はさらに、ソ連の仲介を望み続けた。ポツダム会談は実際にはアメリカ（フランクリン・ルーズベルト）、イギリス（チャーチル）、ソ連（スターリン）の三首脳でおこなわれていたのだが、ソ連は日ソ中立条約の関係で署名せず、中国の蒋介石の同意を得て、英米に中国を加えて発表していたのだった。

米国は、日本と戦う負担軽減と戦争の早期終結のために、一九四四年後半以降すでにスターリンに対してソ連の対日参戦を要請していたが、その頃ソ連はまだドイツとの戦いで余裕がなかった。また日本との中立条約の拘束もあった。そして一九四五年七月連合国がポツダム会談で日本の戦後処理問題を話し合った折、スターリンは八月半ばまでの対日参戦の予定をトルーマン大統領（ルーズベルトは四月に病死）に伝えた。ところが、ソ連が対日参戦を決めたその会談のさなかの一九四五年七月一七日、アメリカのトルーマンとイギリスのチャーチルの下に、アメリカが原子爆弾の実験に成功したという知らせが入った。こうして米国が原子爆弾を開発し、さらにそれを広島・長崎に投下したことにより、米国だけが戦争を終結させるという事実が成立しそうになったため、スターリンは計画されていた対日参戦の時期を早め、終戦に向けてのソ連の貢献を鮮明にするために、八日に即刻日本との宣戦を布告することとなった。

広島がたった一〇秒で壊滅するほどの驚異的核爆撃は、これまで二〇万人以上の人々を死に追いやり、今もなお多くの人が原爆の被害に苦しんでいるが、ポツダム宣言で連合国に無条件降伏を促されたとき、日本が明確な反応をすぐには示さなかったという事実が、この爆撃の実行へとつながったという背景がある。宣言にはソ連の名が入っていなかったので、日本はソ連の仲介交渉への期待を捨てず、宣言を「黙殺」すると言明した。そのため、日本は戦争を継続するとみなされて、それが人類の歴史上に類をみない核兵器による悲惨な市街地爆撃の現実となった。この行き違いは、約束や道義を重視した日本の文化と、自由自在に身をひるがえして自国の利益を追ったソ連の文化の根本的な違いに由来するだろう。二一〇年間続いた鎖国政策もあり、長い間異文化との接点のない島国で暮らしてきた日本人は、外の世界との基本的な考え方の相違に気づきにくい事を、十分注意しなければならない。

スターリンには、一九四五年二月のヤルタ会談で日本への参戦により日本の領土、南サハリンと千島列島を得ることが約束されていたので、ソ連の侵攻日が早められたのは、それを獲得するためでもあった。そして、ついに八月一四日の御前会議でポツダム宣言の受諾を決定され、同宣言受諾に関する詔書が発せられることとなった。こうして、第二次世界大戦は終結を迎えた。(4)(5)

ソ連の参戦（日ソ戦争）

日本の降伏の直接の原因は、一九四五年八月六日と九日に米国が広島・長崎へ投下した原子爆弾だと考えられている。しかし、実際には、満洲でのソ連参戦も大きな原因だった。
ソ連と日本の間には、一九四一年に五年間の日ソ中立条約が締結されていたが、ソ連は一九四五年八月九日未明にそれを破棄して、宣戦布告した。条約は一年間はまだ有効だったので、この侵攻は明らかな条約違反だった。「日ソ戦争」とも呼ばれているこの侵攻で、ソ連は日本の実質的支配下にあった満洲国との国境にいた一七四万人のソ連極東軍に命じて、満洲および当時日本領だった朝鮮半島北部、さらに樺太・千島に突然攻め込んだ。第二次世界大戦を終わらせるにあたりソ連の和平仲介に最後まで望みを託していた日本にとって、これはまったくの寝耳に水だった。しかも、独ソ戦を戦ってきたそのソ連の戦力と戦闘経験のない兵を補充された関東軍とでは、実際の戦闘力で一〇倍ぐらいの違いがあったといわれている。(6)
ソ連軍はまず、関東軍の駐留する満洲国を攻撃した。一九四五年八月九日〇時、ワレンスキー元帥が率いる極東ソ連軍は東部（沿海州）国境と朝鮮北東部国境、西部（モンゴル）国境の三方向から一気に奇襲攻撃すると、関東軍は直ちに臨戦体制に入ったが、抵抗できる戦力はなく、次々と撃破されていった。(7)(8)
ソ連軍は樺太・千島にも侵攻した。樺太北部国境付近に駐留していたソ連軍は八月一一日早朝、国境を超えて南下し、古屯《ことん》付近で日本軍との戦闘が始まった。それに対して、ソ連軍の北海道侵攻を阻止しようとして、樺太各所で激しい戦闘があったが、二二日に知取《しるとる》（マカーロフ）で停戦協定が結ばれ、その後ソ連軍は豊原（ユジノサハリンスク）と大泊（コルサコフ）を占領した。樺太では地上戦と空襲によって、一般住民が約二〇〇〇人犠牲になった。一七〇〇人の避難民が乗った船が撃沈されるという悲劇もあった。

終戦に向けて、満洲での状況はどうだったのだろう。ソ連軍が八月九日に満洲に侵攻を加えたとき、関東軍総司令部が全面反撃を命令しても、それはもう実行できなくなっていた。戦力は圧倒的に違い、しかも国境付近を守る日本兵は少なく、その後方部隊も守る地域が広すぎて敵を食い止める事はできず、防戦に使うための火力や資材や軍隊の指揮上必要な通信網もすでになくなっていた。(9)

次の記述に、そのときの現場の詳しい様子が記されている。

「八月一一日。新京の関東軍総司令部では重要書類が次々と燃やされていた。山田乙三総司令官と秦彦三郎総参謀長、大本営から派遣されていた瀬島龍三ら首脳は、事前の方針通り飛行機で南部の通化に後退した。ところが通化には空爆などに耐えうる陣地構築がなされていなかった。通信施設もなく、鉄道電話や民間の通信施設に頼らざるを得なかった。一行は一五日、新京に戻る。司令官と参謀が後方で右往左往するなか、最前線では兵たちによる「特攻」がおこなわれていた。ソ連のマリノフスキー元帥による『関東軍壊滅す』によれば、八月一三日から一四日まで、牡丹江方面の日本軍は「決死隊による爆破戦によって、ソビエトの進行を阻止しようとした。」決死隊員たちは爆弾や手榴弾を身体に縛りつけて、ソ連軍の戦車に飛び込んだ。ソビエト兵のなかに紛れ込んで自爆する者もいた。「牡丹江入り口で日本軍が反撃に出たときは、地雷や手榴弾を身体に縛り付けた二〇〇名の決死隊がおいしげった草のなかを這い回り、ソビエト戦車の下に飛び込んでこれを爆破した。」さらには爆弾を結びつけた日本兵一五人が鉄橋爆破を試みたが、失敗した。だが前線の日本軍兵士が「生きた移動地雷原」（マリノフスキー）としてソ連軍を食いとめ、侵攻を少しでも遅らせたことで、助かった者たちもいただろう。(10)」

そうしたなか、終戦の詔勅は満洲にも伝えられ、大本営からの停戦及び武装解除の命令も関東軍総司令部に下達された。こうして八月一九日、ソ連国境ハンカ（興凱）湖付近のジャリコーヴォで停戦会談が開かれ、秦彦三郎総参

昭和21年頃におけるソ連・外蒙領内日本人収容所分布概見図

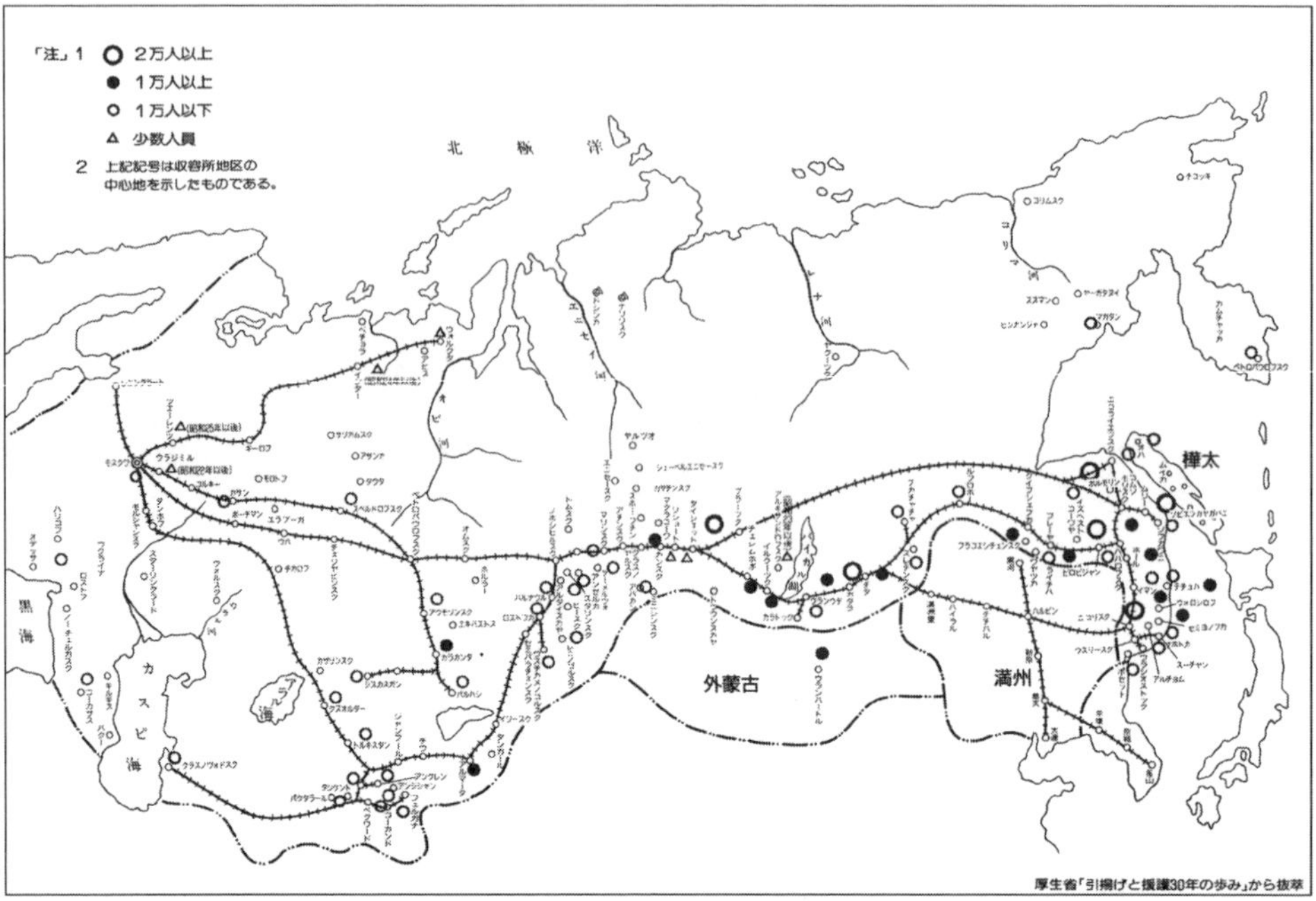

出典：阿部軍治『シベリア強制抑留の実態　日ソ両国資料からの検証』彩流社、2005年

謀長は極東ソ連軍総司令官アレクサンドル・ワシレフスキー元帥の要求を受け入れ、停戦と武装解除が即日実施された。

二、ソ連の国内事情

スターリンの極秘指令九八九八号

長瀬了治著『シベリア抑留』によれば、関東軍をはじめ日本軍は停戦命令を受けて各地で武装解除し、指定された集結地に移動した。集結地は満州二七ヵ所、北朝鮮八ヵ所、樺太・千島九ヵ所と、全部で四四ヵ所だった。元日本軍の軍人たちはそこで自活しながら帰国を待つことになったが、じつは、次に何が起きるか何も知らされていなかった。

八月二三日、スターリンは国家防衛委員会の極秘決定九八九八号を出して、日本人軍事捕虜たちのソ連への移送を指示していた。その極秘指令は、「極東とシベリアという条件の下での労働に肉体的に適した日本軍捕虜のなかから五〇万人を選び出して、捕虜収容所に送る」ように命じていた。さらに要点として、日本軍を一〇〇〇名単位の作業大隊に再編成し、将官や上級将校を分離して旧軍組織を解体して日本兵のなかでの分断を図ること、捕虜に戦利品から軍装品と日用品（飯盒など）を支給、各梯団（梯団《ていだん》：軍隊区分の一つ。大兵団の輸送や行軍の際、便宜上、数個の部隊に分けたときの各部隊）に二ヵ月分の備蓄食料を与える、などが記されていた。

この指令には、「ハバロフスク地方――五万六〇〇〇人。内訳：石炭産業人民委員部のライチホ、キブジンスク炭鉱に二万人……」のように日本人を配置する地域や人数、作業内容などが細かく書かれていた。産業分野では重工業・インフラ整備重点の巨大建設プロジェクトの一つだったバム鉄道の一五万人がもっとも多く、ソ連がバム鉄道の建設を重視していたことがわかる。この抑留は、実際にはソ連全域以外に、一部はモンゴル人民共和国にまで送られていることから、「ソ連モンゴル抑留」と呼ぶ方が実態を示しているという見方もある。

この極秘司令は永らく非公開の公文書だったが、一九八〇年からのソ連崩壊・民主的転換期にソ連・ロシアで他の公文書と共に公開され、当地での学術的研究の条件が整備され始めた。それらの研究には二つの段階があった。公文書資料を用いてソ連政府の日本人軍事捕虜政策や、日本人軍事捕虜の実態が明らかになった第一段階。これにより、それまで不明だった捕虜総数や死亡者数が判明した。そして第二段階では、日本人軍事捕虜への政策に「冷戦」構造が大きく関わっていたことが明らかにされ、ここで「国家防衛委員会決定No.9898」の内容が各論文で引用された。これらの研究を通して、それまではわからなかった捕虜移送に関するスターリンの具体的指示が公になった。(11) 日本人軍事捕虜の学術的研究が始まったのは一九九〇年以降だった。

「ラーゲリ（強制収容所）経済」で国づくり

ソ連における強制抑留所は日本人収容のために作られたのではない。それがソ連社会の仕組みとして、すでに内在していたことに注目したい。一〇月革命後一九一七年一二月に(12)成立したウラジミール・レーニンを首班とするソビエト政権は同年一二月に「全ロシア非常委員会」（反革命・サボタージュ取締のための委員会）という秘密警察を設置し、社会主義革命に反対するブルジョア政党の活動の制限を開始した。その組織はGPU（ゲペウ）、NKVD（エヌカヴェデ）、KGB（カゲペ）などと組織と名称を変えていった。GPUの本部はモスクワのルビャンカにあったため、ルビャンカ、すなわち枢密警察としてイメージされて、日本人抑留者に馴染み深く、恐れられていた。

ヒトラーのナチス及びスターリンのソ連はともに全体主義国家であった。全体主義は個人の自由、とりわけ言論の自由を抑圧して排除し、全体の利益を優先する国家体制で、ヒトラーはナチ党による独裁体制を作りあげ、秘密警察（ゲシュタポ）と集中収容所（コンツ・ラーゲリ）を用いて膨大な殺戮（大テロル）を繰り広げた。スターリンも同様に共産党による独裁体制を強化し、農業の集団化をはじめ強引な社会主義的政策を推し進めるため秘密警察（GPU）と矯正労働収容所（ITL、ラーゲリ）を用いて膨大な殺戮を実行した。集中収容所には人種や政治的信条や階級によって危険と判断された市民が収容された。

レーニンは一九一八年には「信頼できぬ分子」を収容所にぶち込めと要求し、革命の直後から反対派はもとより貴族や商人などが「人民の敵」として逮捕投獄された。やがて内戦が激化すると裁判所の決定なしに逮捕、投獄、処刑をおこなうようになった。一九二四年にはロシア共和国矯正労働法典が成立して囚人労働が体系化された。「矯正」と謳ってはいるが実態は「強制」であったのはいうまでもない。このように、共産主義の理想を目指したソ連が、恐るべき収容所国家だったことは、長い間知られていなかった。

一九二九年秋からソ連全土でヨシフ・スターリン共産党書記長の指導の元、「全面的農業集団化」政策によって富農絶滅が嵐のように進行していた。これは、第一次五ヵ年計画による工業化を開始しようとしていたソ連当局が、都市労働者と軍隊を養い、輸出を増大させるために必要な穀物調達率の大幅な向上を目指してとった政策で、一九二七年に個人農が大半を占めていたロシア農村を、コルホーズの結成により集団的経営に改造することを決議した。農民の多くはこれに強く反発したが、「階級としての富農の絶滅」がスローガンとなって、「富農」は財産を奪われ、強制収容所に送られ、あるいはシベリアへ流刑になった。反対する中農、貧農も投獄や追放、強制移住を言い渡された。このような農民は一〇〇〇万人または一五〇〇万人にも昇り、数百万人が死亡したといわれる。

さらに、一九三七年には極東地方の朝鮮人一七万人が対日協力の恐れありとして中央アジアに民族全員を移住させられ、独ソ戦が始まると対独協力の廉で四一年のヴォルガ・ドイツ人を皮切りにチェチェン人などの少数民族をまるごと中央アジアやシベリアに強制移住させた。ソ連に併合されたバルト諸国人と西ウクライナ人の一部も強制移住させられて、彼らの一部は投獄され、荒野での移送や移住で数多くの犠牲者が出た。このようにソ連全土に収容所（ラーゲリ）と監獄が無数に散在して「収容所列島」が出現した。

日本人が連れていかれた強制抑留所の始まりは、一九二九年六月に設置された「矯正労働収容所」に見られる。そこは囚人が労働日には原則として八時間の労働が課され、「労働によって」人格をマルクス主義的人間観に修正する場とされた。

このスターリンの「上からの革命」は、農村を荒廃させたばかりでなく、ソ連社会全体に全体主義的構造と恐怖政治の雰囲気をもたらす一因となった[13]。

これら強制収容所の囚人が、一九二八–三二年の第一次五ヵ年計画のときに、重工業・インフラ整備重点の巨大建設プロジェクトに労働力として白海・バルト海運河、コルイマ採金トラスト、モスクワ・ヴォルガ運河、バム鉄道、ベチョーラ炭田などに動員されたが、こういった組織的な囚人労働は一九三三年まで公表されなかった。一九三〇年にはＧＰＵの後身ＯＧＰＵ（オゲペウ）に収容所管理総局（グラーグ）が設置された。三〇年代には農民以外にも弾圧が広まり、反対派だけでなく、古参ボリシェビキ[14]や軍人、インテリゲンチャ（批判的知識人）も投獄されて一九三四年のナンバー2と目された政治局員のキーロフ暗殺事件[15]を契機に、自分に忠誠を誓った旧反対派の絶滅のための大テロル（暴力的威嚇）をおこなった。社会の末端まで及んだこの弾圧は広範囲にわたり、即刻逮捕、銃殺されるべき者、そして八–一〇年間収容所か監獄に収容されるべきものに分けられて、総数で二五万九四五〇人が逮捕された一九三七と三八年には数百万人が粛清された。

こうして、収容所に収容された者は一九三九年には二〇〇万人を超えた。この膨大な労働力が第三次五ヵ年計画（一九三八–四二）に動員されて、ソビエトの「ラーゲリ経済」――収容所の無償の強制労働に依存するシステム――

が確立したのだった。極寒の気候、空腹、不潔な生活環境などにより、収容者の死亡率は高かった。そのような過酷な環境下に置く事は体制への恭順の態度を作り出す手段として用いられ、収容者は無償の労働力として利用された。収容者は死んでも、数に不足はなかった。

自身も収容者であったソルジェニーツインが『収容所群島』（一九七三）を発表したとき、この機密事項が国外に初めて明らかにされて世界を驚愕させた。「生ける者の墓場」とも呼ばれた拘禁施設では、寒くて汚れたバラックで、囚人たちが日々生命力をむしばまれていた。そこでは暴力がものを言い、力のあるものが生き残り、「矯正」よりは食べること以外には関心を示さない猜疑心に満ちた人間を作り出していた。日本人のシベリア抑留者もこれに似た経験を強いられることになったのである。(16)

敗れた国々の捕虜たち

独ソ戦争は、一九四一年にドイツがソ連に侵攻、そして一九四五年にドイツが無条件降伏をして終わった。この戦争の影響はソ連に大きな陰を落とした。犠牲者数は膨大で、ソ連兵が一四七〇万人、ドイツ兵が三九〇万人。民間人の死者を入れるとソ連の死者は二〇〇〇～三〇〇〇万人で、ドイツは約六〇〇～一〇〇〇万人だった。膨大な数の若い男性を戦闘で失い、ソ連国内では労働力が圧倒的に不足していた。

一九四四年一二月五日付のスターリン、モロトフ宛報告によると、この頃、合計六八万九二一人の捕虜のうち、ドイツ人捕虜は三九万八四一七人だった。ソ連の最高指導部は、戦後の経済復興に不可欠な労働力として、ドイツ及び同盟国軍の捕虜を「戦時捕虜」として使役することを大戦の途中にすでに決めていた。ソ連は自国軍の食料すら充分でなかったため、捕虜の死亡率は高かった。ソ連収容所に入れられたこれらドイツ人捕虜の扱いは、憎しみのために非人道的になりがちだった。

大勢のドイツ人がソ連の強制抑留所で復興作業に用いられたが、日ソ戦争でソ連に連れていかれた日本人が、同じように「戦利品」の一部として、ソ連国家復興のために労働使役をすることになった。また、当時は日本人やドイツ人捕虜の他にも、枢軸国であったイタリア、ハンガリー、ルーマニア、ブルガリア、フィンランド、大戦初期に併合されたバルト三国・ポーランド東部からも多数の捕虜や政治犯が収容所に送り込まれ、過酷な労働に従事させられていた。

日本人とドイツ人は作業場やコルホーズで一緒になることもあり、接触する機会があった。そして、同じ「捕虜」という境遇から、お互いをよく観察しあっていた。日本人とドイツ人が一番違った点は、敗戦に対する態度で、ドイツ人は「今回はソ連に負けたがこのつぎはやっつけてやる」と、負けても意気軒昂《いきけんこう》だったが、日本人は初の敗戦で茫然自失、自信喪失の状態だった。ドイツ人はヨーロッパ大陸で長い戦乱の時代を経てきたので、「勝敗は時の運」という現実的な戦争観があり、捕虜になっても格別悲観していなかった。しかし、日本人は日清戦争、日露戦争、第一次世界大戦と戦争にはいつも日本軍は勝つと信じてきたため、一度の敗戦にうろたえており、「捕虜になるのは恥だ」と教え込まれていたので、捕虜になる心構えができていなかった。

また、ドイツ人は歴史的にソ連人（ロシア人）に文化的な優越感を抱いており、それが態度に現れていた。ヒトラーのナチス・ドイツはロシア人を辺境の「下等人種」と見下して、東方征服を企ててソ連へ侵攻した。ロシア人はこのような侵略者であるドイツ人に憎悪と敵愾心《てきがいしん》を持っていたが、同時に潜在的な劣等感、負い目を感じていて、勝者でありながら、ドイツ人に一目置かざるを得ず、頭が上がらなかったという。[17]

また、収容所の生活のなかで、ドイツ人の合理的な国民性と団結心が発揮された。たとえば、ノルマとして一日三メートルの側溝を掘る作業があると、日本人は、とにかく効率よく仕事を片づけて、少しでも横になって休もうとする。そのため余裕があると思われ、一日三メートルのノルマが四メートル、五メートルと次第にあげられてしまった。しかしドイツ人は、全員が三メートルを八時間かけてゆっくり仕事をしたので、ノルマは加えられなかった。このようにドイツ人は日本人と対照的なしたたかさで、一丸となって過酷な強制労働に臨んでいた。

このようなドイツ人の特徴は、いくつもの国々が国境を接しているヨーロッパの土壌に由来している。つねに外国から攻められる危険性のなかにあり、民族が入り混じるための混血もおきる。彼らはそのなかで自分の立ち位置を表明し、権利を主張し、筋を通すことの必要性を歴史のなかから身につけてきた。島国の日本では、国の周辺から変化が押し寄せてくることは稀で、しかも江戸時代に鎖国で外国文化の流入を遮断する措置をとった時点で、日本中心のものの考え方が促進され、定着した。それは日本文化の揺るぎない輝かしい特徴を作る時代となったことと同時に、刻一刻と変化する世界の動静に気づきにくい土壌をも作った。

このように、他国の捕虜の労働使役と同様に日本人のシベリア抑留がソ連復興の仕組みの一部として計画され、実行されたことは、あまり知られていない。その視点から日本人抑留者の実態を捉えてみると、一九四五—一九五六年の一一年間に約六〇万人がこのソ連のラーゲリ経済の犠牲者となり、約五万五千人の死亡者は、ソ連の強制抑留所全体の多くの犠牲者の一部であったことになる。

収容所に送られた日本人は、他の国と比べて知的技術的能力が高く、勤勉さも高く評価されたし、与えられた仕事を懸命に達成しようとした。が、体格が小さかったため、他の人種と同じ条件で、しかも温暖な日本の気候しか経験したことのない人々が極寒の自然条件での厳しい労働を強いられたことが、想像を絶する悲劇を生み、多くの死者が出る結果となった。これら抑留者のなかには、当時の日本の植民地であった韓国や台湾から日本兵として徴兵され、戦後を迎えた人たちも含まれている。

このように見ると、「シベリア抑留」は日本国内で日本人にだけ起きた悲劇として捉えるのではなく、広い意味で、ソ連全体、そして世界の歴史のなかに位置づけられる二〇世紀の重要な基本的人権侵害の歴史だといえる。現在はまだわずかに日本語とロシア語だけで語り継がれているが、他言語への翻訳を経て、広く世界に知らされるべき人類史の重要な出来事であることは、国外の抑留研究者の間でもすでに語られ始めている。私の英語のホームページを読んだ米国人の数人が、「これはユダヤ人の受けたホロコーストに似た体験だった」と感想を述べた。日本人のシベリア抑留は、世界的視野にたって論じられるべき歴史なのだと思う。

三、抑留者となった日本人

日本人の抑留地

日本人の抑留地は、ウラル山脈の東側の極東（沿海地方、ハバロフスク地方とその北部）の「シベリア」だけではなく、実際には、ヨーロッパ部（モスクワ、ウクライナ等）、コーカサス地方、中央アジア（カザフスタン、ウズベキスタン等）、及び、形式的には独立国の外モンゴルの旧ソ連のほぼ全域にわたっていたため、実態としては「ユーラシア抑留」であった。収容所はおよそ二〇〇〇箇所とされている。(18) 日本人の移送先は、満洲からシベリア鉄道沿線で比較的近いハバロフスク地方（約一六万人）、沿海地方（約六万六〇〇〇人）、イルクーツク州（約五万五〇〇〇人）、カザフスタン共和国（約三万七〇〇〇人）に多く集中していた。

これらの場所はシベリアのツンドラ地帯と森林地帯、中央アジアの砂漠を含む乾燥地帯、その間にあったシベリア鉄道沿線の農業に適したステップ平原地帯など気候的にもさまざまで、気温は北緯六〇度以北の極北では冬期に零下六〇度となり、内陸性気候の中央アジアは夏が四〇度、冬は零下三〇度と寒暖の落差があった。そして、産業や人口は北緯六〇−五〇度のシベリア鉄道沿線と極東では北緯五〇−四〇度の間のハバロフスク、沿海地方に集中していた。(19)

カザフスタンは中央アジアの遊牧民が攻防を繰り返してきたが、一八世紀から一九世紀半ばまでにロシア帝国の植民地となった。ロシア革命・内戦を経てカザフ自治共和国、ついでカザフ共和国が成立し、ソ連の一構成国となった。カザフスタンは帝政ロシア以来、シベリアと並んで囚人の流刑地だった。ソ連時代になると収容所や監獄が数多くつくられ、「収容所列島」の重要な一部となった。(20)

三〇年代の農業集団化に伴う富農追放ではロシア人やウクライナ人が大量に入植し、さらに第二次世界大戦の戦前・戦中に民族強制移住政策で沿海州の朝鮮人、ヴォルガのドイツ人、クリミアのタタール人、カフカースのチェチェン人、イングーシ人、カラチャイ人が集団移住させられた。こうした強制追放者は九〇万人から一〇三万人いたとされている。日本人の抑留地となったウズベキスタンもキルギスも同様で、中央アジアはソ連にとって徒刑地及び流刑地としての重要な地域だった。そこへ戦後はドイツ人、イタリア人、そして最後に日本人が捕虜として連行された。[21]

「捕虜」なのか「抑留者」なのか

シベリア抑留へと連れ去られた日本人のなかには満鉄の職員など満洲で捕らえられた一般の男性も入っていたが、満洲と北朝鮮、そして南樺太と千島にいた軍隊は軍人として捕虜の身となった。その軍人たちを「捕虜」と定義するかどうかには日本独自の事情が関係している。日本軍将兵は、「生きて虜囚の辱めを受けず」という戦陣訓により、「捕虜となるのは恥である」という教育を受けていた。そのため、ソ連軍に投降して捕虜となるよりは自死を選ぶ方が潔いという考えがあったので、大本営は八月一七日、全員が降伏し、武装解除が達成できるように「捕虜とはみなされない」という命令を出して、軍人が精神的苦痛を避けられるように配慮した。それにより、将校や職業軍人は、「自分たちは戦闘中に捕らえられたのではなく、天皇陛下の命令で自発的に武器を捨てたので、捕虜ではない」と解釈していた。しかし、ソ連軍は、日本軍全軍が降伏するまでに拘束した者のすべては「捕虜」と解釈した。つまり、文化的視点の違いによって、両者の解釈が異なったのである。

これに関して、小林昭菜氏は著書『シベリア抑留』のなかで次のように述べている。「戦時中の日本軍や日本社会は捕虜に対して極度にネガティブな印象を持ち、それを戦後も引きずっていた…（中略）…東條英機陸相による「戦陣訓」の「生きて虜囚の辱めを受けず、死して罪禍の汚名を残すことなかれ」との訓令は「捕虜になることは恥ずべきことであり、捕虜の汚名を残すくらいならば死を選べ」と受け取られ、敵軍への投降、降伏を許さず、死を美化し、軍人の玉砕や民間人の集団自決を促して多くの命を奪った。ソ連から帰還した元日本人兵を「抑留者」と呼ぶのは、彼らを不名誉な捕虜や生き残ってしまった「罪禍」のある者ではないとするためであった。」このように、「捕虜」と呼ばれることは、日本人社会では、差別されることを意味していた。[22]

兵役に取られたのは一九歳以上の男性だったが、それ未満の少年飛行兵や少年戦車兵、満蒙開拓青少年義勇隊員も、言葉が通じなかったことで年齢判断が難しく、捕虜扱いされた。また、満洲の警官、満洲国政府の高級官僚や協和会（「五族協和」を唱えながら、実際には親日勢力を育成した団体）幹部も、ファシストまたはその手先として、軍人同様の扱いを受け、軍属であった陸軍看護婦、タイピストに加えて、日本赤十字社看護婦や現地養成看護婦も含めて女性数百人も同様に扱われた(23)。

右記のような背景から、シベリア抑留者は国際法上の「捕虜」であることを日本政府も認めながらも、日本の法律や行政文書では「抑留者」と呼ばれている(24)。

さらに、日本人捕虜が国際法で保障されていた権利を剝奪されていたことを取り上げておきたい。「捕虜」は国際法で身分や権利が保障されている。強制労働をさせられれば、その労賃を受け取ることができるが、「抑留者」は、一般に民間人で交戦国に拘束された者を指し、「捕虜」と同じ権利が保障されていない。

それでは、「捕虜」にはどのような権利があったのだろう。一八九九年にオランダ・ハーグで開かれた第一回万国平和会議で採択された国際法、ハーグ陸戦条約に基づき、一九二九年に捕虜の扱いに関して「ジュネーヴ条約」が署名され、これが世界的に第二次世界大戦中の捕虜の扱いの基準となるはずであった。そこには、捕虜は人道的に待遇しなければならないとされており、取り扱いに関して、詳細な規定が置かれている。具体的には、捕虜を抑留する間の宿舎、食料、被服、医療・衛生等に関する待遇、捕虜の金銭収入（俸給、労賃の支払、補償の請求等）、捕虜の通信・救済品等、捕虜に対する刑罰・懲戒罰の付与などが規定されているが、シベリアに連れていかれた日本人捕虜には、それは守られず、労働に対する報酬もなかった(25)。

伝統的に捕虜になることを恥とする文化風土があった日本軍は、兵士にこのような国際法を教育しなかった。そのため、国際法に基づいて劣悪な待遇の改善を要求する正当な権利があることは知らされておらず、日本人捕虜たちは、自分たちを権利が剝奪された存在と解釈していた。国際的な抗争に発展する場合、文化や伝統だけではなく、広い視野から見た立場を熟知しておくことは、身を守ることにつながる。

抑留地への移動体験

南樺太、北朝鮮、関東州を含む満洲地域にいた日本軍人、軍属及び一般市民、また司法、行政関係機関に奉職していた幹部職員は根こそぎソ連領内へ連行されて収容所へ連れて行かれた。何も知らされずに強制抑留所（ラーゲリ）へ送られるまでの間、日本人はどのような体験をしたのだろうか。たくさん出版されている体験記から少し紹介したい。

山下静夫さんの場合は一九四五年に満洲三江省佳木斯（チャムス）の旧日本陸軍駐屯地に主計軍曹として勤務していた。九日のソ連軍侵攻より駐屯地に残っていた残留者と行動を共にしていたが、敗戦となり二〇日にハルビン郊外で武装解除を受け、捕虜となった。その後、牡丹江（ボタンコウ）の西、海林（ハイリン）で三ヵ月待機の後、一一月二三日に日本へ帰国すると言われつつ貨車に乗せられ、シベリア鉄道を西へ運ばれた。バイカル湖を経て一二月四日、イルクーツク州タイシェト地区ネーヴェリスカヤの収容所（ラーゲリ）着。四年にわたる抑留生活が始まった。[26]

つづいて満洲にいた高杉一郎さんの記述を紹介する。高杉さんは一九四四年にハルビンで敗戦を迎え、四年間シベリアに抑留された。

「一九四五年九月二日、日本は連合国に対して無条件降伏をした。八月二三日、私たちはマリノフスキー将軍の命令でハルビン市内を去り、武器を棄て、ソ連側の指定した集結地海林に行った。私たちはそのまままっすぐに祖国に帰れるものだとばかり信じこんでいたのだった。しかし、夏服の私たちは海林で寒さにふるえながら二ヶ月半を過ごすことになった。野盗のような赤軍兵士になやまされながら、長蛇のようなソ連の貨車が満州での戦利品を運び去っていくのを眺めて暮らす毎日だった……。一〇月半ばすぎ、今度は私たちが貨車に詰め込まれた。そのときになってもなお、私たちはまっすぐ祖国に帰ることを信じて疑わなかった。ある朝、私たちが目覚めて貨車の大扉を開けると、茫々たる草原のなかに近代的な都市が蜃気楼のように立っているのが向こうに見えた。「いったい、どこの町だろう？」……。私たちの貨車が一路ハバロフスクに向かっていることはあきらかだった。部隊長の命令で、私たちは全員下車すると、その位置でラジオ体操をやった。いつのまにか、たくさんのロシア人たちが私たちを見物するために集まってきた。ボロを纏った少年たちが、「捕虜だ！　捕虜だ！」と叫びながら石を投げつけてきた……。シベリアに抑留されていたまる四年間のうち、貨車がハバロフスクで左折して、興安嶺山脈の北をタイシェットのラーゲリへたどりつくまでの二週間が、私にとってはいちばん苦しかった試練の時間だった。なぜ、私たちがシベリアへ連行されなければならないのか。たしかに私たちは他国の領土を侵していた帝国主義国家の軍隊の一員だった。その自責の念が私の胸からはなれたことはこれまで一度もなかった。[27]」

次は、樺太の病院にいた鬼川太刀雄さんの記述である。鬼川さんは敗戦より三年間シベリア抑留となった。

「一九四五年八月九日。ソビエト軍は日ソの国境を越えて攻撃を開始した。私たちは陸軍病院で入院患者を守りながら、豊原市に向かって南下した。戦傷兵が続々と運びこまれ、敵がすぐ目の前に現れて、二五歳の命が終わると思った。こうして天国のような樺太は、一変して地獄となった。後に病院勤務の将校全員が集められ、拳銃や双眼鏡を取り上げられ、豊原市中を行進して、たくさんの部隊の集っているところへ連れて行かれた。」

この様子はソ連に撮影されており、屈辱の「市中引き回し」だとわかった瞬間から、鬼川さんは正式にソ連軍に捕まえられた「軍事捕虜」になった。長いシベリア送りの道程は一九四五年一二月一日にポシェットから始まり、広いシベリアを渡って終着駅キズネールについたのは一二月二四日だった。そこから目的地のエラブガまでの八〇キロは徒歩四日の厳しい移動だった。ソ連国内では、この行軍は大量の凍傷患者が出て、手足の一部、ことに指趾《しし》の大部分を切断された「死の行軍」として知られている。

太刀雄さんももう少しで切断されるところだった。

鬼川太刀雄さんは、この行軍の犠牲者に次の短歌を捧げた。

・カチカチに凍りつきたる黒パンは歯の立たざれば肌身でとかす
・黙々と雪の地平をゆく列の影にまじりてわが影もあり
・生き死の四日をかけて歩み来しつひの街なり　雪のエラブガ

続いて、次の短歌からは静寂のなかに自己の運命を見据えた洞察力がうかがえる。

・冬ながきロシアは春のけ遠さよ　我をめぐりて花ひとつなし
・北空に帯なす炎広がれば　木々は怒りの枝を張りたり
・灯ともれる波止場にちかく笛鳴らし　暗き大河を下る船あり

抑留中の鬼川さんにとって短歌はラーゲリの管理に対する抵抗だった。エラブガでは俳諧や川柳による交流もあり、『太刀雄俳諧歌集』（一九九二）の完成に大きく影響した[28]。

ソ連兵が繰り返した「トウキョウ・ダモイ」

日本兵は一〇〇〇─一五〇〇人の作業大隊[29]に編成されて出発し、満洲、北朝鮮、樺太・千島の各地にあった四四ヵ所の終結地収容所で自活しながら帰国を待っていたが、そのとき、ソ連兵から「トウキョウ・ダモイ（東京へ帰る）」と言われた。ソ連軍はシベリアへの移送中も、収容所間に転送のときにもこの「ダモイ」を連発した。これは、日本兵の動揺や反抗や脱走を防ぐための嘘だった。兵士たちは貨車の中では身を横たえることはできず、座っても足を伸ばせず、一両に五〇人ほどが詰め込まれた。窓もトイレもない貨物列車で、用便は隅の床にあった穴で、または停車した少しの間にソ連兵が銃を持って監視するなかで済ませることもあった。そのとき少しでも様子がおかしいと脱走者とみなされて容赦無く弾丸が飛び、たくさんの人が死んだ。それでも、帰国を信じている間は耐える気持ちが湧いた。しかし、何日も走り、載せられた貨車の隅っこから見えた北斗七星の位置から方角が違うとわかった。「海が見える」と誰かが言ったが、それは日本海ではなく、バイカル湖だった。ダモイの嘘の他にも、時計、万年筆をはじめ日本兵のあらゆる所持品が折あるごとにソ連兵に盗まれた。

このような移送はシベリア鉄道の定時運行外でおこなわれたので、時間調整のための停車が多く、一ヵ月前後もかかるのが普通だった。食料も乏しく、一ヵ月前後も監禁状態にされれば誰もが目に見えて衰弱し、目的地についても収容所までの道のりを歩けないことも多かった。千葉県出身の溝口菊雄さんは当時の模様を次のように書いた。

「ハバロフスクを出発して二八日目、着いたところはタブダという所であった。スベルドロフスク東北東三百キロメートルほどの所にある寂しい収容所だけの町だった。収容所まで歩くことになったが、雪が膝の上ぐらいある。その上、抑留以来の食料不足と運動不足の影響が出て思うように歩けない。女の警備兵が、遅いといって「ダワイ、ブイストロー、ブイストロー……」と怒鳴り、あげくの果てに銃を逆に持って銃床で背中や尻を殴るのである。殴られたって体が動くようになるわけではなかった。このときほど口惜しく敗戦の悲しさを感じた事はなかった。」(30)

四　屈辱の収容所生活とシベリア三重苦——飢餓、重労働、酷寒

収容所の粗末な施設

抑留者たちがふらふらの状態で到着した収容所は、そこで新しい暮らしを始める施設と呼ばれるにはほど遠いものが多かった。ソ連側は自国の経済を立て直すための労働力の確保だけが先行して、受け入れ態勢を整えていなかった。全国抑留者協会のアンケートによると、収容者の四分の一以上は疲労困憊の状態で何もない原野に到着後、自分たちの手でこれらの宿舎を作らなければならなかった。頑丈ではあったが、古い建物で丸太と丸太の間の隙間風がひどく、保温ができないような宿舎は、そこに苔や土をつめることから作業が始まった。

収容所の建物には木造平屋建てのバラックと半地下小屋のゼムリャンカと幕舎《テント》の三種類があった。バラックは丸太小屋で床は土間。中央の通路を挟んで二段ベッドがあった。ゼムリャンカは地面から一・五メートルぐらい掘り下げられ、屋根は丸太の上に草が敷かれた。窓がないので換気、通風、採光に乏しく、不潔で原始的な住居だったため、シラミや南京虫が蔓延していた。テント暮らしは、厳しい冬のなかで拷問に等しかった。これらの収容所は板塀か煉

瓦塀に囲まれ、その内外に二重に高さ一・五メートルくらいの有刺鉄線が張り巡らされていた。敷地の四隅には監視塔があり、歩哨が二四時間自動小銃を構えて立っており、捕虜が立ち入り禁止区域に一歩でも入れば銃撃され殺された。(31)

島根県出身の加藤一郎さんは、収容所到着の驚きを、次のように綴っている。

「一一月八日の早朝、バイカル湖の東、ブリヤートモンゴル自治共和国の首都ウランウデからさらに東のノボイリンスクという小さな駅に着いた。外は凍りついていたが雪はなかった。物珍しそうにやってきた子どもの衣服は粗末で、この寒いなかにもかかわらず、素足で靴を履いていた。しばらくしてわかったことは、この駅周辺では老人と女子どもしかいなかった。駅からしばらく歩いたところが私たちの収容所だった。シベリアで多くみられる丸太組みで、中は二段となっている。このような建物が数連あり、周りは板の棚で囲まれ、鉄条網が施されていた。囚人の強制労働の収容施設であったのか、暖房設備も小さな暖炉が一つあるだけのまことに粗末な施設であった。(32)」

飢餓

二〇世紀半ばのソ連では、ドイツとの大戦による破壊と欧州を中心とする飢饉のために、食料事情が非常に悪かった。北西、レニングラード州サンクト・ペテルブルグ市では、約二年半（一九四一―一九四四）ドイツ軍によって包囲されていた間に、市民の餓死者の総数は約五〇万人となった。当時、ドイツやイタリアの軍事捕虜の間にも多くの栄養失調者と死者が出た。同様に、一九四五年に日本人が抑留所に連れていかれたときも、ソ連では自国民に食べさせる食料さえまったく不足していたので、日本人にも十分な食べ物は与えられず、多くの人たちが飢餓状態となった。そのような慢性的栄養失調のなかで容赦なく重労働に駆り立てられ体力を失ったことが、さらに病気と怪我を引き起こし、日本人抑留者の間には多くの死亡者が出た。

北海道出身の宮崎維新さんの手記には鬼気迫る食料事情が書かれている。

「「働く者は食える」の言葉を信じて我々は次第に身を削っていった。しかし夕食として与えられるものは、大豆、うずら豆、コーリャン、馬用の麩（註：小麦を粉にしたときに残る皮のくず）。日本製飯盒一つを四人で分け合い、間もなく六人分となった。分配の対象者は固唾を飲んで見つめている。これに鰊と野菜少々の塩スープ飯盒半分だけである。朝食と昼食は三〇〇グラムの黒パンと鰊のスープ飯盒半分だけで、このスープに野草のネギ、ヨモギなどを入れて食べていた。朝食と昼食は夕食後一度に支給されるが、就寝前にすべて食べてしまう。翌日の朝食はスープのみである。飢餓の前に理性が失われ、疲労し尽くした肉体にさらに拍車をかけて腹の虫が鳴き続け、眠れぬままに夜が明ける。腹の虫は人間の道徳を奪い、隣人のパンまで盗み、作業に出ると市井のロシア人と時計、万年筆、鏡をパンと交換する。馬鈴薯《バレイショ》の凍ったものを拾ってくる。人間性は食物の妄想の鬼となり、故郷を忍びながら空想の世界以外に空腹を満たす場がない。[33]」

ソ連政府の日本軍捕虜の給食基準（一九四五年九月）は、重労働者一人につき一日にパン三〇〇グラム、肉五〇グラム、魚一〇〇グラム、野菜六〇〇グラム、味噌三〇グラムなどと定められたが[34]、食料の給与は収容所によっても大きく異なり、規定通りに支給したところは皆無だった。また同年一一月には日本人向けに「民族食の調理」が義務づけられたが、米や味噌は将校が携行したものと戦利品として満洲から搬入したものに限られ、大多数の捕虜はその後、味噌や米は一度も食べられなかった。米に代わる雑穀としては馬の餌だったコーリャン、燕麦《エンバク》、豌豆《えんどう》など満洲からの略奪品が支給された。給食は場所にもよったが、基本的には一日に黒パン三〇〇―三五〇グラムと飯盒の中蓋いっぱいほどの雑穀粥を二、三回、飯盒半分にも満たないスープ一―二杯だった。スープには肉も魚も切れ端程度。野菜はじゃがいもの皮が浮いていればましな方だった。野菜、砂糖などは非常に少なかった。このように慣れない黒パンや雑穀の粥、薄味のスープは日本人の体にはまったく合わなかったが、ロシア人は、日本人が必要としていた食料の質に気づかないまま、酷寒での重労働を課した[35]。

このように食料の絶対量は極端に不足していて、給食は規定量が行き渡らず少量であった。地域と収容所によって違いはあるが、抑留者たちの体験談を総合すると、実際には規定量の半分から七、八割前後だったらしい[36]。沿海州のヴォーロシロフ地区では、一年間は野菜を食べたことがなく、豚の餌のような物を食べさせられ、栄養失調による死亡者が続出したとされている。イルクーツク地区のある収容所では、一九四五年一二月に三日間食事が与えられないまま作業に行かされた。あるいはじゃがいもだけで二ヵ月間、あるいはキャベツだけで二五日間過ごした抑留地区もあったことが報告されている。[37]

京都出身の山下康一さんは『タイシェット飢餓曼陀羅』のなかに次のように書いた。

「はかない命をつなぐのにやっと位の食料に、労働は愚か歩行するのにさえ足がフラフラし、体が鉛のようにけだるく、日一日と目に見えて痩せこけてゆくのであった。みなの顔色が次第に生気を失い、くらい部屋で灯火代わりに焚く白樺の樹皮のすすが、その上を黒く染めて、目ばかりがギョロギョロ光っている。手から脂肪分がなくなり、ヒビが切れ、松の皮のようにあかぎれがしてズキズキ痛んだ。食事するときが子どものように待たれ、夜になってから配られる一片の凍ったような硬い黒パンがカステラの様においしく感じられる様になっていた。[38]」

抑留者たちは作業ノルマを割り当てられていたので、前日の作業の量に応じて一級、二級、三級に応じて黒パンの厚さが変わった。一級は少し厚く、三級はその半分の薄さになった。作業ノルマを達成しないと少ない給食からさらに減らされたが、収容所側の絶対量は同じだったため、抑留者たちは仲間同士でノルマを競い合い、パンの取り合いをするように仕向けられていた。多くが栄養失調になり、そのなかでパンの大小やスープの多い少ないを巡って醜い争いがしばしば起こった。[39]

広島市の画家で平和のために絵を描き続けた四国五郎さんは、食べ物を争い奪い合う飢餓的状況を写生に残した際、次のような文章を加えた。「人間性も失われ、肉体的にも疲れはて、われわれ兵隊はどうすれば良いというのか……。／一つ二つ殴られたって問題ではない。食えば良いのだ。一つぶの飯、一かけらのパン、一さじのスープがすこしでも多く、自分の喉を通れば良いのだ。／だから、パンを切るとき、みんなの眼は猛獣のようにランランと鋭く光り、パンを分配する者の手もとを見つめる。等分されているかどうか、パンを並べる手が、こっそりと自分の上着の下にパン屑を隠しはしないか、と。[40]」

こうした悲惨な食料事情に加えて、ソ連の抑留者関係の官僚たちの組織的な横領や横流しは大きな問題だった。彼らの日本人抑留者用の食べ物の着服が恒常化していたのだ。満洲国の高官だった前野茂さんは、自身の抑留所で次のことを発見した。「一九四六–七年にノポニコリスク将官収容所での収容者への食料給与があまりに低いので責任者のロシア人所長と主計中尉に食料ノルマの公表を要求したとき、彼らはなかなかそれに応ぜず、約束された立ち合いのもとの計量にも参加せず、他の係の下士官や兵隊もいろいろ手段を尽くして目方をごまかしていたのが判明した。この収容所では職員全員が砂糖と油の全量を横領していた。同じ様に炊事用の石炭も恒常的に横流しされていた。」(41)

ソ連当局もこの問題には気づいており、一九四六年の五月八日付『ソ連邦における軍事捕虜』には、「軍事捕虜収容所職員による大掛かりな横領及び横流しの事実」について、現場責任者から内務大臣への報告が掲載されている。(42)しかし、収容所内での食品の不正な分配は続き、どんな通達を出しても横領や横流しは後を絶たなかった。この様なずさんな管理体制は、抑留者の飢餓と困苦による犠牲を一層増大させた。

一方で、日本人抑留者たちはあらゆる手段で食料の不足を補おうとした。野山の大根、人参、紫蘇、ごぼう、あかざ、わらび、ぜんまい、よもぎなどの他に毒草でなければほとんどあらゆる野草を食べた。毒きのこや毒草で命を落とした例もある。また蛋白源としても、蛙、野ネズミ、昆虫、蛇、まむしから猫、犬、亀、らくだまでも重要な食べ物だった。しかしシベリアは春より雪と氷に囲まれた冬の方がずっと長く、野山に出られる期間はわずかだった。

食事の分配に関して、収容所内の軍隊の上下関係の問題もあった。ソ連によって日本軍という単位が利用されていたので、戦前以来の上官が下士官、兵をいじめるという状況が続いていた。上官は一日中指図するだけで自分は働かずに兵たちの労働を管理し、ときには朝食や昼食抜きで伐採の仕事を強制したため、栄養失調で死んだ人の数もかなりあったという。食事は餓死させるには何日もかからないだろうと思われるほど、哀れで惨めだった。(43)

しかしながら、このような痛ましい事実のなかで、抑留者たちの困窮ぶりを助けてくれたソビエト人がいた例も報告されている。たとえば、収容所の所長の家に呼ばれて大工仕事をした後で、その仕事ぶりの丁寧さが気に入られ、夫人から暖かいスープをご馳走になり、重ねて同じもてなしを受け続けた人もいた。検査の厳しかった収容所の入り口で、労働の帰り道に拾ってきたじゃがいもを隠し持っていた収容者を監視が黙って見逃したという報告も読んだこ

「幻覚」　画集『ダモイへの道』142-143頁
飢えと寒さで、栄養失調になっていた松本一等兵（大阪市吹田市出身）は、空の食缶のなかに食べものが入っている幻覚にとらわれて、一日中カランカランとかきまわしていた。やがて、その音もか細く、力弱くなり、遂には静寂になったときには、力つきて、彼は絶命していた。

とがある。戦争や抗争の状態のなかに置かれても、このように文化を超えて人としての暖かい心が伝えられていたこともあった。

重労働——その種類と過酷なノルマ

捕虜の労働時間は週に六日の労働で一日八時間だった。しかし、時間内にノルマが達成されなければ、作業の種類によってはさらに数時間の残業が強要された。また、農場作業、伐採、荷役などは気候の条件が良いときに労働がはかどるように、また仕事の都合により二—四時間延長されることもあった。すると一〇時間から一二時間労働になった。一九四七年度の引揚者の資料によれば、四九五の収容所のうち八時間労働は二三四（四七・八％）、八時間以上は二四三（四九・六％）、八時間以下は一八（三・六％）となっている。[44]

捕虜は、労働能力を判定されて、あらゆる肉体労働に適した捕虜、中程度の肉体労働に適した捕虜と軽労働にのみ適した捕虜の三つのカテゴリーに分類された。

日本人抑留者は、建設工事、林業、農業、畜水産業、鉱業、工業、運輸（荷役を主とする）、その他の雑業の労働に振り分けられた。どの作業も道具はあまり揃っておらず、建築作業なら斧とのこぎり程度の器材ぐらいのものだったが、一年後には技術者として採用された日本人も多く、器用さが証明された。

建設工事では広範囲にわたって多数の抑留者の労力が投入されたので、工場、事務所、官庁、学校、病院、クラブ、浴場、ホテルや住宅の建築の他、大規模な都市建設とそれに伴う水道、道路工事及び鉄道、発電所、ダム、道路の建設や築港などがおこなわれた。抑留者のいた都市では、抑留者の手により、相当数の住宅が建設された。[45]

どれくらいの数の収容所にどのような作業が課せられたかについて、一九四七年五月から同年一二月までに引き揚げてきた人たちの調査を基に、一〇二一ヵ所の収容所の収容者が収容所外で正式な労働に従事させられた場合の次の表のような労働種類別統計がある。

この他、収容所内の雑務、雑役に復する「営内作業」があり、比率は全体の約一〇%だった。それは炊事、理髪、浴場・洗濯、滅菌、被服・靴修理、倉庫・糧秣運搬などで、この他に医師数人と若干の医務室勤務者がいた。これらの作業は外の作業に比べると楽だった。また入院患者は作業を免れた。炊事当番は収容者のもっとも関心のある食べ物の分配に関わったため、みなから信頼される者が選ばれた。(46)

作業種類別	収容所数	比率
建設		
建築	189	18.6%
鉄道	98	9.6%
道路	83	8.1%
土木	26	2.5%
林業		
伐採・流木	235	23.1%
製材	72	7.0%
農業	54	5.3%
鉱業		
炭鉱	46	4.5%
鉱山	15	1.5%
採石・採油	8	0.8%
工業		
機械・食品・煉瓦	25	2.4%
発電所・造船	6	0.6%
運輸		
積み下ろし	80	7.8%
運搬	47	4.6%
雑役	37	3.6%

収容者たちは、早く終われば体が楽になるので、共に知恵を絞ってノルマを果たそうとした。たとえば、ある日の運搬作業で、雨が降った後の泥沼化した工場の入り口付近に山積みされていたコンテナ型の重量物二〇個を五〇〇メートル離れた所に移動する、という一日の作業があった。ある者が工場内を探し回って一〇センチ径ほどの鉄パイプを集めてきてパイプを固い地質にブリッジし、その上に板を運搬方向に並べて、バールを下に敷いて木箱を移動させると、一回に一〇メートルぐらいは動き、八時間だった予定の作業を三時間で終えられた。それで帰れると思ったがだめで、それなら工場内で休養をさせろと頼んでも、それもだめ。代わりに荒れた工場内の修復など、他の仕事を探してきて、合計八時間はきっちり働かされた。

「伐採」　画集『ダモイへの道』190-191 頁
1947 年 1 月頃

人の技術やアイディアに報いることを考えないソ連の社会主義システムを理解した収容者たちは、以後、いかに体力を使わずに作業を終えるかを考慮するようになった。

伐採と流木は携わった人たちがもっとも多い労働だった。画集『ダモイへの道』のなかのこの一枚の絵に、吉田勇さんは次のような文章を書いた。

「あらゆる作業のなかで伐採が一番辛い仕事であった。松・樅の大木をきびしいシベリアの寒さのなかで鋸、マサカリで引倒すのはなかなかきつい労働だ。疲労衰弱した体力でノルマ達成が悪戦苦闘の連続だ。倒れる木でなぎ倒される者もあった。疲労した体は逃げようとしてもなかなか身体が動かないものである。犠牲者も多かった。」こうして切り倒された木材は寸法通りに切断され、吹雪のなかを馬橇で運送された。どれもひどい労苦だったに違いない。

静岡県の大井篤郎さんは、炭鉱労働者として働いた。炭鉱労働は一昼夜三交代の八時間労働。たいていの人は夜勤で体調を崩してしまうきつい労働で、多くの人が体を壊した。その上に落盤やガス爆発の危険にもさらされた。それぞれランプを渡され、穴に入る。電動式の丈夫な鉄板の箱に石炭を入れるのが仕事だった。シャベルで休む暇もなく箱に石炭を入れるとすぐまた次の箱が回ってくる。大井さんは手を負傷し、体調を崩して第二級労働者から第三級労働者になり、夏は草刈りや馬鈴薯堀りに従事して、春になるとまた炭鉱に戻った。だが、一九四九年になっても帰国できず、生きる望みをなくした。[47]

炭鉱労役に従事した抑留者たちの多くが帰国後ひどい後遺症に苦しんだ。広島県の藤森隆行さんは、元々は頑健な体の持ち主だったが、帰還してから一〇年後、「シベリア珪肺」と呼ばれる後遺症が発見された。発病すると高熱で失神状態になり、咳き込み、喀痰、動悸、息切れが激しく、胸に水が溜まって死ぬほど辛いものだった。退院後は散歩も体操もできなくなった。シベリア大陸には無尽蔵の資源があり、無数にある炭鉱の錫、鉛、胴、石英、雲母などには恐ろしい毒素も含まれていた。その採石、掘削を防塵装置も設備もなくまったくの無防備でさせられ、粉塵も炭塵も体内に吸い込み放題だったことが「シベリア珪肺」の原因だった。ソ連の囚人たちがそのような鉱山で労役をさせられたが、シベリア抑留者も同じ労力とみなされ、帰国してもこのような不治の病に苦しむこととなった。

また、さまざまな重労働での過酷なノルマは過労死を招き、三八度以下の熱では労働を休ませなかったせいで抑留者の病状は悪化し、二〇代の若者でも老人のような体になり、とっさに危険物を避ける機敏さも失われ、それが多くの事故死や傷害につながった。(48)

酷寒

シベリアの冬は長く寒くて、夏は短く暑い。冬には気温はマイナス四〇度から五〇度以下にもなる。温暖な気候で育った日本人には、シベリアの酷寒は未体験の苦しみだった。そのため、一九四五–四六年の初めの冬の死者数は、シベリア抑留者全体の死者数の八〇％だった。

酷寒の地域では、温度がマイナス二五度以下になると生きた木が立ったまま凍って裂ける「凍裂」が起こり、マイナス四〇度以下になると、鳥が凍死して落ちてくるといわれている。北海道でもマイナス四〇度になることがあり、そのときにはありとあらゆるものが凍り、水分はほんの一分も経たずに凍ってしまう。肌は内臓を守るために、心臓から遠い場所ほど冷たくなり、手はまるで凍りついたように震えて自由に動かすことができなくなる。

抑留者たちはそのような未経験のシベリアの寒さのなかに、装備も不十分なまま放り込まれた。収容所の中は小さなだるまストーブが一つ。そして、労働の現場では一日中雪や冷たい風にさらされた。マイナス四〇度を越す寒さのなかでは、鼻、手足の指先が血行を失ってすぐに真っ白になってしまったし、ポケットにパンを入れておけば、あちこちに凍ってしまった。整列や作業や作業中の間、抑留者は足が凍らないように懸命に足踏みをして体を動かし続けた。永久凍土になってしまった硬い大地に墓を掘るときはたき火をして溶かしながら、少しずつ掘った。また戸外作業で鼻の頭や頬が凍傷にならないように、雪でこすっておいたりして耐え忍ぶ方法を考えた。マイナス三〇度で鉄に皮膚が触れるとくっついて離れなくなり、皮膚を切除することになるし、屋外作業のときにはまつ毛や鼻毛が凍った。日本国内で凍傷になるとしもやけになるが手足が腐ることはない。しかし、シベリアや旧満洲での凍傷は、いったんかかると耳を切るとか手足を切断しないと助からない。なかには死亡した人もいた。また、指がかじかむと用便が難しくなり、体も冷え切ってしまったことはとくに大変だった。収容所の便所はどこでも三〇メートル以上離れた戸外だったので、とくに夜マイナス三〇度以下のときにそこまで行くのは虐待に等しかった。

ソ連奥地のハバロフスクのさらに奥にあるビロビジャンの収容所に行った森田貞雄さん（北海道）は木の伐採をさせられたが、そこでの酷寒の経験について次のように書いている。「寒い冬です。シベリアの冬は極寒です。でも、そこは山ですから、火をたくものがいっぱいあります。そこでの仕事は他で働かされている人より恵まれていました。火があって暖かいのです。鉄道建設や道路建設に入った人たちは、寒さでばたばたと亡くなっていったそうです。シベリアというところはそういうところです。ピロビジャンの収容所に着いてからは、毎日、寒い収容所で強制労働をさせられました。栄養失調と寒さで下半身が麻痺し、動けなくなっても病院で診てもらうことはできず、半分以上の人が亡くなってしまいました。私も栄養失調でどんどんあばら骨が浮き出し、骨と皮だけのような体になりました。しかし、私は北海道に生まれて、体は寒さに慣れていたので、何とか生き延びられたのかもしれません。(49)」

匿名男性（千葉県）は酷寒との戦いを次のようにつづった。「今年もあのすさまじい寒さのなかを生きのびることができるだろうか。深夜作業が始まった。整列して人員点呼をする間中、足踏みをして体中の血液を燃焼させて凍死を防ぐしかない。吐く息は防寒帽のまわりにツララとなる。鼻毛が呼吸のたびに凍りついて動くのがよくわかる。部屋の中にすき間から入る空気は、ヤカンから出る湯気のように一すじの水蒸気となる。作業は零下六〇度になるまでは、休まない。何人もの凍死者がでた。凍傷で肉がくさるので足の指の骨が見えてくる。深夜作業に行く途中、年配の兵隊は倒れてそのまま凍死した。大隊長も亡くなった。二〇年の春に入隊した年配の兵は八割かた死んでしまった。私は国で百姓であったことを感謝した。農家の仕事は、朝飯前四時起きして河川敷まで草刈りに行き馬の餌をとってくる。夜なべには背の高さもある桟俵《さんだわら》（米俵の上下に当てる、わら製の丸いふた）を編む。昼は田起こし、田植え、田の草取りと休む暇もない。そんな労働に耐える体力があったればこそ、今私は生きている。[50]」

作業停止になる気温は収容所によって違い、マイナス三〇度から四〇度までの範囲だったが、場所によってはマイナス五〇度で作業に出された場合もあったから、凍傷に苦しむ人たちが多く出たのは当然だった。収容所の八割が手足に凍傷があっても作業を休ませなかったところもある。寒さに強いロシア人が平気でも、その気候にはまったく慣れていなかった日本人には、そのような厳寒の土地に連れていかれたことは、死に至る地獄への道だった。

衣服

ソ連は初めから日本軍が使用していた衣服や装備、生活必需品を利用することを考えており、収容者の衣服はほとんど支給されなかった。支給されても、日本人にとって想像を絶する厳しさのシベリアの酷寒（マローズ）に耐えるための防寒着だけだった。それでもとても充分な保温にはならず、多くの人が凍傷になり、鼻や手足の一部を失ったり、手足を切断したり、ついには凍死する者さえ出た。夏服や下着などは満洲から着てきたものがすり切れるまで着た人が多かった。年に二回だけ季節の変わり目に冬用、夏用へと定期的に交換された場合もあったが、手に入ったのは日本軍のよれよれの中古品で、下着にはすでに虱の卵が付着しているものもあった。ソ連では食料、衣服などの日常品が不足していたので、日本軍の備蓄食料と衣服などあらゆるものが「戦利品」として国内で利用されていたので、抑留者に新しい衣服が手に入ることはなかった。

ソ連は早い段階で日本人がシベリアの酷寒に耐えられない体質であることに気づき、「屋外作業への出動は季節に応じた服と靴を着てのみおこなうこと。作業施設では凍傷を防止するあらゆる措置を取り、暖かまり場をつくること」を命じていたし、作業場所まで三キロ以上の徒歩移動を禁じてはいたが、あまり守られなかった。

このようななかで、抑留者はなけなしの衣服を大切にして、破れたら何度も補修して使った。ソ連は針も糸も支給しなかったから、針は炭鉱労働で使う機械の切れたワイヤーを拾ってきて、それを切断して先端をレンガか石で尖らせて捕捉し、上の方を石炭の火で焼いて少し平らにして、何日もかけて細い糸を通す穴を開け、糸は破れてくる作業衣のほつれから、大切に一本一本とりだし、それを二、三本のより糸にして、糸巻きに巻いて使ったという例もある。

マッチはなかったので、古代のような火打ち石を使って火をつけた。この他にもスプーンや麻雀牌、楽器など、頭脳と手先と技術を使う仕事に日本人収容者は長けており、日本人のモノ作りと職人気質の国民性が発揮された。(51)

慰め

これら種々の苦難のなかで苦しみを耐え抜くために、抑留者は娯楽を求めた。限られた時間、限られた道具や材料のなかで、音楽、演劇、演芸、スポーツ、文芸、囲碁、麻雀、花札、映画、読書、勉強会などを楽しんだのだ。このような極限状態にいても、こうして自らの慰めを作り出すことがわずかな希望となり、励みとなった。

なかでも劇団(演劇)と楽団(演奏活動)が活発で、最盛期には、「ラーダ劇団」、「新潮劇団」(ソフガバーニ収容所)、「望郷」(アングレン収容所)、「ふるさと劇団」(バルナウル収容所)など三五ほどの劇団があったという。抑留者による創作もあったが、『瞼《まぶた》の母』、『唐人お吉』『忠臣蔵』などの日本の大衆劇やチェーホフの『ワーニャ伯父さん』などのロシア劇も演じられた。懐かしい日本の服装や日本家屋の調度品などはすべて手製だった。まだソ連兵の略奪を免れた羽織や浴衣を持っている人がいたし、あらゆる素材を使って男物、女物の洋服を作り、馬の毛などを使って「高島田」などの鬘《かつら》も作り、舞台装置にもメーキャップも創意工夫に満ちていた。ソ連側はこれらの文化活動を奨励すると同時にイデオロギー的な統制を続けたので、劇団の脚本はソ連政治将校の検閲を受けた。そのため、資本主義を謳歌するようなもの、共産主義やソ連に批判的なもの、封建的なものとみなされると許可が下りなかった。観劇したのは抑留者だけでなく、収容所当局の職員や家族、さらには地元民が見に来ることもあり、観客の大変な喜びようが、また次回への上演へと繋がっていった。

楽団演奏にはギター、アコーディオン、ハーモニカ、トロンボーン、クラリネットなどのわずかな楽器に加えて収容者手作りのバイオリンやチェロなども用いられた。第五収容地区（フルムリ収容所）では、映画俳優の滝口新太郎（ソ連残留後、岡田嘉子と結婚）と歌舞伎俳優の坂東春之助が活躍していた。アルチョム収容所の「青春座」では、チェロ奏者の井上頼豊とバイオリン奏者の黒柳守綱がいた。演奏曲目は「越後獅子」「東京音頭」「会津磐梯山」「八木節」「荒城の月」「浜辺の歌」「ふるさと」「夕焼け」といった唱歌で、「カチューシャ」「カリンカ」などのロシア歌曲もあり、ロシア人から習ったコサックダンスも登場した。

指導的メンバーだった桜井全三郎は、元団員への手紙のなかで、「囚われの身で望郷の念を持つ私たちの真摯な活動がどんなにか心の糧になったことかと思います。民主運動（後述）の狂気に近い働きかけには戸惑いを感じた人も、劇、音楽、アンサンブルなどを通じて劇団のアピールには心から溶け込むことができたようです。それは私たち自身に人間らしさを追求する感性が心の底に内在していたからだと思います。」と述べている。(52)

このような体験談から、抑留の時代からは遠く、今の時代を生きる私たちにも、「人間は想像を絶する逆境にあっても、存在の根源から光りを放つ芸術《アート》への夢に、しばしの苦労を忘れることができる」ということがわかる。こうして生きる意志へと繋がっていった収容者の方々の文化活動の深い価値を覚えていたい。

死と埋葬

新潟県の平原敏夫さんは初めての労働中の死亡事故に直面したときの驚きを書いている。「日毎に体力の衰えが感じられるようになってきていたある日、ついに死亡事故がおきた。抑留生活に入って初めてのことだったから、皆のショックは大きかった。いつ、どこで、どこから、どのように、誰を襲ってくるかわからない死の恐怖に、私たちは声もなく顔を見合わせた。事故は伐採作業中、倒れてきた大木を避け切れなくての災難ということだった。(53)」

収容所における医療や埋葬については、『シベリア抑留――日本人はどんな目に遭ったのか』（長瀬了治、新潮選書、二〇一五）に詳しい。以下はその第五章から。

収容所には医務室があり、ソ連人医師と准医師がいたが、准医師は看護婦のレベルの女医が多かった。医師不足を補うために日本人の軍医や衛生兵も使われた。日本人軍医の方が優秀だったが、労働能力の判定や入院させるかどうかの判断はソ連人医師が受け持っていた。医務室にも病院にも医療器具や医療品は不足していて、栄養失調者や怪我人はただ横たわって死の順番を待っていた。朝起きたら隣の人が亡くなっていた、食事中にバタリと息絶えたという事例が数多くあった。死因は栄養失調が半分。栄養失調は病気に対する抵抗力を削ぎ、病死を誘発する要因にもなった。さらにチフスや赤痢の伝染病、肺炎、結核が続いた。収容所内は不衛生で、抑留者はシラミと南京虫に襲われ、その痒みと痛さで疲れた体で熟睡することもできなかった。多くの証言があるが、人が衰弱して死ぬと、シラミは一斉に次の人間へと移動した。また集団で雑魚寝するので、シラミはたちまち繁殖した。衰弱した体から血を吸い取られるのは、不気味だった。着替えはないまま一枚の下着で何ヵ月も過ごした。バーニャと呼ばれた浴場に行けるのも初めは月に一度だけで、その間にシラミ退治のための衣服の熱気消毒があったが洗濯はできなかった。

このような不健康な衛生環境や待遇を、抑留者たちは「奴隷」「地獄」「家畜」「虫けら」とよんだ。それに加えて規律違反の懲戒として「悪質な内規違反」や「収容所当局の命令不履行」により重営倉に二〇日以上または軽営倉に一〇日以上隔離された（営倉《えいそう》：規則に反した兵をとじこめる建物）。軽営倉では労働に出され、温かい食事は毎日出たが、重営倉に入れられると、労働には出されず、暖かい食事は一日おきに与えられた。それがない日にはパン、白湯、水が与えられた。寝具は与えられなかったが、こうした規定も守られず、何日も食事を与えられずにしらみだらけの不潔で寒い営倉で半死半生の目に遭った人も多数いた。

北海道の倉部房太郎さんは、この「営倉」入りの経験を次のように綴った。「営倉と称しても大地に八立法メートルほどの穴を掘り、天井にテント生地をかぶせただけの代物、しかも、そこには雨水が溜まっていて座ることもできない。木片で壁に段を作って腰をかけてみるが、眠りかけては滑り落ちるありさま。そこに一昼夜閉じ込められたのだが、弱った体でよく耐えられたと思う。(54)」

倉部さんは埋葬にも立ち会った経験がある。「仲間が二人亡くなった。どちらも夜中にひっそりと息を引き取っていた。命じられるままに同室の相方と遺体を担架にのせ埋めにいった。凍りついた大地、寒風のなかで、五〇センチ掘るのがやっとだった。二人で合掌して埋葬は終わった。思えば「惨めな埋葬」であった。あの頃はシベリアの凍土のように人々の感情も凍ってしまい、人の遺体も〝一つの物〟としか見ていなかったと思う。今はただ故人の成仏を祈るのみである。」

画集『ダモイへの道』吉田勇 102-103 頁
「零下 30 ～ 40 度で凍結した大地 は、ツルハシ如きものでいくら力をこめてもカチンと反応するばかり。焚き火で大地を温めるも 10 センチの穴も掘れない固さである。燃やす木材も少なく僅かに低くなった穴に戦友の真っ裸の屍体を横たえる。その上に僅かの土砂と雪をかけるばかりである。木端の墓標を立て、中味のない飯盒に少量の水をいれ埋葬の形式をとるばかりで只々空しさを覚える。」

岐阜県の水野隆男さんの場合は死体をソリで墓地まで運んだ。まずたき火をして凍土を暖め、人体が入るまでの深さに掘って埋葬した。しかし、ソ連政府の規則により衣類はすべて国家のものなので、全部脱がせて裸にして埋めよと言われた。寒いなか、哀れな死体となった戦友に毛布一枚もかけてやることもできなかった。その後死亡者の数は増し、穴掘りの人手もなくなり、裸のままカチンカチンに凍った遺体は春の雪解けまで、物置を改築した死体収容部屋に何段も部屋いっぱいに積み上げられた[55]。

このようにソ連側の屍体の扱いや埋葬の仕方は、一〇パーセントを超える死亡率となったシベリアの悲劇を増幅させた。日本人としては、異郷の地での仲間の無念の死を悼み、手厚く葬りたいという自然な感情があった。粗末でも死装束をまとわせ、棺に収め、葬儀をおこない、火葬し、遺骨を墓に埋めて墓標を立てる。こうした一連の葬送の儀をして死者を弔うというのは、日本人のしきたりだった。それに限りがあったとしても、そのような人としての願いを踏みにじられ、ジュネーヴ条約で認められた「宗教の自由」による仏式、または神式の葬儀は認められなかった。宗教を否定し無神論（唯物論）を国是とする共産主義国家ソ連はあらゆる宗教的行為を禁じ、捕虜にもそれは強制された。[56]

たとえようのない酷寒と飢餓と強制労働の苦痛の不安のなかで無念の死を迎えた戦友を身近で送ったことは、帰国を果たした生存者にとってもっとも大きな禍根となった。また、生存の確認も難しいまま、父や兄、弟の帰りを待ち続けた女性や子どもたちは、大黒柱を失った家庭の苦境を必死で堪えた。

このような思いを汲んで、財団法人全国強制抑留者協会では、平成二年から、コロナ禍になる前年の令和元年まで、抑留地での慰霊訪問を実施した。おもな訪問先は、沿海地方、ハバロフスク地方、アムール州、ザバイカリエ地方（旧チタ州）、クラスノヤルスク地方、タタールスタン共和国、カザフスタン共和国、ウズベキスタン共和国などで、多いときで一九〇名の参加者があった。平成四年の墓参総団長だった青木泰三さんは墓前で次のように慰霊に語りかけた。

「帰国の日を夢見ながら遂に帰ることなく無念の死をとげられたあなた方の胸のうちを想うにつけ、私たちは断腸の想いでただ見送るばかりでした。みなさんは、故郷の両親や兄弟、妻、子どもたちにどれほど会いたかったことでしょう。今日はご家族の方々も沢山ご同行されております。私たちも、ご家族の方たちも姿形は随分と変わりましたが、あなた方への想いは四〇余年変わることなく今日まで生きてきました。」（一般財団法人全国強制抑留者協会提供）

失意のままシベリアの地で帰らざる人となり、放置されたままの戦友や家族を思い、この墓参は今後も続けられるが、時とともに墓地の管理が難しくなってきていることは難しい問題だ。

五．賞賛された日本人の労働

今も使われる建造物

日本人抑留者の重労働が、ソビエト市民に今も感謝されているケースもある。たとえば、極東地区の中心都市ハバロフスクには設計者がソ連人で建設はすべて日本人抑留者が携わった高級アパートや歴史的建造物があり、四〇〇キロ離れた極東第三のコムソモリスク市の中央にはまだ日本人の建てた赤レンガ四階建てのアパートや、戦後有数の住宅とその家並みも残っていて、今も人々の日々の営みを支えている。

愛媛県の山本繁夫さんは、二〇歳でこの赤レンガ四階建てのアパート建設に携わった。このコムソモリスク地区には当時一〇の収容所があり、一万人から一万二千人の抑留者がにいた。山本さんは入ソ前は重砲第三連隊本部に所属後、頑健な体格だったので、作業班の中隊へ移った。そこにいた六人は兵役検査のときの甲種合格ばかりで身長も高く体重もがっしりした関東軍精鋭の猛者たち。なかには相撲取りもいた。しかし、山本さん以外は全員コムソモリスクの土となった。

山本さんは後に続く初年兵がいなかったので、万年初年兵として、「山本よ、行ってこい」と上官からたくさんの労働を言いつけられた。昭和二〇年の年末二ヵ月の間には毎日、昼間の重労働に加えて石炭おろしと四階建てアパート建設の夜間の労働が加わった。真っ暗ななか、気温は零下二〇度、三〇度の屋外作業を明け方四時か五時まで続けた。十分な食事もなく、不完全な服装で慣れない土方作業。いつ倒れてもおかしくないなかを、重いレンガを二〇枚、三〇枚ずつ一輪車にのせてふらふらになりながら運んだのだ。そして一、二時間の仮眠しか取れないまま、すぐに翌日が来る。お粥のような食事にマッチ箱くらいの小さな黒パン。入ソ当時五五キロだった体がみるみるうちに四〇キロになり、膝と骨盤だけで、手足は折れそうな骨と皮だけになっていた。身体検査で一級が三級にまで落ち、ようやく営内作業の軽労働に回してもらえて命拾いをした。(57)

伝説のナヴォイ劇場

スターリンは中央アジアの中心地であるウズベキスタン（当時のウズベク共和国）に日本人捕虜二万人を移送するように命じた。ソ連内務省の資料では二万三六八二人が移送されたことになっているが、実際には二万五〇〇〇人が抑留され一三〇〇人が死亡したという説もある。ウズベキスタンはカザフスタンの南部に位置し、日本人はシベリア鉄道のノヴォシビルスクからトルクシブ鉄道でアルマアタを経由して送られた。シベリアよりはずっと温暖だったので、犠牲者数が多くはならなかったようだ。

ウズベキスタンの首都タシュケント（「石の町」の意）には第三八六収容所地区があり、日本人が一万人ほど抑留された。その第四支部が壮観で有名なオペラハウス・ナヴォイ劇場の建設作業に従事した。劇場は戦前から建設が始まっていたが戦争で中断し、戦後、日本人抑留者のべ約四五〇人と現地人が作業に従事した（日本人犠牲者二名）。煉瓦作り三階建てで総面積一五〇〇〇平方メートル、客席一四〇〇席で、パーティーのための三つの控えの部屋があり、細かなウズベク文様も彫り込まれた美しいビザンチン風建築。設計者は「赤の広場」を設計した第一級のソ連建築家シュシェフ氏で、旧ソ連ではモスクワ、レニングラード（現サンクト・ペテルブルク）、キーウのオペラハウスと並び四大劇場とされていた。一九六六（昭和四一）年のタシケント大地震で市内のほぼすべての建物が倒壊したのにナヴォイ劇場だけは無傷で立っていたという伝説がある。この建物が日本人捕虜による建築だったことについては、いろいろな資料で紹介されている。劇場の内外装の仕上がりは見事で、勤勉な作業ぶりと併せて、現地の人は日本人に尊敬と親愛の情を抱いた。(58)

その背景の詳細を『伝説となった日本兵捕虜』（嶌信彦、角川新書、二〇一九）で読んで、私は胸を打たれた。以下その内容から紹介する。

ウズベキスタンは紀元前からカザフスタン、キルギス、タジキスタン、トルクメニスタンの中央アジア五ヵ国の中心的存在で、地中海のローマ・ギリシャ文化と長安を結ぶ東西の重要な交易路として多様な文化が交差するシルクロードの国だが、一九世紀の帝政ロシアの侵攻によりロシア植民地となった。ロシア革命後はソ連が引き続き中央アジア全体を傘下に組み込み、ロシア語を強制して社会主義体制をとった。宗教は伝統的にイスラム教だ。

オペラや音楽を好むソ連は、レーニンによるロシア革命三〇周年にあたる一九四七年一一月までに、タシュケントにオペラとバレエのための大劇場の建築を企画した。しかし、第二次世界大戦が始まったため、土台や一部の壁や柱だけできた状態で放置された。その劇場建設に、ソ連は特殊任務として建築作業に適した日本人捕虜たちを強制的に派遣した。この任務を担ったのは元満洲の第一〇野戦航空修理廠《しょう》の日本兵四五七人で、隊長は永田行夫大尉（二〇一〇年没。当時二四歳）。永田隊は航空機の修理にあたる作業工兵の専門家集団で、手先が器用で勤勉な工兵たちだった。

永田隊は敗戦から一ヵ月後の九月一七日に「帰国（ダモイ）」だと言われて満洲の奉天から貨車に乗せられたが、貨車は南の大連方面ではなく、逆の北の方角へ向かった。貨車での輸送はまるで家畜のような扱いだった。左右に扉があるだけで窓はない大型の六〇トン貨車に約五〇人が詰め込まれ、寝るスペースもないまま頭と足を互い違いにしてむしろに寝かされた。便所の備えつけはなく、停車の度に一斉に飛び降りて用を足した。寒い夜に全員が河原で野宿している間に少ない身の回り品のなかから時計などの金目のものをソ連兵にとられることもあった。こうして約三週間貨車に揺られて一〇月八日にソ連に入った。行く先はシベリアではなく、ウズベキスタンのタシュケントだった。

そこではシベリア抑留経験者とは違った特殊な抑留生活が永田隊を待っていた。収容所はナヴォイ劇場から約一〇〇メートルの公園のような場所の一角で、三棟の居住棟はレンガ作り二階建てで有刺鉄線に囲まれ、四隅には逃亡や暴動を見張るための監視塔が立っていた。周囲は白樺やポプラなどの街路樹が並び、砂漠のなかの美しい街にあったのは幸いだった。そこで永田隊は、骨組みだけは出来上がっていたこの劇場の内装のすべてを任されたのだった。

土木、床張、足場大工、高所作業、鉄骨、左官、彫刻などの二〇の作業隊に分かれて地元のウズベキスタン人と協力して仕事に携わる間、永田大尉は客席の釘一本に至るまでの工程を無事に終えられるように、そしてそれぞれの労働の負担がなるべく公平であるように、さまざまな工夫をした。また、「日本人として誇りの持てる建築物をこの

ナヴォイ劇場（写真提供　山辺美嗣）

土地に残そう」という意気込みをみなに伝え、強制労働に目標を掲げた。抑留者にはいつ帰れるかわからない不安、食料難、ベッドに住みついていた南京虫との戦いなど、精神的にも肉体的にも問題はいろいろあったが、何より、待っている家族のために無事に帰れるように絶望させないようにするにはどうしたらよいかについて熟考した。その上で、指導者の将校たちと共に全体が団結して、「必ず帰れるから頑張れよ」と声をかけ続けた。一人が高所からの転落事故で、また別の一人が列車事故で亡くなったときには、丁寧な追悼式をおこなった。

この頃の永田さんの人柄について、一緒にいた元抑留兵の方々は、帰国後次のように語っている。「永田さんは、本当に人格者でいつもみなのことを考えていたし、位によって差別することもなかった」「永田さんは、戦争中に部下を殴ったりしたところは見たことがない。みな慕っていた」「ナヴォイ劇場を建てているときも、私たちは〝隊長〟と呼んだり〝永田さん〟と呼んだりいろいろだった。あとで聞くと部下が隊長さんを〝さん〟づけで呼ぶ隊などなかったと言いますね。」これらの言葉から、軍国主義の日本の余韻が残った時代のなかにあっても、謙遜で思いやりに満ちた、人間的な一人の指導者がいた事実が浮かんでくる。

収容所では、劇場の床を貼る材料を刻んで作った手製の麻雀が四人に一組はあったし、碁や将棋も楽しめ、さまざまな楽器（バイオリン、マンドリン、バラライカ、シンバル、太鼓）を作る人もいて、一緒に演芸も楽しんで気を紛らわした。このようにお互いの交流に十分な配慮をしたことで雰囲気は変わった。仕事もウズベキスタンの人と一緒に進めるうちに日本人の方が勤勉で手先も器用で、しかも技術や技量を積むのが早いことがわかり、それぞれの分担のなかに「俺の仕事だ」という職人気質が生まれた。

永田さんが日本へ帰る日がわかったのは、その当日だった。作業から収容所に戻ると、「荷物をまとめろ。今からダモイだ」と言われたのだ。そして帰国後、永田さんは、収容所にいた人たちすべての家族に日本で連絡をとった。帰還するときにはソ連の厳しい審査で誰も何も持って帰れなかったが、自分が帰ったらみんなの家族に連絡するのが総責任者としての義務だと思い、一人ひとりの名前と住所を全部暗記したという。[59]

革命三〇周年の記念建造物の一つとして一九四七年に完成したこの劇場はタシュケントの三分の二が崩壊した二度の大地震にも耐えたため、市民たちの間には今も日本人の優れた技術と勤勉性が語り継がれている。劇場裏手の記念プレートには「一九四五年から一九四六年にかけて極東から強制移送された数百名の日本国民（捕虜という言葉は使わなかった）が、このアリシェル・ナヴォイ劇場の建設に参加し、その完成に貢献した。」とウズベク語、日本語、英語、ロシア語の順に刻まれている。ウズベキスタンの人々の誇りとなったこの日本人の劇場作りは、さらに、二〇〇一年には日本、ウズベキスタン両国間の経済、学術、文化における人的交流の推進にあたる日本ウズベキスタン協会にもつながった。[60]

さらに舞鶴引揚記念館の展示にこのような心暖まる話もある。「日本人の食事は一日三〇〇グラムの黒パンと薄いスープだけで、その黒パンですら労働成績が悪いと減らされることがあった」と聞いていたウズベキスタンの子どもが、ある日、大変な労働でおなかが空いているだろうと思って収容所の柵の間からパンと果物を差し入れると、数日後同じ場所に手作りの木のおもちゃが置かれていた。この子どもの母親は「日本人は勤勉で礼儀正しい。物を作るのもうまいうえに恩を忘れない。あなたも日本人のようになりなさい」と言った。また、ウズベキスタンの前大統領である故カリモフ氏は生前こんなことを話していた。「子どもの頃母親に連れられて、毎週末日本人の収容所に行った。そして、そのたびに言われた。「息子よ、ごらん、あの日本人の兵隊さんを。ロシアの兵隊が見ていなくても働く。おまえも大きくなったら、日本人と同じように人が見ていなくても働く人間に必ずなりなさい。」そんな言いつけを守って育ち、今では私は大統領になれた。」これを読んで、私は、人に認められるために働く人間と、自らの価値観を保つために働く人間の違いについて考えさせられた。苦難のなかでも、抑留者には他の人間の生き方に新しい視点を与えることができた優れた人々がいたのだ。[61]

日本人抑留者のナヴォイ劇場の建設を巡る逸話は、どんな苦境にあっても良いことを貫こうとする人間の善の可能性、そして異文化間に芽生えた人間同士の信頼の尊さに満ちている。また、日本人の思いやりや勤勉な働きぶりが意味深い目標に向かった結果、素晴らしい成果を残し、世界のなかでの日本人の質を知らしめる貴重な一ページとなった。大勢の人の生死を彷徨う苦境のなかで、永田行夫さんのようなかけがえのない指導者が存在したことは、暗い抑留の歴史のなかで輝いている。

第四章

抑留経験者の諸問題

一、『日本新聞』と共産主義教育（民主運動）

ソ連の計画

長勢了治著『シベリア全抑留史』（二〇一三）によれば、ソ連は世界初の共産主義国家として「世界革命」戦略をもっていた。そのための組織としてコミルテン（共産主義インターナショナル、四三年五月にコミンフォルムに解散）があり、ヨーロッパ革命に挫折した後は、アジア、とりわけ中国と日本における革命に重点を置くようになった。こうした共産主義の浸透を防ぐ動きとして日本の満洲国建設があった。実際に日本の敗戦により、満洲を含む中国と北朝鮮が共産化され、その後、それはベトナム、カンボジア、ラオスにも波及した。ソ連が崩壊し冷戦が終結した現在でも、中国と北朝鮮は東アジアの共産国家で、脅威であり続けている。当時の日本人はソ連（ロシア）という国を「アカの国」として恐れていたが、ほとんどの人は共産主義がどういうものであるか知らなかったから、抑留された日本人は現地で初めて共産主義国家の現実を経験したのだった(1)。

このような事情のなかでソ連から帰国した元抑留者の多くは、祖国日本の土を踏んだ後、抑留体験を語らなかった。その沈黙により、抑留の歴史の実態が知られるまでに長い時間が経過した。その理由は幾つかあるが、その大きな理由の一つは、ソ連の計画的な日本人への共産主義の思想教育にある。抑留者はソ連の望む共産主義への同調を示し、「アクチブ（活動分子）」と呼ばれた活動家になれば、飢えと寒さと重労働から解放され、他の収容所へ外出して活動や講習会にも参加できたし、何より死への恐怖から逃れて精神的な安堵を与えられた。希望のない日々のなかで、楽になりたいと抑留者が考えたのは当然のことだった。

見込みがある者は「小学校」「中学校」と呼ばれる教育機関に入れられ、さらに赤化教育を受けた。「中学校」を卒業した優秀者は、各ラーゲリの選抜メンバーとともに一ヵ所に集められ、三ヵ月間教育を受けた。そして収容所に戻ると指導的立場となった。その結果として収容所内でアクチブとアクチブでないものとの対立が起こり、日本人同士の確執による不信の世界が広がった。のちに述べる「吊し上げ」などの恐ろしい制裁から逃れるために、仲間の密告からも身を守る必要が生じて不信感が広がり、口をつぐむことが身の安全を守る唯一の手段となっていった。その経緯について、まとめてみたい。

ソ連は、当時の東側世界の代表として、第二次世界大戦終結後の日本のあり方を規定した対日占領について、四つの対日目標を持っていた。それは、①ヤルタ協定に基づいて南樺太および千島列島をソ連領とすること、②日本を分割占領または統治すること、③アメリカの占領行政に参加し、日本に於けるアメリカの威信を失墜させるとともに、日本の非軍事化・民主化をはかること、④敗戦による日本の社会・経済的混乱に乗じて共産主義を浸透させることなどである。(2)

その方針に基づいて、ソ連は独ソ戦の結果荒廃した国土の復興のための労働力として日本人のシベリア抑留者を確保した。さらにこれらの計画を考察すれば、そのもう一つの目的として、いずれ日本へ帰還する捕虜たちを通して、アメリカ主導下の占領行政に介入し、日本に共産主義を浸透させることを意図した様子がうかがえる。すなわち、日本に対しては兵士や民間人による戦禍の「代償」を要求し、アメリカに対してはイデオロギー上の抗争を始めたと言えよう。(3)

『日本新聞』

このような背景から、収容所内の日本人捕虜たちに共産主義を浸透させるために使われたのが『日本新聞』だった。一九四八（昭和二三）年三月二日の『日本新聞』には、二月に結成された「反ファシスト（民主）委員会」という組織が紹介された。これは一九四七（昭和二二）年の大晦日に内務省が作った委員会で、官僚的な体質ではなく、大衆が選挙で選ぶ方向に仕向けるために、全員が無記名秘密投票で選出され、この委員会を基礎とする民主グループが文化、啓蒙宣伝などを指導する統一戦線組織となった。こうして「民主運動」の大衆化が図られた。こうして一部の活動家の運動が全員に広まることを目的とし、さらにそれを生産競争へと結びつけることが試みられた。つまり生活と労働の場に直に民主運動が持ち込まれ、生産現場では「ソ同盟のために」生産競争という名の労働強化を強制し、収容所に帰ってからも抑留者の休養時間を削って輪読会や学習会、批判会で扇動したのだ。この委員会の組織は委員長のほかに「宣伝部」「文化部」「生活部」「作業部」「青年部」があり、従来の大隊本部に替わって抑留者の生活全般の管理運営をした。(4)

この新聞は共産主義宣伝のためにソ連がハバロフスクで発行し、各地収容所の日本人に無料配布された(のちに『日本しんぶん』となるが本書では『日本新聞』で統一)。

これは日本語で発行され、収容所内では唯一の日本語による読み物であったから、日本語に飢えていた捕虜たちはむさぼるように読んだ。『日本新聞』には「ソ連にいる日本人の捕虜のために刊行される」と明記され、副題は「新日本建設へ」とあった。創刊は一九四五年九月一五日で、一九四九年一二月三〇日の第六六二号で廃刊となった。長い間この新聞の現物の確認は困難だったが、ソ連末期のペレストロイカが進むなかで、極東軍管区軍事史博物館の許可を得た朝日新聞社が全三巻の書籍として復刻出版した。

編集長はコワレンコ少佐が創刊から一九四九年九月までの間ずっと務めた。コワレンコ少佐は一九四五年ソ連が日本へ宣戦布告して満洲・朝鮮・樺太に侵攻したとき、極東軍総司令官だったワシレフスキー元帥の通訳だった人物である。それから次第に宗像創、浅原正基、相川春喜らの日本側編集者も加わり、ソ連側一五名、日本側五〇名ほどのスタッフによって編集・発行されるようになった。日本人は元新聞記者や作家、共産党などの活動家が選ばれ、それらの日本人の権力は次第に増していき、浅原は「シベリア天皇」とまで呼ばれていた。(5)編集部の中心人物が浅原、相川のような共産主義運動の経験を持つ左翼活動家だったことは『日本新聞』の性格に大きな影響を与え、「民主運動」は筋金入りとなった。

『日本新聞』には、日本の軍国主義や侵略政策への批判、ソ連型民主主義・社会主義思想の啓蒙を主旨とする文章が掲載された。記事の情報源はタス通信、NHK(当時は東京放送)の短波放送、ソ連共産党機関紙『プラウダ』の記事、日本共産党機関紙『アカハタ』など日本の新聞記事、各収容所からの投書などだった。(6)ロシア・ソビエト文学の紹介もあった。記事内容はニュース報道よりも社説や論説、時事解説が次第に多くなり、やがてレーニンやスターリン、ソ連の社会システムや思想などの特集記事も増えて宣伝メディアとしての側面が強化され、収容所内の一定数の日本人は次第に「ソビエト化」されていった。(7)

『日本新聞』の刊行部数は週三回約二〇万部で、およそ捕虜の三人に一人の割合だった。新聞が行き届かない収容所では、『日本新聞』からの転載内容を主にして、畳一枚から三枚分くらいの大きさの壁新聞が貼り出された。プロの絵描きの挿絵もあった。スローガンは、「ファシズムとの闘争無くして民主主義なし」とか「ソ同盟社会主義万歳」「レーニンの旗の下に、スターリンの指導の下に」等であった。(8)『日本新聞』の発行は、徐々に「民主運動」と呼ばれる日本人同士の不信を巻き起こした思想運動の展開への火種となっていく。一九四六年ごろまでは天皇批判などは少なく、政治宣伝的な記事は少ない新聞だったが、一九四七年ごろになると一転、強烈な日本批判とソ連の賛美、日本共産党の礼讃、皇室廃止などを掲げる政治新聞に変わった。

思想運動の展開・民主運動

『日本新聞』一九四六年四月四日号にハバロフスク北のホール地区の「木村大隊一同」の名で、各地の収容所に民主化を呼びかける檄文が掲載された。それには次のような背景があった。それに先立つ一九四五–四六年冬、ハバロフスクでは大量の病者と死者が出て、兵士が飢えと衰弱のなかで重労働に喘いでいた。が、その只中で将校は労働を免除され、給食もまた質量とも兵士以上に支給されていた。さらに、兵士を旧軍隊さながらに乱暴に扱っていたこともあり、この不平等に収容所内の不満が爆発したのだった。また一九四五年一一月、コムソモリスク収容所第一分所で高山昇（東京農大助教授）が、上官に旧軍式の「申告」ができず、「軍閥」を批判したという理由で将校たちに殴り殺される事件が起きて、それが噂として広がったことも大きい。(9)

次に一九四六年五月二五日号に新聞の「友の会」結成の呼びかけが載り、いくつかの「友の会」が誕生した。この頃は思想学習会を開くなどの対立色の薄いものであったが、一九四七年一月頃に戦闘的・政治的な「民主グループ」

が続々と結成され、活発に活動を始めた。以後、彼らによって扇動あるいは動員された下級兵士らが集まり、かつての下士官・将校らを戦時中あるいは収容所での不正行為を捉えて批判・糾弾、自己批判を迫るといった活動が始まり、これを彼らは「人民裁判」と呼んだ。こうして「民主グループ」が収容所の指導権を獲得した。(10)しかし、将校、とくに佐官以上の将校は「民主運動」にほとんど影響を受けなかったといわれる。

当時、人民裁判を苦々しい目で見つめ、知人のアクチブには、「日本人同士でこのようなことはするな」と厳重に注意していた山本利男さん（石川県出身）は、帰国後このようにつづった。

捕虜という極限状態のなかでも「我々は日本人同士なのだ。雑草となっても手をつないで祖国にたどりつき、日本再建の捨て石になろう」と思っていたはずなのに、いつしかマインドコントロールされて、マルクス・レーニン主義へと傾倒していった。そして、働く者とこれを指揮する者との立場の相違により、徐々に兵隊たちとソ連側につく大隊長・中隊長・小隊長の将校クラスとのギャップが広がった。将校クラスは、収容所内外で下級兵士を「もっと働かせよ」と圧力を強める立場をとった。信頼関係に基づく指導力があれば違ったが、天皇の命令という大権のないなかで、学徒出身や士官学校出の職業軍人がこの役目を果たすには到底無理があった。これに思想教育が絡み、やがて「人民裁判・吊し上げ」となり「邪魔者は炭鉱へ・他部隊へ追放」となっていくのであった。アクチブの当面の目標は、特権階級としての旧軍隊組織を解体して民主的組織に改編することで、その手段としてまず反動将校の摘発と糾弾がおこなわれた。

山本利男さんは、さらに収容所内での立場の違いが「人民裁判」と呼ばれる「吊し上げ」にどのように反映されたかについて詳細に記録した。

二三年の春、反動将校の摘発と糾弾が始まった。休日に全員が広場に集まって一〇人くらいの反動将校を面前に引き出す。そして戦時中のことや最近の作業指揮についてアクチブが代表質問をする。回答がおかしいと「嘘をつけ」とか「違う」とかの野次が飛び、ときには会場が怒号と野次で騒然となる。これがいわゆる「人民裁判」と呼ばれるもので、進行係はアクチブが務め、ソ連側立ち合いのもとにおこなわれる。(11)

アクチブを養成する講習会は収容所、地区、軍管区、地方によるものがあり、期間は一ヵ月から三ヵ月だった。彼らには講義、報告会、討論会を自主的に準備することが任されたものの、準備された講義はソビエト工作員のチェックと修正の上で許された。このような講習会で教育されたアクチブが収容所に戻って民主グループを作り、「民主運動」を展開したのだった。感受性豊かな「若さ」があり、軍隊で味わい抑留後も続いた初年兵の辛さに苦しんでいた若者が、講習会に参加して、すっかりそのペースに乗せられ、熱心なアクチブとして育った例もある。(12)

このような「吊し上げ」は、前述の「民主グループ」による「批判会」が、一方的な断罪の場に変わったものだった。カルポフは吊し上げを（精神的テロル）と表現しているが、それだけに止まらず、重労働の割り振りや入獄につながる場合もあった。(13)「吊し上げ」という言葉はシベリアの民主運動を象徴する言葉だが、『広辞苑』には一九七七年刊の第二版から「逸脱者、交渉相手などを集団的に批判し問責すること」という説明が載せられており、シベリア抑留に由来する言葉だという説がある。

『広辞苑』の分析によれば、「吊し上げ」には次のような順序があった。まず少数の人間が吊し上げ対象の「反動」と呼ばれる者を批判する「批判会」がおこなわれ、次に吊し上げの対象者の反動性をあらかじめ大衆に宣伝扇動するキャンペーンの「カンパ」をおこなう。最後に対象者を壇上に立たせ、周囲を数百名の者が囲んでアクチブの議事進行で「吊し上げ」をおこなった。「被告」の罪状暴露があり、アクチブが「同感！」「異議なし！」と同調する。そして、次々に会場の人々が「被告」の過去の罪状なるものを暴き、反省、謝罪を強要する。「被告」の弁明は許されないので、壇上で肉体的苦痛と精神的圧迫に耐えるほかない。それは気の弱い者なら、恐怖、屈辱、憤怒、絶望感から発狂状態に陥るほどのものだった。「反動」というだけで、「減食」させられたり、作業の休憩時間に腰を下ろすだけで「作業サボ」と非難された。また村八分のように孤立させる指令も出されて、精神的に極致まで追い詰められた。そして、そのような辛さは当人だけでなく、吊し上げる側の大衆にとっても、いつ立場が逆転して自分が「反動」に転落するかわからない怖さがあった。

また、「民主運動」をどのように実践するかによって、ダモイ（帰国）の順位が決定される、という脅しもおこなわれた。追い詰められた抑留者たちは、親しい人をも裏切り、吊し上げは過激になっていった。こうして収容所には根深い「相互不信」が生まれ、仲間同士の裏切りを懸念する、陰惨な状況となった。[14]

この点に関して、長勢氏の次のような鋭い指摘がある。「日本人は集団主義だとはよく言われることだが、ソ連抑留においてはソ連側の分断工作に乗せられて、日本人が「同胞相食む」醜態を演じたのも事実で、むしろ逆境における日本人の団結心の弱さを露呈した。個人主義といわれるドイツ人の方が民族的な団結を強く維持していた。このように、日本人の美点は悪意のある外国人の前では弱さとなった。」同じように日本人の特性を、作家のアントン・チェーホフは次のように紹介している。「当然の権利を主張できず、いざとなると引き下がってしまい、敵に対しても人間的にふるまう。」そして、『日本新聞』の編集長のコワレンコは、「日本人は集団主義の国民、勤勉な国民だ。約束すればそれを実現して遂行する。文化的にも高い。そして権力に弱い。こうした民族性は収容所で日本人を管理するのに役立った。日本人は論争はまず一切しなかった。命令には「はい、そうですか」という返事以外は聞いたことがない。これは「日本人は、強く出れば引き下がる」という私の考えに影響を与えた」と述べている。[15]

民主運動は次第に過激化し、将校や下士官だけでなく、共産主義に賛同しない者や軍人となる以前の職歴、また生育環境によっても次々に糾弾された。山本喜代四さん（岩手県出身）の記述には、「人民裁判」の模様が詳細に書かれている。

さて、Aが委員長となって最初の人民集会（この頃は人民裁判とか吊し上げとか言うようになった）が食堂において開かれた。委員長がまず挨拶をした。

「同士諸君、本日は、我々の敵、ブルジョアジーとその手先を摘発して、自己批判と反省をおこなわせ、民主運動をさらに発展させよう」「ブルは前に出ろ。中学校以上卒業している者は前に出ろ」「警察官だったものは前に出ろ」前後方々から叫ぶ。この叫ぶ者たちはみな、Ａが選任したアクチーブであることは間違いない。私はこのような事態が来ることは覚悟していた。私は前に出た。「後はないか、五小隊のＣ隊長はどうだ」Ｃも前に出た。「警察官をした者はいないか、あったら前に出ろ、調べはついているぞ」「出なければ引っ張り出せ」「吊し上げろ」、怒声が飛ぶ。入隊前、警察官だったというＤも前に出た。

民主委員たちは何も言わない。誰が、どういう発言をしろと、アクチーブたちに指示していたようで、発言するのはアクチーブだけである。一二、三くらいいるようだ。他の人間は、あっけに取られて成り行きを見守っている。アクチーブがどなった。「最初に山本から批判しろ」私も黙っていられない。「隅の方で怒鳴ってないで、どのように批判すればよいのか、前に出て教えてもらいたい」と言った。会場は静かになった。一分、二分、誰も発言しない。委員長が発言した。「中学校以上を卒業している者は、多数の者が行きたくても行けなかったのに、行けたということは、金があったからだ。金があったということは、多数の者から搾取したからだ。また、軍隊でも下士官や将校となり、我々を苦しめた。よって、深く反省し、今後民主主義運動のため、我々プロレタリア階級に協力しなければならない。このことをみなの前で反省して、表明してください。山本からどうぞ」とのことで、私の発言が始まった[16]。

また、ある人は、父からの久しぶりの便りを仲間に読まれた。そこに「弟も四月から元気に中学校に通っています」と書かれていたため、「それでは、貴様も中学校を卒業しているだろう」と詰め寄られた。「私は行っていません」「嘘をつくな」「反動だ」「吊し上げろ」と方々からの声。「自分は行っていなくても弟が行っていればブルジョア階級だ。反省しろ」と言われ、その人は「申し訳ございません、許してください」と深々と頭を下げた。これについては情報不足で、学制改革によって中学校が義務教育になったことを誰も知らなかった。大隊長も小隊長も一時は兵士によって占められていたが、月日がたつに連れて、洗脳された下士官が就任するようになってきた。気力も体力も極限に達していた。死ぬ前に一口の米の飯が食べたい。腹いっぱいとは言わない。日本に帰らねばという気力もなくなっていた。労働はますます強化され、ファシズムの嵐が吹き荒れた。(17)

さらに、以下の新聞記事には、実際の「吊し上げ」が起きた状況が克明に書かれていて、読者を震撼とさせる。シベリア抑留のいかなる経験のなかでも、日本人同士によるこのような場面は、もっとも辛い出来事だったのではないだろうか。

「軍隊時代、貴様はみんなに暴力をふるった!」

極東・ハバロフスク のラーゲリ(収容所)で、一人の男が壇上の男を糾弾すると他も同調した。

「同感だ!」「この男は反動だ」「つるせ!」――。

天井の梁に渡したロープが壇上の首に回され、男の体が宙に浮いた。苦悶がにじむ表情に鼻水が垂れ、絶命寸前で男は解放された。

ラーゲリの隣はソ連極東軍総司令部と裁判所。尋問や裁判で連行された将校や下士官がラーゲリに宿泊する度に吊し上げた。

「嫌だったが、仕方がなかった。しないと自分がやられた…」

吊し上げの議長(進行役)だった元上等兵(九〇)はこう打ち明けた。(18)

ソ連は、社会主義を支持する者から先に帰国させることで、米国主導の戦後日本への影響力の強化を狙い、弱い立場の抑留者たちはそれに踊らされた。元は天皇の軍隊だった日本人は、帰国したい一心でスターリンへの忠誠を誓い、密告や裏切りもかまわず、大勢で責め立てる前記のような仲間の吊し上げが繰り返された。こうして、引き裂かれた抑留者たちは、全員がソ連の民主教育の加害者でもあり被害者でもあったのだ。

『日本新聞』の四五九号に「反ファシスト委員会の任務」という記事が掲載され、大衆にソ連の真実を伝えること、日本における民主民族戦線のための闘争と結びつけること、抑留者の帰国後の闘争に備えることが論じられた。そして同じ記事のなかで、同胞の密告を堂々と推奨し、自分たちの考えに反する者は徹底的に抑圧し排除する方針を明らかにした。一九四八（昭和二三）年一〇月二四日のソ連陸海軍総局指令で「祖国に帰還したら日本共産党に入党する必要があることを意識させるべく捕虜をじかに導く」任務が課された。こうして、帰還した抑留者の日本共産党入党計画がすでに練られていた。

待ちに待った祖国日本への帰国後、これに従った帰国者の日本共産党への集団入党もあり、いくつかの事件も起きた。昭和二四（一九四九）年六月三〇日入港の永徳丸から下船すると、彼らは京都駅で大規模なデモをおこない、座りこむという京都事件が起きた。東京駅で六〇〇人が公会堂を二晩占領して、宮内庁前で渦巻デモをおこない、駐日ソ連代表部を訪れて「ソ同盟の温情ある抑留」に感謝の意を伝えた事件もあり、そのなかで、故郷には帰らず、代々木の共産党本部に直行して集団入党するグループも現れた。これら「赤旗組」と呼ばれる人たちの行動により、抑留者が一人残らず「アカ」のレッテルを貼られて、日本での再出発さえも茨の道となっていったことは、抑留者のその後と抑留の歴史の解明と理解に、暗い影を落とした[19]。

揺らいだ日本軍の階級制度

日本軍の厳しい規律や上官には決して口答えできない上下関係の厳しさは、テレビや映画のいろいろな場面に出てくる。それを実際に経験してからシベリア抑留者となった大野政勝さん（埼玉県）は、初年兵の頃の経験を次のように綴った。「入隊後の教育では教練の連続で、毎日毎日が忙しく駆け足で飛び回り、腹が減って仕方がなかった。一人でもモタモタしたものでもいると営庭一周の早駆けや、種々の処罰が続き、本当にきつい教育の日々が続いた。教育中、怒鳴られる、蹴られる、殴られるは日常茶飯事だった」[20]

初年兵に対するときとして凄惨ないじめは、「人間的な感性をそぎ落とされ、その一方で軍隊生活に強い不満を持つ古参兵の私的制裁で、弱者にむけた非合理的な激情の爆発だった」と評されている。[21] 第六章で紹介される吉川元偉さんの父で抑留者だった忠夫さんの証言によると、このような理由のない暴力や威嚇行為は、抑留中ロシア軍には見られなかったという。これは現代の社会問題である学校や会社でのいじめにも通じる、日本文化の負の特徴に思える。

進んで参加した	2.8%
強制されたので参加した	29.4%
帰国条件を良くすると思って参加した	39.3%
参加しなかった	23.0%
その他	5.5% [24]

また、初年兵の多くは戦闘の際には徒歩で移動する歩兵となった。多々の武器や装具を身につけた初年兵は、長期戦、または後方支援が望めないときにはさらに予備の弾薬や食料が加わり、体重の五割を超える装備を負担した。一九四四年の調査によれば、なかには自分の体重と同じ重さを背負わされる者もあった。[22] 命令は絶対で、下の立場の初年兵は心も体も疲れ果てた。

ソ連は収容所でこのような既存の命令系統を重んじ、日本軍の階級制度を維持することで、集団としての作業能率を高めようとした。その結果、良心的に部下を懸命に率いた上官もいたなかで、上官たちの多くが下級兵士をこき使い、自分は楽をして食べ物をかすめ取った。各収容所では、五分でも一〇分でも休みたかった下級兵士の気持ちをよそに、「大日本帝国」の秩序を保つため、「宮城遙拝《きゅうじょうようはい》」（皇居の方向に向かって敬礼する）や「軍人勅語奉唱」も続けられていた。上官が下級兵士を私用で使い、暴力も絶えなかった。ノルマを達成できなかった者を極寒のもとで放置し凍死させた事件もあった。[23] 個々が同様に生と死の境を彷徨うなか、このような行為は当然の結末を生む。それが、階級制度を弾劾する民主運動であり、吊し上げだった。

一般財団法人全国強制抑留者協会が三〇〇〇人の元抑留者を対象に実施したアンケート調査によれば、民主運動（思想教育）についての回答は上記の表の通りだったが、当時の気持ちと調査時の気持ちが変わっている可能性もある。アレクセイ・キリチェンコは、ソ連の公文書館でいくつもの資料を調査し、このような状況のなかにあって、「敵の捕虜としてスターリン時代のラーゲリという地獄の生活環境に置かれながら、自己の理想と信念を捨てず、あくまで自己と祖国日本に忠実であり続けた人がいた」として、彼らを「シベリアのサムライたち」と呼んだ。彼らは自殺、脱走、ハンストなどの形で抵抗し、一九四五（昭和二〇）年秋の抑留開始から最後の抑留者が帰還する一九五六（昭和三一）年まで抵抗を続けた。キリチェンコは、堤不夾貴《ふさき》中将、水津《すいつ》満少佐、佐藤政治《まさじ》少将、草場辰巳中将、上村幹男中将、二階堂綱男軍曹などの実名を挙げている。

このように、抑留者は一方の極だったアクチブと、他方の極だったサムライのような妥協をせず筋を通した人たちの間にさまざまな色合いの「声なき大衆」がいた(25)。

二．帰国

日本からの引き揚げ支援

ソ連情報局がソ連共産党機関紙『プラウダ』を通して日本軍捕虜の存在を初めて明らかにしたのは、昭和二〇（一九四五）年九月一二日だった。日ソ戦で「五九万四〇〇〇人」の日本軍将兵を捕虜にしたと報道された(26)。

抑留者の悲惨な状況が少しずつ日本国内に伝えられると、引き揚げ促進運動が起きた。大木英一さん（奈良県出身）は抑留された息子のために昭和二〇（一九四五）年一一月八日に署名運動を始めた。昭和二一（一九四六）年五月には「在外将兵帰還促進連盟」が結成され、七月には第一回全国大会が開かれた。九月一一日には第二回大会が皇居前広場で開かれ、留守家族を中心に二万人が集まった。東大生の藤本照男さんは昭和二〇年一一月一七日「在外父兄救出学生連盟」を結成し、活動を始めた。また、昭和二三年二月一五日には「同胞救援議員連盟」が留守家族の九八万の陳情書をソ連代表部に提出した。

平成二六（二〇一四）年七月二〇日、私が舞鶴引揚記念館を訪問したとき、「我らの肉親を救へ」と書かれた白旗や吉田茂首相、ソ連大使、マッカーサー元帥への嘆願書など、それらの促進運動の実態や新聞記事、写真、署名などが目に止まった。それまで抑留者の側の運命の不条理については読んではいたが、待ち続けた家族の側の生の声を初めて目にして、その重さは胸に響いた。そのときの写真の何点かが、私が作成したシベリア抑留のウェブページ中「舞鶴引揚記念館内蔵品」という目次のなかに収められている。[27]

抑留者の帰国計画

抑留者帰国のための具体的計画が始まったのは昭和二一（一九四六）年五月で、前記の促進運動の盛り上がりに呼応している。日本には外交権がなかったので、代わってGHQが対日理事会[28]ソ連代表（デレヴャンコ中将）と日本人の引き揚げについての会談をおこなった。引き続き同年九月二七日にはGHQ渉外局から、ソ連当局が一〇月以降、抑留日本人を真岡から七〇〇〇～一万人、ナホトカから一万～一万五千人送還することになった模様であるとの発表があった。昭和二一（一九四六）年一〇月四日、ソ連政府の「日本人捕虜と民間人の本国送還について」という閣僚会議決定に基き、内務大臣クルグロフは一〇月一一日に「昭和二一（一九四七）年に二万五千人以上の捕虜を、主として昭和二一―二二年の冬季に配置し使役する準備のできていない内務省収容所から本国送還する」と命令した。これが初の日本人捕虜送還の決定だったが、東西冷戦に備えるソ連の政策でもあった。

このあと同年一二月一九日には「ソ連地区引き揚げに関する米ソ協定」が締結された。引き揚げには捕虜以外にも樺太、北朝鮮、大連に抑留された民間人も含められ、昭和二一（一九四七）年の実際の帰国者は協定通り二万五千人だった。しかし、昭和二二（一九四八）年には一月から三月まで引き揚げが中断した。マーシャル米国務長官がソ連のモロトフ外相に強く抗議すると、ソ連は閣僚会議で同年四月から一一月まで労働不能になった捕虜を毎月二万人、そして三万人の民間人の本国送還を決めた。これは、病弱者と「民主化」された人を優先して送還し、健康な労働者と「戦犯」候補は残すという方針であった。ソ連領海の冬期結氷のためという理由で、一二月になると引き揚げは一方的に中断された。その後昭和二五（一九五〇）年までの間、抑留者の帰還は続いた。その間、たとえばサハリンではさまざまな頼りになる労働力としての日本人を引き止めておこうとする要望が政府に届けられるというソ連の国内事情もあった。

協定での帰還者の財産上の権利は、日本人捕虜は手荷物の範囲の個人の所持品を、また日本の民間人には一人一〇〇グラムまで、個人の所持品や財産を持ち帰ることだった。

両方とも一人当たり、将校は五〇〇円、兵士は二〇〇円、民間人は千円までの円貨の持ち帰りが許され、また日本の金融機関により発行され日本で支払い可能な郵便貯金通帳、銀行通帳、その他の個人名入り証書の持ち帰りが許されていた。（それまでは、かつて日本が占領していた地域から帰還する日本人の財産に関する国際協定はなかったので、南朝鮮、中国の上海などで、アメリカ軍は違う方法を用いた。南朝鮮では、日本市民の財産のすべてはアメリカ軍政庁の財産として扱われた。）

日本人の帰国促進に伴って、一九四九年までに日本人抑留者が入れられていたソ連内務省の捕虜収容所の多くは廃止され、もはや日本人捕虜がソ連の産業の経済的利益にはならないという考えから、一九四九年中に日本人抑留者を完全に本国送還する決定が下った。そして、同年四月二二日にソ連政府はタス通信による声明で、前年五月二〇日の政府声明に述べられた残余の日本人捕虜の送還を完了したと発表した。それによると送還者の総計は五八万三七五六人となっていたが、それは前年発表の総数五九万四千人から約一万人も少ない数だった。（このなかには死者数も含まれていたと見られている。）またソ連残留者の合計は二四七人とされ、これは日本政府が推定していた数字とはかなりの違いがあったため、留守家族や日本の世論は強い衝撃を受けた。実際は、このような「完全な本国送還」とは裏腹に、「ソ連に対して犯した犯罪」を作り上げられ、有罪判決を受けて長期滞在者となる抑留者たちの運命があった。(29)

長期滞在者とは

一九四九年四月二二日声明の三ヵ月前、送還保留となっていた日本人捕虜五五四四人のうち、一六九〇人は軍事法廷で有罪判決を受け、二八八三人は同法廷への起訴が決まっていた。九七一人は満洲で犯した犯罪の嫌疑で中華人民共和国に引き渡されるとされた。

多くの日本人捕虜が送還されたあと、さらに引き止められた抑留者たちはハバロフスクの強制労働収容所に入れられていた。彼らは、ロシア共和国刑法第五八条により最長二五年の有罪判決を受けた戦犯（軍人）または政治犯（民間人）とされていた。ある人は職務上のスパイの可能性（ロシア語の通訳や学校教員）、ある人は対ソ戦準備をおこなっていたなどの嫌疑で身体的限界に至るまで長時間にわたる深夜の尋問を繰り返され、具体的証拠もないまま、弁護人もいない法廷で一方的に裁かれた。尋問の翌朝にはいつもと同じ重労働があり、不眠と疲労の繰り返しとなった。[30] 絶食、減食、水責め、寒冷責め、脅迫、暴力などの拷問もあった。このような手法から「自白」が求められ、それにサインすることで刑が確立した。長勢氏によれば、彼らは「通例の戦争犯罪人」ではなく、無実の囚人で、抑留が長引くにつれて健康を害し、労働にも耐えられなくなっていった。

日ソ戦争は短期間のソ連の一方的な侵攻だったので、日本側は防戦一方で、ソ連の民間人もいなかったから「非戦闘員を殺す、虐待する」などの通例の戦争犯罪を犯す余地はなかったにもかかわらず、ソ連は開戦前のソ連以外の国でおこなわれた企図や行為をソ連刑法第五八条の反革命罪で無理やりに裁き、ソ連市民ではない外国人にこのように重い刑罰を科した。[31]

長勢氏はさらにこの裁判の方法をナチスのユダヤ人収容所と比べている。「ユダヤ人には司法手続きはないまま死に直結する収容所が待っていた。それに比べるとソ連での日本人受刑者は逮捕–取調べ–裁判–判決–という形式は一応経ていた。だが密告が奨励され、拷問が常套手段として使われ、自白が偏重され、裁判に弁護人がつかず、実行行為ではなく企図や思想や職務が裁かれ、欠席裁判が横行し、過剰な刑期が科された」[32]。すると、形式は経たといっても、日本人抑留者は実際にはユダヤ人のホロコーストの経験と似通った国際法違反の行為の犠牲者だったと言えるのではないだろうか。ユダヤ人への虐待は世界的な史実としてどの国の人々の胸にも刻まれているが、日本国外で日本人のシベリア抑留について知る人は少ない。

さらに長勢氏は、このプロセスを支えた日本人同士の「密告」の問題を取り上げ、それはソ連社会に奨励され、法的に義務づけられていた行為だと指摘している。もともと刑法五八条は、大衆の秩序を乱したり、ギャング行為などの密告をしないと五－一〇年の刑を受けるというもので、ソ連では親子の間でさえもこのような密告が奨励された。同様に抑留者に対しては「話せば早くダモイ（帰国）させてやる」「言わなければ懲罰収容所に送る」と頻繁に誘いや脅しが繰り返され、ついに昭和二一（一九四七）年末には、『日本新聞』がソ連側の「戦犯」摘発への協力を抑留者に向けて要請するに至った。日本人民主運動のアクチブたちは、こうして積極的に仲間のなかから「戦犯」を摘発することを、ソ連に対する愛国的な行動だと正当化した。また、普通の日本人のなかにも一包みのマホルカ（刻み煙草）ほしさに仲間を売る者もいた。(33)

昭和二二（一九四七）年五月二六日にソ連では死刑が廃止され、代わりに最高刑が二五年の長期刑となった。抑留者のなかでその前に判決が出て銃殺刑となった人もいて、そのうち二三名の名前が明らかにされている（『戦後強制抑留史』第四巻』）。多くはそれを免れたとはいえ、最高二〇年、二五年の刑とは恐ろしいものだった。「戦犯」として裁かれた人たちは、具体的には満洲や樺太の政府高官や国策会社の役員（国際ブルジョアジー幇助の罪）、警察司法関係者、憲兵や特務機関など軍の情報関係者、満鉄調査部のような官民の調査機関員（スパイ行為の罪）、関東軍の機動旅団／戦闘部隊（謀略、破壊行為の罪）などであり、これに加えて調査研究機関やロシア語教育に関わる者、鉄道警護隊もいた。

このようにして、有罪を宣告された人たちは、捕虜から犯罪者へと変わり、「囚人」としてソ連囚人と同様な扱いを受けることになった。そして国際法の守りの届かない監獄か強制労働収容所へ移され、ロシア・ヤクザの恐ろしい世界にも放りこまれた。

昭和二八（一九五三）年に独裁者スターリンが死没すると、ソ連の収容所からは恩赦で囚人が釈放されていった。日ソ国家正常化交渉が昭和三〇（一九五五）年六月から始まり、一度中断したが昭和三一（一九五六）年から再開。その直後、アデナウアー西独首相は直談判で、ドイツ人「戦犯」の同年本国送還に成功した。翌年の二月にはフルシチョフ第一書記が第二〇回共産党大会でスターリンの個人崇拝を批判した。(34)日本人長期滞在者による「ハバロフスク事件」はこのような雪解けの時期に起きた。ハバロフスク事件のリーダーであった石田三郎氏は昭和三一（一九五六）

年一二月二六日に舞鶴に帰還して、昭和三三（一九五八）年に『無抵抗の抵抗――ハバロフスク事件の真相』（日刊労働通信社）を発表した。

この事件の舞台となったハバロフスク第一六収容所第一分所には「戦犯」として重刑を科された日本人七九六名がおり、彼らはソ連の非人道的な管理に抗議して、作業拒否と絶食という非常手段に訴えて、待遇改善を求めた。しかし昭和三一（一九五六）年三月一一日の、ソ連内務次官ボチコフ中将の無警告武力弾圧によって、この集団運動は分散させられた。その後、各集団は個別闘争を続けた。[35] 抵抗は弾圧されたが、帰国問題をのぞいて受刑者の要望はほぼ満たされ、労働条件やソ連当局の態度も大きく改善され、六月になってほぼ目的を果たしたことから、長勢氏はこれを「シベリアのサムライたち」の勇気と節度のある行動であった、と評している。

二〇二二年二月二日のNHK首都圏ナビ　ウェブリポート「シベリア抑留〝最後〟の帰国　孫が記録からたどる祖父の一一年間」は、前記の「長期抑留者」を身近な例として取り上げ、強く印象に残った。[36]

小畑真理子（東京都）さんは、数年前のある日、自宅を整理していたときに大量のアルバムと「伝言書」と死を覚悟して抑留中に書かれた手紙（昭和二五年一月筆）を見つけた。無言で他界した祖父の言葉を聞くために、真理子さんは知らなかった抑留の歴史を紐解いた。祖父は小畑信良元陸軍少将。旧日本軍の「インパール作戦」について「無謀な作戦だ」と訴え、中止を進言した。これはインドにあった連合軍の拠点攻略計画だった。しかし上司は怒って取り合わないばかりか、中国東北部の満洲への異動を命じた。日ソ戦争で捕虜となった小畑さんは、昭和二〇（一九四五）年八月一八日旧ソ連の南東部、チタに抑留となった。抑留期間は一一年間。

真理子さんは、事実を追いかけた。昭和二五（一九五〇）年四月には大部分の将官が最後の引揚げ船で日本へ帰った後、信良さんはハバロフスク監獄に移され、戦犯として六月二五日に死刑の判決を受けた。控訴の結果、二五年刑となって一〇月上旬ハバロフスク第二一分所に収容された。真理子さんがその理由を加藤聖文准教授（国文学研究資料館）に尋ねると、「信良さんは満洲では奉天の「特務機関長」という職務にあった。実際には満洲の経済資源をいかに戦争に活かすかを考える立場だったにもかかわらず、ソ連の情報収集を中心とする対ソ連工作の重要人物と見られたのではないか」という説明を受けた。

加藤准教授は、さらに長期抑留者を作り上げたソ連側の事情についても言及した。

「戦犯じゃないと長期抑留する理由がないということです。何も罪のない人を長期間ソ連国内にとどめて、しかも強制労働をさせる根拠はない。ソ連にとって「ちゃんとした犯罪」として、国家に対する重罪をおこなったとすれば、より長期間の拘留が可能になる。そこで、取り調べる側は自白させることで罪を作り上げた。実際に刑期が確定すると労働をさせられるので、一時期は小畑氏も強制労働をしていたと考えられます」さらに、「アメリカなどから国際的圧力が生じた後は、領土問題では日本と妥協せず、「戦犯」を送り出すだけで日本との国交樹立を目指すための「外交カード」として使えるように、後半は生かしておくためにとくに厳しい労働は与えなかった。」

こうして真理子さんは、祖父の信良さんが最後まで抑留されてしまったのは死刑判決を受け、罪人のように強制労働をして、最後は外交カードになったからだとわかった。加藤准教授はさらに「戦争の本質は国家と国家との戦い。戦争が現実に起こると、個人の意思なんてゼロに近いのです」と言及した。

厚生労働省によれば、第二次世界大戦の終結後の日ソ戦争により旧ソ連地域に抑留された日本人（日本統治下での日本軍所属の韓国人、台湾人を含む）は現在わかっているだけで約五七万五千人（うちモンゴル地域約一万四千人）そのうち、無事にダモイを果たしたのは、約四七万三〇〇〇人（うちモンゴル地域約一万二千人）。死亡者は約五万五千人（うちモンゴル地域約二千人）とされている。帰国後に貴重な抑留中の記録を残された方も多々あるが、私の叔父のように、何も残さなかった人もいる。小畑信良さんの資料が成長した孫の真理子さんによってごく最近（二〇二二年）開示されたのは、意味深い。埋もれたまま消えようとしている多くの抑留者たちの無念の思い……まだこれからもこんなことがあるかもしれない[37]。

ここで、長期抑留者と共に日本への送還を外された人々のなかには、シベリア抑留者の他に細菌戦の理論と実践をしており、細菌戦部隊として知られた「防疫部隊七三一（正式には関東軍防疫給水部）」とその支隊の指揮官と専門家も含まれたことも書き添えておきたい。部隊長の名前を取って「石井部隊」とも呼ばれたこの部隊は、極秘に細菌戦の研究をおこない、捕虜の中国人、ロシア人、朝鮮人を「マルタ」と称して人体実験につかい、その犠牲者は三〇〇〇人とされる。幹部はいち早く日本へ去ったが、一部の隊員は捕虜となり、一九四九年ハバロフスク裁判で有罪判決を受けた[38]。この部隊に配属された人たちは帰国後も長い苦しみのうちに生き続けたことを最近日本の新聞記事でも目にするようになった[39]。

漫画家の山内ジョージさんは一九四〇（昭和一五）年に中国大連で生まれ、警察官だった。敗戦後、一九四七（昭和二二）年に佐世保に引き上げて、現在は動物文字絵や絵本、広告の仕事で活躍中だ。戦後ロシア人が急に増えて大きく変わる大連の街で、日に日に悪化する食料事情のなか、避難所を三回変わってようやく敗戦の二年後に日本に上陸した。父はまったく知らないロシアのマルシャンスクの収容所で亡くなり、その四〇年後、かつて故郷であった大連を再び訪れ、七三一部隊の跡地を訪れたときのことを、次のように書いた。「私は言葉を失った。人は本当に、こうまで人に対して残酷になれるものだろうか。」そして、「子煩悩だった父はこんな工場があったとは夢にも思わなかっただろう、歴史の大きな流れ、歴史の真実はなかなか見えなかった。」とも書いている。感傷旅行ではなく、事実を見つめる時間となったこの中国への旅の終わりに、山内さんは、「新しい中国との出会いが始まった」と述べている[40]。

シベリア抑留は第二次世界大戦終了後に日本人が被害者となった壮絶な悲しみの歴史だが、同じ頃、このように同じ日本人の人類に対しての加害者としての行動が進行していたことは、受け止め難い事実だ。敵か味方か、上か下か、という二者択一の前に、人として皮膚の色の違う人、異なる文化に生まれたどんな人たちにも自分たちと同じ生命の尊厳を認める深い洞察力は、どのようにしたら育んでいけるのだろう。

待ちに待ったダモイ—ナホトカ港へ

こうした長期滞在者たちを除いて、帰る当てのない辛い日々を送る抑留者たちに、ダモイ（帰国）の知らせは突然訪れた。同じ場所で働いていた半分がアルファベット順に選ばれて、後ろ髪を引かれる思いで戦友を後に残した人もいた。またダモイ命令が出ても、度重なる嘘のためソ連への不信が先にたち、本当に日本の船を見るまでは信じられなかったという。山中重夫さん（滋賀県出身）は、コーカサスの抑留所に行ってから一年後、一九四六年八月一〇日にラーゲリ退去の命令があった。行先は不明のまま貨物列車に一ヵ月揺られ、九月一二日、ソ連領東岸のナホトカに到着した。[41]

シベリアからのダモイ列車はこのようにナホトカ港に集結し、抑留者はそこで日本への帰還船に乗り、京都府の舞鶴港へと向かった。もともとナホトカは一八五九年にロシア海軍の「アメリカ」号が大嵐に遭遇して避難場所を探しているときに発見した天然の良港であり、それにちなんで「発見」を意味する「ナホトカ」と名づけられた。築港作業は、千島・樺太・北朝鮮から連行された日本兵が昭和二一（一九四六）年一月におこなった。[42] 日本人の強制労働で作られた港から、抑留者は帰国したのだった。

しかし、帰還者のナホトカでの滞在は容易ではなかった。そこは最後の関門だったのだ。ソ連のナホトカ港には、第三八〇収容所があり、多くの日本人抑留者は、ここで晴れて日本へ帰るための帰還船に乗る日を待った。六〇〇〇人の収容能力があったその収容所では、共産主義を教育するためのグループが力を振るっていた。彼らは帰還者名簿も持っていたので、もし積極的にそのグループに従わなければまた収容所へ送り返される恐怖から、多くの人が強制された政治的な講習会、集会などに自己防衛のために参加した。そこでは『赤旗』を読み、「インターナショナル」を歌い、「ソビエト化」したことを証明しなければならなかった。[43]

ナホトカは各地から一万人以上の日本人の引揚げ者で溢れ、至るところに壁新聞が貼りつけてあった。広い浜一面には無数のテントが張り巡らされており、そこも宿泊所になっていた。抑留者は昼間はさらに強制労働へと駆り出されながら、夜は連日日本兵の民主化の話、ディスカッション、労働歌など、再度の共産主義教育を受けた。あちこちで内部告発があり、あまり人気のなかった隊長たちが次々に土下座させられ、共産党員に罵声を浴びせられ、吊し上げられることもあり、とにかく無事に日本に帰れるようにと周りに足並みを合わせなければならなかった。実際に「民主化不足」と判断されてまたシベリアの奥地へと送られた人たちもいたから、みな真剣だった。

梅崎文夫さん（愛知県出身）はナホトカで四〇日間の作業をしながらこのような日々を過ごした。昭和一九年に入隊してから五年後の昭和二四年一一月三〇日。やっときたダモイの瞬間を次のように綴っている。「岸壁に着岸している船は真っ白い船腹には鮮やかに「信洋丸」とあった。見上げる船上の甲板には私たちを迎える船員や白衣の天使の姿があった。私もタラップを一段一段確かめるように登った。そして甲板を二本の足で踏みしめた。そのときの感激と感動は私の生涯における最大の忘れることのできない喜びとなったのであった。」

しかし、帰国のための三日間の舞鶴への船中は、どれも平穏だったわけではない。昭和二一（一九四六）年と二二（一九四七）年の引き揚げのときには、抑留者の多くは「反ソ反共」の気持ちで帰国したが、昭和二三（一九四八）年から「民主化」された多くの赤旗組が帰り始めると、船の中で左右の対立が激化し、船内の雰囲気がとげとげしくなった。朝まで民主運動をめぐって二派に分かれ、激論が交わされることも多かった。帰還船が一度ソ連領海の外へ出ると、赤旗組が船長や船員、行動を共にしない同僚を吊し上げるなどの騒乱事件に加えて、「民主派」に痛めつけられた者が逆に報復の暴力を振るうこともあった。その結果、昭和二四年にナホトカから舞鶴に入港した四四隻の引き揚げ船のうち、三三隻でなんらかの騒ぎが起きたという[44]。

船の中で抑留者たちはコーリャンではない麦飯のうまさや、夢に見た銀シャリ飯、焼き魚と味噌汁に涙し、それぞれに帰郷に思いを巡らせながらも、まだこの船旅を無事に終えるには緊張感がみなぎり、実際に日本の島影が見えるまでは、帰国の実感はなかなかわかなかった。

舞鶴へ

「「陸が見える！　おお日本だ、舞鶴だ。」樹木が、屋根が、白壁が見える。我も我もと甲板に上り、デッキの手摺にしがみついて、涙せぬ者はいない。美しい。それは祖国である。よかった。よく生きてきた。もう親の懐に帰って来たのだ。」

昭和二二（一九四七）年五月二九日、高砂丸で日本へ帰った荒田昌二さん（岩手県）はこうして感動と共に陸に上がると、埠頭には星条旗が掲げられていた。抑留中ビタミン不足から失明状態を経験し、栄養失調、凍傷による歩行困難のために極度に病弱になった体で舞鶴国立病院に連れて行かれると、戦中には七五キロあった体重が三三キロも減って、四二キロになっていた。(45)

ナホトカを出発した信濃丸に乗った妹尾正一郎さん（岡山県）の手記にはこうある。

「あっ、日本だ！」の声にみんな甲板に駆け寄った。みんなの目からは涙、涙、涙。船は静かに桟橋に向かった。年老いた者、若い者、上級者も下級者も日本の懐かしさに狂喜した。錨が下ろされた。桟橋から一歩一歩、しっかり踏みしめながら上陸する。故国の土だ、懐かしい日本の土だ。出迎えてくれた白衣の看護婦さんの姿も、目に痛いほど美しく感じた。衣類の支給を受け、予防接種、ＤＤＴの消毒などを終わり、二階の大広間の畳の上に寝ころんだとき、「やっと帰国できたんだ」と感じられた。その日こそ忘れもしない日本晴れの昭和二三（一九四八）年六月二三日であった。(46)

引き揚げ援護局は引揚者を歓迎した。まず、シベリアの虱や細菌の駆除のため、舞鶴到着と共に被服はまず全部熱気消毒し、全身にＤＤＴの白い粉末をかけて消毒した。また、久しぶりの日本式お風呂をたき、新しい下着の着替えを用意して、和食でもてなした。親戚からの手紙や葉書も届いていた。郷里への指定列車の中では「長い間ご苦労さまでした」と声をかけられ、地元の人々に迎えられ、新聞にも大きく報道された(47)。

「赤旗組」の行動

こうして舞鶴港は、心の底から喜びが湧き上がり、家族との再会を喜ぶ人たちの姿にあふれ、それぞれが久しぶりの故郷へと向かっていったが、このなかで前出の「赤旗組」は出迎えの婦人や看護婦たちに笑顔も見せず、スクラムを組んで上陸し、復員業務をする人たちに協力しなかった。彼らは「イデオロギーが違えば、日本人同士でも敵だ」と言い放ち、不穏な空気を作った(48)。

しかし、次第に『日本新聞』やアクチブの宣伝がデマで、失業者も餓死者もあふれてはいない戦後の日本社会がソ連よりじつはずっとましなことがわかり、共産党には見切りをつける人が増えていく。そしてそれぞれが故郷へ帰ると、見方が変わり、つきものが落ちたように熱狂は醒めたという(49)。

日本の社会と困難な就職

抑留者たちは敗戦後の祖国に戻り、どのようなことを目の当たりにしたのだろう。彼らは、日本の内地での戦闘の様子は目撃しなかった。東京をはじめとして連日連夜、米空軍のB29爆撃機による大都市の爆撃があった本土は変わり果てていた。こうして荒廃と不安に包まれた日本本土の現状と問題が山積みの社会が、目の前に広がっていた。

帰ってすぐに家族の死に直面した人もいる。霍本《つるもと》祐一さん（熊本県）は、二年三ヵ月の抑留生活の後、昭和二二（一九四七）年、信濃丸で舞鶴に帰った。甲佐駅近くの家に着くと、絶対に生きて帰ってくると言って戦場に向かった長兄がシンガポールで、二兄がフィリピンでそれぞれ戦死との悲しい知らせを受けた。霍本さんは兄たちの出征時の姿をしっかり心に刻み、それをお守りとして家業の農業に励み地域の復興に尽くした(50)。

水野治一さん（愛知県）は昭和二四（一九四九）年一〇月三〇日、四年二ヵ月の抑留生活を終えて栄豊丸で帰国した。

故郷の尾張一宮駅に着いたとき、駅のホームは屋根もなく、辺りは戦災で焼け野原。そのなかを点々と仮住宅、仮店舗が建てられており、敗戦の痛ましさに直面した。

水野さんは、さらに、帰国後も「赤旗組」による影響を受けた一人である。赤旗組は、帰還船栄豊丸の中でも舞鶴港到着のあとでも執拗に日本共産党への仮入党を説いたが、その誘いをすべて拒み、晴れて舞鶴港での家族との再会に涙して、故郷への帰途に着いた。しかし、舞鶴から家までずっと二人の私服警官がつきまとい、東海道線の中でもすぐ後ろに座って耳をそばだてられていた。兄の説明で、シベリア帰りだというだけで、警察より思想的警戒を受けることがわかったという。

故郷に帰ったあとも、多くの帰還者たちが就職に困り、元の職場に戻るのが大変だったり、一度勤め始めた後でも、シベリア帰りだとわかって解雇された例が多く見られる。水野さんの就職は六年後の昭和三〇（一九五五）年になり、一宮市市役所に勤務。地道な働きを続けて平成七（一九九五）年には一宮市市議会議長に就任し、のちに旭日双光章も受章している(51)。

日本へ帰ってきた抑留者たちは、誰もが早く職を得て、新しい一歩を踏み出したいと願った。しかし、赤旗組の派手な行動がマスコミにも大きく取り上げられ、シベリア抑留者を迎える国民に大きな驚きと不安を与えてしまったため、元抑留者の職探しはさらに困難になった。

青木久さん（栃木県）は、三年三ヵ月の抑留生活を終えて昭和二三（一九四八）年一一月一五日に大郁丸で舞鶴に入港。昭和二四（一九四九）年一月から教職復帰の準備をしていたが、栃木県庁内の進駐軍より呼び出しがあり、「三年四か月もロシア生活で、教師になると児童生徒が赤化されるので復職は認めない」と言われた。仕方なく、知人のいた日本専売公社宇都宮地方局に就職して三三年間勤務。その後活動的な青木さんはさまざまな剣道大会で優勝し、地域社会での貢献も認められて数々の感謝状を受けた。剣道で台湾との国際交流にも参加し、昭和天皇在位六〇年祝賀武道会では模範試合と審判をおこなうなど幅広く活躍した(52)。

こうして日本社会全体に広まってしまった一時の疑惑により、「ご苦労さま！　大変でしたね！」と公の労いや感謝を受けるどころか、困難な再出発を強いられた元シベリア抑留者たちだったが、その多くの方々が黙々と時間をかけて、地域への貢献など人のために尽くし、前向きな生き方でその後の人生を真心をこめて生きられたことは尊い。

しかし、このような状況のなかで、帰還者たちがシベリアのことには口を閉ざさざるをえなかったため、抑留の歴史の真実を紐解くには時を要した。地獄の苦しみの後、ようやく手にした生まれ故郷への切符は、そのまま不安のない幸せな未来の保証にはならなかった。帰国後も続けてこのような苦渋の経験をした抑留者の内面の苦悩について、それを外側から見ていた日本の社会は充分な配慮をしてきただろうか。抑留者たちの沈黙の重さとそこに潜んださまざまな思いにもっと目を向ける必要があるだろう。私たちは、日本人に起きた信じ難い歴史的体験を、今からでも知ることができる。

二〇二二年に封切りとなった映画『ラーゲリより愛をこめて』（二宮和也主演）は辺見じゅん氏のノンフィクション小説『収容所《ラーゲリ》から来た遺書』を元にして作られた。主人公の山本幡男（実在の人物）は、家族が満洲で離れ離れになり、四人の子どもをただ一人で連れて日本へ帰った妻（北川景子）との約束を果たすため、どんな苦境をも乗り越えて帰国（ダモイ）を果たす望みを捨てなかった。しかしその願いはかなわなかった。苦しい時間をともに過ごす抑留者を明るく励まし続けた山本幡男の姿に魅せられた仲間たちは、持ち帰りが許されなかった山本の遺書を、日本にいる妻にどう伝えるか、知恵を絞った……。

スクリーンで見ると、私たちは山本の経験を通して見えてくるシベリア抑留者の苦悩の生活の日々を、現代という空間から垣間見ることができる。祖父の抑留体験を孫として直に感じた二宮和也の迫真の演技は忘れられない。歴史の糸はシベリアへと続いていた。今は過去とつながっている。抑留の史実はそこにいた人の数だけあるだろう。私も、そんな過去の点との繋がりに気づき、今を生きている一人だ。これからも戦争を知らない世代の心を掴むさまざまな試みが出てきて、少しでも多くの気づきが起きるようにと望んでいる。

米国の関心

ソ連は日本人への共産主義の影響を期待したが、それに関するここまでの本書の記述の内容は、主に抑留者の記録、ロシア語和訳によるロシア側の資料や日本人研究者、ジャーナリストの日本語の考察によっている。しかし、『シベリア抑留』（小林昭菜著、岩波書店、二〇一八）では米占領軍がおこなった帰還者調査「プロジェクト・スティッチ」の英文が元になり新しい知見が加わった。

当時米国はソ連についての情報を欲していたから、ソ連から帰還した日本人軍事捕虜の経験を聞き出すことに懸命になった。ソ連政府は米軍に占領された日本に「ソ連の種子」となった日本人軍事捕虜を大量に送り返すことで、その「種子」が「開花」し、やがてソ連に友好的な新しい「民主的」日本を創設することを期待した。しかし、米占領軍はこの「ソ連の種子」たちを占領政策を妨害する危険な「赤い種子」として警戒し、ＧＨＱ参謀第二部が治安、諜報、謀略の目的で下船と同時にまたは帰宅後に彼らを調査して危険分子を摘発する作戦を実施した。その第一弾が陸軍による「プロジェクト。スティッチ」（縫い物作戦）だった。[53]

米占領軍は、ソ連のスパイ養成の訓練を受けた者がいる可能性も考えて、この調査を実施した。と同時に米国は、帰還者が米国の占領政策への「障害」となるかをチェックしていた。結果的には脅威にはならなかったが、帰還者が伝えるソ連の暮らし、生産、仕組み、地理などのすべてが、米ソ冷戦のなかでの重要な情報となった。こうして、ソ連の労働力の確保として利用された日本人抑留者は、時の流れとともに米ソという二つの大国のはざまに立たされて、帰国とともに次は米国の情報戦に利用される存在となった。ナホトカを出る前に「日本へ帰国後、ソ連で起きたことを人に話してはならない」と赤旗組に何度も念を押されていた人たちも、舞鶴港に降り立って占領軍からの尋問を受けたときには、ソ連で見聞きした情報をすぐに提供したという。[54]

総務省所管の平和祈念展示資料館ライブラリーにある『シベリア強制抑留者が語りつぐ労苦（抑留編）』には、第一巻から第一九巻までの貴重な抑留者の手記と聞き取り調査があり、ウェブ上で公開されている。そのほとんどの執筆者や話者はもう他界されている。そこにある手記のタイトルを見ると、帰還後の抑留者の無念の思いが伝わってくる。

私は現代を生きる若者たちにこのページを訪れてほしいと思う。一〇代の後半に入隊・参戦し、想像もしなかった「抑留者」という囚われの身となった若者たちに、「青春」という時はこなかった。彼らはその事実を次のようなタイトルに示した。「異国からの絶叫」「戦い・捕らえられ・還った・茨の道」「格子なき牢獄」「生き地獄シベリア抑留」「踊らされた青春」「私の青春記」「若き日のつらく、悲しい思い出」「夢に残る恐怖」「青春の苦難」「我が青春はシベリア捕虜の地獄にいた」など。

このようなギリギリの追い詰められた日々を過ごした若者たちが、さらにソ連と米国という二つの大国の冷戦の道具となったことは、長い間シベリア抑留について学んできた私もつい最近知ったことだ。家族の元を離れ、日本の未来のために兵として参戦した若い日に、そんな運命が待っていたとは誰も知っていたはずはない。

二〇二四年現在、ウクライナの戦争やガザのジェノサイドなどをネットなどを通して見ている私たちには、戦地にいる人たちの不安な毎日と比較して、現在の日本の平和がわかる。そこでもし、自由に自分らしく生きているなら、それは当たり前のことではない。生まれる時（年）と場所（土地・文化）だけは選ぶことのできない私たちにとって、それは深い感謝で受け止める特別な幸せだと言える。そしてその幸せは、それを享受することができなかった世代について学ぶことで、もっと意味が増してくるだろう。

抑留者の補償問題(55)

抑留者の補償問題については、「シベリア抑留」（栗原俊雄著、岩波新書、二〇〇九）に詳しい。捕虜への補償についての国際間の解釈の違いが指摘され、日本人抑留者の置かれた特異な状況がわかりやすく説明されている。

ドイツ人は日本人抑留者と同様にシベリアでの酷寒、飢え、重労働という三重苦を強いられ、ドイツへの帰還も同じ一九五六年だった。自国の捕虜経験者に対して、西ドイツ（当時）は一九五四年、「旧戦争捕虜ドイツ人の補償に関する法律」を制定して、抑留期間に応じて総額一万二〇〇〇マルク、日本円で約八〇万円を上限に補償金を支払うことにした。住宅融資や事業資金などの無利子、または低利融資も用意された。一方、日本人の捕虜たちは帰国後補償金を受けることがなかった。特別給付金を支給する「シベリア特措法」が成立したのは、戦後六五年目の二〇一〇年のことだった。

国際法とされるジュネーヴ条約はスイス人のアンリー・デュナンの人道精神に基づいている。はじめに一八六四年に赤十字国際委員会の前身となった「五人委員会」の働きが元になり、ジュネーヴでの国際会議で「陸戦における傷病兵の保護」が定められた。それにより、各国は、軍の衛生部隊の補助の役割を果たすような救護組織を設けることを定め、各国赤十字社が発足した。そして、一九四九年八月一二日、第二次世界大戦の反省から「戦争犠牲者保護のための国際条約決定のための外交会議」が開かれ、陸上での傷病兵の保護（第一条約）、海上での傷病兵の保護（第二条約）、戦時中の文民の保護（第四条約）と併せて、「捕虜の待遇に関する条約」（第三条約）の四条約が採択された。この国際人道法は、現在では国連加盟国と同じ数の一九六ヵ国の国々に批准されている（日本の批准は一九五三年）。そのなかに、捕虜の労働賃金に関する次のような箇所がある。

第六二条〔労働賃金〕　一．捕虜に対しては、抑留当局が直接に公正な労働賃金を支払わなければならない。その賃金は、抑留当局が定めるが、いかなる場合にも、一労働日に対し四分の一スイス・フラン未満であってはならない。抑留国は、自国が定めた日給の額を捕虜及び、利益保護国の仲介によって、捕虜が属する国に通知しなければならない。

二．労働賃金は、収容所の管理、営繕又は維持に関連する任務又は熟練労働若しくは半熟練労働を恒常的に割り当てられている捕虜及び捕虜のための宗教上又は医療上の任務の遂行を要求される捕虜に対し、抑留当局が、同様に支払わなければならない。(56)

この条約によると、捕虜の労賃は捕虜の所属国が払う仕組みになっている。そのために、使役する側の国は、捕虜の帰国の際、労働賃金の支払額を明記した「労働証明書」または「労働賃金計算カード」を提供し、帰還者がこれを帰還後に提示すると、自分の所属国から未払い賃金の支払いを受ける。

オーストラリア、ニュージーランド、東南アジア地域などの南方のソ連以外の地域で、捕虜として労働に就いた日本人は、これらの国々（アメリカ、イギリス、オランダ、オーストラリアなど）から前記の「労働証明書」を受け、日本政府が全額の支払いに当たった。ところが、一九五六年の日ソ共同宣言で、両国は戦争に対する賠償請求権を互いに放棄したため、日本人の元抑留者が支払われなかった労働賃金や強制連行に対する補償をソ連に求めることはできなくなり、日本政府の支払いもおこなわれなかった。ソ連が「労働証明書」を発行しなかったのが大きな要因でもあった。

これに対して一九八一年、斉藤六郎らが設立した全国抑留者補償協議会は未払いの労働賃金など総額二億六四〇〇万円の支払いを求める訴訟を起こしたが、一九八九年四月一八日の判決で全面敗訴となった。これは六二人の原告の大半が、ジュネーヴ条約が日ソ間で発効する以前に帰国していたためだった。このように条約は適用されず、さらに、「原告等の損害は、国民が等しく負担すべき戦争被害であり、これに対する補償は憲法の予想しないところである」という説明があり、「すべての戦争被害者に十分な補償はできない」という政府の立場が明確にされた。その後シベリア抑留者が国に補償や謝罪を求めた訴訟は合計三例あったが、いずれも原告敗訴に終わった。

日本政府へ求められてきた補償には、シベリアに抑留された約六〇万人のなかにいた朝鮮半島や台湾出身の人たちへの謝罪や損害賠償の主張も含まれている。第二次世界大戦の末期に朝鮮半島は「大日本帝国」の統治下にあり、およそ一万人の韓国人が日本軍の軍人としてシベリアに抑留された。うち五〇〇人が生還したが、就職、共産主義の疑いなどの苦労は日本への帰還者と同様だった。[57]二〇一〇年、ようやく戦後強制抑留者特別措置法（シベリア特措法）が成立し、抑留期間に応じて国から二五万～一五〇万円の特別給付金を支給することが決まったが、法には国籍条項がついて、日本国籍でない捕虜は対象外となった。[58]

ソ連での抑留地で言語を絶する経験をした日本人抑留者たちの多くは捕虜となった日本兵たちだったが、彼らは外国との戦いに際して、ギリギリの状況での己を守る指導はどのように受けていたのだろう。もはや誰にも頼れない窮地に立たされたとき、自分を守り、心の支えとなることは何だったのか。それは、一九四一年一月八日、旧日本陸軍は、東條英機陸相の名で発行された「戦陣訓」という将兵の心得だった。まず、その一「本訓」では「日本における〈皇軍〉の成り立ち、〈皇軍〉としての団結、協同、攻撃精神、必勝の信念」。その二で「軍人として守るべきモラル、敬神、孝道、敬礼挙措、戦友道、率先躬行《きゅうこう》、責任、死生観、名を惜しむ、質実剛健、清廉潔白」。その三では戦陣の戒め、戦陣のたしなみが強調された。そのなかで、予期しなかった敗戦と共にもっとも重要視されたのは、「生きて虜囚《りょしゅう》の辱めを受けず」という教えだった。こうして相手国への投降は理念的に否定され、多くの将兵に死を選ぶ道が勧められた。[59]

これらの言葉には「主君に身を捧げる武士の忠誠の精神」や「切腹をよしとする武士道」のイメージがある。明治維新とともに武家文化は終わりを告げたはずだった。しかし、伝統のあり方を再考することなく美化する日本の考え方は続いていた。変わりゆく時代や世界の意識の変化のなかで、日本の軍部はこういう旧態依然とした考えを変えようとはせず、結果として世界の潮流から取り残されることになった。

シベリア抑留が起きた当時、日本の兵士には「人権」という意識は与えられておらず、抑留され強制労働に従事させられたなかでも、「賃金を要求する」正当性は見えてこなかった。ましてや解放され帰国が可能となった時点で、「労働証明書」の給付を主張することの重要性に気づく人はいなかった。十分な情報を持たない立場の弱い者は選択肢が与えられることがない。そして、その人に与えられた命や人生の幸せは、大雑把な上の方の決定のなかで木の葉のように揺れ、ないがしろにされていく。今の日本は少し変わっただろうか。

一九八八年七月一日、総務省で「平和祈念事業特別基金」が設立され、二〇〇三年に独立行政法人となった。恩給欠格者、引揚者の慰労とともに抑留経験者の慰労がおこなわれ、「平和基金」は新宿にある「平和祈念展示資料館」の管理も始めた。

そして、この「平和基金」が中心となり、国が出資した四〇〇億円の半分を充ててシベリア抑留者に「特別慰労品」が送られた。抑留者たちが受けた唯一の慰労品とは、旅行券等金券一〇万円か、置時計、万年筆、文箱または楯のなかから一点を選ぶというものであった。対象は一九四五年九月二日以降ソ連領かモンゴルに強制抑留された者で、申請時に日本国籍を持つ者。申請期間は二〇〇七年四月から二〇〇九年三月までの二年間となっていた。シベリア・モンゴル抑留者はこのように国から「慰められた」が、強制労働に対する正当な補償金はついに手にすることはなく、人権を剝奪され、人間の尊厳が失われた日々に対して、正面からの承認と謝罪を受けることもなかった。

話しは変わるが、長年アメリカに暮らしてきて、日本人である私が、英語で話していて一番言いにくいことは「NOというメッセージ」だとしみじみ思う。“Would you like coffee?” と聞かれても “No, thank you.” がいまだにすんなりと出てこない。“Thank you very much, but I don't need it now.” の方がスッキリするのだ。日本人は、小さい頃から人の気持ちを大切にして、全体の和に貢献することが良いとされる話し方を身につけるから、たとえ心の奥底でNOと思ってはいても、笑顔でその場をやり過ごす。それを英語文化ではJapanese Smileと呼ぶ。Smileは本当は肯定的な表現なのだが、日本人の場合には、その場で問題を起こさない方便としての笑顔が用いられ、実際にはそれがNOを意味していることも多い。また、日本語は否定を文章の最後に持ってくるので、人の話は最後までよく聞いていなければYesかNoかはわからない。一方で、英語ではその違いはまず文頭に示され、話者の立場は直線的でわかりやすく、初めから明らかになる。そのため、自分が話すときにもはっきりとした意志表示が当たり前になる。このように、言語構造に由来する物の考え方の違いは根強い。

人権問題など、日本と違う文化圏で培われた良い考え方で、世界の誰もが同じ立場に立つ大切な意識を自分自身の人生にも役に立てていくためには、日本国内で育った人が一人でも多く、人を頼らず、新しい考え方を自分から学び、実践していく興味と行動力が大切だと思う。四方を海に囲まれた日本は自然に恵まれ、四季の変化に富んだ美しい国だ。世界に誇る芸術品や技術もある。けれど、どんなに良くできる人にも死角があるように、普段から外国文化に接することがないまま成長すれば、物の考え方が一つに固まってしまう。比較をした上で自分に合った選択をしていくと、視野も広がる。外国語を学び、異文化のなかで自分を見つめることは、同じ文化や言語を共有する人たちとは違う交わりのなかで、自分自身をさらに見つめ、育んでいくことにつながる。これはシベリアの日本人抑留者の補償問題について調べるなかで、強く感じたことでもある。

ロシアの謝罪

先述の補償問題に合わせて、ロシア側からの謝罪について、『シベリア抑留全史』（長勢了治、二〇一三）にまとめられていることにも触れておきたい。

ソ連が戦後多くの日本人を抑留して劣悪な環境で酷使したことは国際法、ポツダム宣言に照らしても不当なことだったので、ソ連の謝罪は当然だと思われていたが、ソ連は表向きは、日本人抑留者を独ソ戦で得た捕虜と同じ「通常の戦争捕虜」としており、それは共産党体制が続く限りは変わらないと思われていた。

しかし一九八五（昭和六〇）年にミハイル・ゴルバチョフがソ連共産党書記長に就任してペレストロイカ（改革）とグラースノスチ（情報公開＝言論の自由を認める）を進めるようになってから、変化が起きた。そのときソ連で初めて自由な歴史研究が可能になり、埋もれていた資料がウラジーミル・ガリツキー、アレクセイ・キリチェンコ、セルゲイ・クゥネツオーフ、ヴィクトル・カルポフ、マクシム・ザゴルリコなどのソ連人研究者によって発掘されるようになった。

一九九一（平成三）年四月一八日にゴルバチョフソ連大統領が来日して、抑留者団体の代表（斉藤六郎、相澤英之、草地貞吾）と会談して抑留者に「同情の念」を表明したが、それは謝罪ではなかった。それでもこのとき日ソ協定が結ばれて、抑留中死亡者の資料、墓参、墓地調査、遺骨収集に関しては進展があった。その直後、八月にはソ連でクーデターが起こり、一二月にはソ連邦が崩壊した。次に一九九三（平成五）年一〇月一八日にロシア大統領ボリス・エリツィンが来日して、ロシア政府は抑留当事国の責任と義務を継承するとし、国家元首として、シベリア抑留問題は「全体主義の犯罪」であり「非人間的行為」であるとして「深い哀悼の意」と「謝罪の意」を表明した。しかし、その直後の橋本・エリツィン会談で発表された「東京宣言」では、何も言及はなく、その後の日露首脳会談でも、シベリア抑留問題は取り上げられなかった。もう一つの抑留当時国であるモンゴル政府からの謝罪はまだない。[60]

墓参・慰霊訪問

無事に帰還した人たちは、同じ運命の下で強制労働に従事し、失意のままシベリア・モンゴルで命を落とした同胞のことを胸に深く刻んできた。昭和二〇（一九四五）年九月に抑留者となり昭和二二（一九四七）年に遠州丸で舞鶴港に帰還した植木茂男さん（新潟県）は、あとになって復員した仲間から手紙がたくさん届いたが、戦後六〇年が経つ頃にはいつの間にかそれもなくなっていった。その頃になって初めて、平和への願いをこめて、六〇年前の記録を書いたが、それが仕上がる頃、同じ新潟県出身でソ連抑留経験者だった村山常雄さんの新聞記事を目にした。村山さんは『シベリア抑留中死亡者名簿』を作成した功労により「吉川英治文学賞」を受賞したのだ。植木さんは「自分の抑留記以前のこととして、死亡された方々の生きた証を優先」した村山さんの努力に深い感銘を受けた。[61]

ここに、村山さんに関する二つの新聞記事がある。

村山常雄さん（新潟県出身。故人）は一〇年以上かけて、死亡した人々四万六三〇〇人の名簿を作成した。「シベリア抑留者支援・記録センター」（東京）では、第二次世界大戦中にアウシュビッツなどで虐殺されたユダヤ人ら一〇万二千人の名前を読み上げる追悼式がオランダでおこなわれたことにならって、二〇二〇年からこの名前を読み上げるオンラインの追悼イベントを行なっている。二〇二一年に一〇一人の読み上げに参加した一人で、中学校教員だった村山さんと面識があった元小学校教員の菅原賢明《まさあき》さん（新潟県）は、「名前を読み上げる行為を通じて、一人ひとりの人生が立ち現れる気がしました」と話した。(62)

村山さんの著書『シベリアに逝きし人々を刻す――ソ連抑留中死亡者名簿』（自費出版、二〇〇七、日本自費出版文化賞大賞受賞）によると、ロシア人が日本人から聞き取った名前をキリル文字で記録し、それを受け取った厚生労働省がカタカナに直した時点で、間違いがたくさん見られた。「オオソノ」は「オオソナ」、「ヒロシ」は「キロシ」など母音のＡとＯや子音のＨとＫが入れ替わっていた。村山さんは現地を訪ねて墓地に残った氏名の漢字を記録したり、新聞投書で協力を求めて各地の帰還者が持つ名簿を集めたりして復元作業を進めた。名簿の一行が、人の命一つ。名前はアイデンティティー。誰がいつ、どこで亡くなったのか忘れられないようにしたい、という気持ちでこの膨大な作業をたった一人でやり遂げた村山さんの著書には「一人ひとりの無念と命の尊さを重く刻んで歴史に残す物でなければならない」と記されている。(63)

厚生労働省では一九九一年以降にロシア政府などから約五万七千人分の資料を提供され、ロシア語通訳者を含めて一〇人で個人の特定作業を始めたが、不明瞭な資料や重複により難航している。抑留の死亡者は、日本政府は約五万五千人と推計しているが、移動中の死者らも含めると六万人以上と見られている。

村山さんは厚生労働省の動きを待たずに、同じ抑留者としての気持ちから、たった一人で慰霊の思いを行動として示し、このような貴重な結果を出した。同様に、命を落としてその土地に放置されたままの抑留者の遺族や戦友は、誰もがその霊を弔い、できれば遺骨を日本へ持ち帰りたいと願い、日本人墓地への訪問を切に願った。昭和三六（一九六一）年以降、ソ連から二六ヵ所の墓地の存在が通知されたが、墓参が実際に実現したのは、その二八年後の一九八九（平成元）年になってからだった。待ち続けた墓参をソ連から手に入れるには、本当に長い時間がかかった。

日本政府は機会あるごとに大臣レベルあるいは日ソ事務レベル協議などでソ連の墓参、墓地調査、遺骨収集に関して申し入れをしてきたが、進展はみられなかったが、前出のゴルバチョフ大統領の来日の際の進展により、ソ連地域での遺骨収容と新たな埋葬地への墓参、慰霊碑の建立が可能となった。

このとき約三万八千人の死亡者名簿（ゴルバチョフ名簿）と五四九枚の埋葬資料が提供され、日本国内で大きな反響を呼んだ。それまで三九〇〇〇人あまりの死者しかいないとしてきたソ連がおよそ一〇倍にもなる死者を認めたのだった。その後、政府、抑留者団体、個人によるソ連各地への墓参が、毎年のようにおこなわれるようになった。(64)

モンゴルでは約一七〇〇名が亡くなったが、国交がなかったために墓参は遅れた。一九六六（昭和四一）年に初めての遺族墓参が可能となり、一九八二（昭和五七）年にはダンバルダルジャ墓地に墓標を立てた。一九九一年二月には日本政府が埋葬地資料の提供、墓参の実施などについて申し入れたのに対して、モンゴル政府から同年三月、墓地一六ヵ所、一五九七人の死亡者名簿が提供され、一九九三（平成五）年からは、新たな墓地への訪問が実現した。

一般財団法人全国強制抑留者協会は「平和基金」と協力し、体験者からの聞き取り調査をおこなうと同時に、シベリア各地の慰霊訪問や遺骨収容、慰霊祭、などに携わって、現在に至っている。慰霊訪問は一九九〇（平成二）年に始まり、二〇一九（令和元）年まで毎年続けられ、多いときで一〇〇名以上の参加者があった。訪問先は沿海地方のウラジオストク、ウスリースク（旧ウオロシーロフ）、アルセーネフ（旧セミョーノフカ）、ナホトカ、パルチザンスク。ハバロフスク地方のハバロフスク、ホール、コムソモリスク、ビロビジャン、イズベストコーヴァヤ、クリドウール。アムール州のブラゴベシェンスク、ライチヒンスク、ブレヤ、ベロゴルスク。ザバイカリエ地方（旧チタ州）のチタ、ハラグン、ヒロク、ジプヘーゲン、ハハトイ。イルクーツク州のイルクーツク、タイシェット、チュナ、クヴィトーク、チェレンホボ。クラスノヤルスク地方のクラスノヤルスク、アバカン、ミヌシンスク。カザフスタン共和国のアルマツイ、カラガンダ。ウズベキスタン共和国のタシケント、アングレン、コーカンド。モンゴルのウランバートル、ダンバルダルジャーなど。二〇二〇（令和二）年と二〇二一（令和三）年の慰霊訪問はコロナ禍により中止となったが、二〇二二年には再開し、ウズベキスタン共和国とモンゴル国、二〇二三年はその二国に加えてカザフスタン共和国を訪問した[65]。

慰霊訪問参加者の経験

のちに本書の「家族の証言」に協力して頂いた山辺美嗣氏は、二〇一九年までに、慰霊訪問の旅に三回参加し、父、山辺秀夫さんが収容されていた村を訪ねた。氏はその経験についても原稿を寄せてくださったので、ここに紹介したい。まず、同じように遺族である抑留二世の廣岡さん、酒井さん、山崎さん、奥見さんに出会った経験が次のように書かれている。

「廣岡清武さんはお兄さんが抑留中に死亡。出征時には未だ子どもだったので記憶が薄く、大人になってから写真を頼りに兄を思い出す、瞼の兄だった。廣岡さんは慰霊碑の前で涙を流して「お兄さん」と語りかけていた。彼にとっては、遺骨が帰ってきていない兄の慰霊のためにシベリアを訪問することは、かけがえのない大切なことだった。ロシアの村の村長や村人が、日本人が慰霊碑を訪問する度に事前に清掃してくれていることに、廣岡さんは大変感謝していた。」

ティルマ村の丘に建つ給水塔にて
酒井義雄さん　奥見優子さん　2016 年 8 月

酒井義雄さんのお父さんも抑留中に死亡。戦後、死亡通知が届いたときは未だ小さい子どもだった。父親が抑留中は資材を運ぶ馬の世話をしたのではないかと推測している。ソ連崩壊後の一九九一年に、ロシアから公開された抑留期の写真に、抑留者が馬で資材を運んでいるものがあり、酒井さんは虫眼鏡で必死に父の姿を探したそうだ。前年の慰霊訪問では鉄道博物館の女性館長が、展示してある当時のレールの切れ端をずっと見つめている酒井さんに、「それをプレゼントします」と言ったとき、「ああー、ありがとうございます」と、酒井さんは涙声で今にも崩れ落ちそうになった。

山崎トヨさん、奥見優子さんの二人姉妹は、お父さんが収容所の病院で亡くなった。その病院は現在学校として使われており当時の様子はあまり残していないが、鉄道博物館には病院の玄関で療養中の日本人とソ連の看護婦が写っている写真があり、その病院が間違いなく父のいた場所だった。二人の姉妹が毎年訪問しようと考えているのは、何よりも村人が日本人死没者に対して配慮をしてくれていることに、遺族として応えていきたいと思っているからだろう。

抑留者が敷設したシベリア鉄道ウルガル線を走る貨物列車 2016 年 8 月（写真提供　山辺美嗣）

山辺さんは二〇一六年八月末には、一般財団法人全国強制抑留者協会の慰霊訪問団とともに父のいた村、ティルマ村を訪ねた。ティルマは、一九三〇年代後半にシベリア鉄道の支線であるウルガル線の建設基地として開拓された村で、戦時中は独ソ戦の資材として線路がはがされたが、戦後日本人抑留者を労働力として投入し、再び鉄道建設がおこなわれた。

二〇〇〇人のティルマ村には舗装道路がなく、雪解けの大水が道の左右に大きな穴を作っており、気をつけてよけて走っていくと、日本人の慰霊碑は山のなか、藪のなかにあった。ソ連崩壊以降日本人の遺骨収容作業ができるようになり、この慰霊碑は遺骨を掘り出した場所に立てられていた。八月には日本人慰霊団がくるので、村長が道を塞いでいる枝を落とし、慰霊碑の周りをきれいにしてくれている。そして地元の人たちには、今でも日本人の素晴らしい仕事ぶりが言い伝えられ、村人が日本人の墓を守ってくれている。

抑留者が建築した集合住宅（写真提供　山辺美嗣）

再建設する予算のないティルマには、結果的に「抑留遺産」が保存されている。山辺さんは二〇一七年、一九年にも訪問して村長や学校長に聞いた事実関係を、さらに次のようにまとめた。

■木造二階建て集合住宅

日本人が建設したものが多いこの通りは「日本通り」と名づけたいと村長は言っている。集合住宅は五〇棟前後が現存しており、ほとんどが現在も使われている。戸数としては五〇〇以上あるので、村民の六割が居住している。日本人抑留者の働きは、とても感謝されている。

■給水塔

村は丘陵地にあり、馬の背の部分に給水塔があって現在も使用されている。また、駅のそばには蒸気機関車時代に使われた給水塔も残っている。『月刊ASAHI』の第三巻八号（一九九一）にロシアから提供された給水塔建設時の写真があり、日本人抑留者が馬で資材運搬して建設している様子が掲載されている。抑留者の壮絶な日々の戦いの結果として残されたこの給水塔は、ティルマの村人たちの生活の要となってきた。半世紀を過ぎた今も、日本人の仕事はていねいで、地味だが今もこのように光を放っている。

■鉄道博物館

ロシア国有鉄道会社が設けている博物館。ティルマでもっとも立派な建築物かもしれない。鉄道建設の歴史資料、写真とレールの一部などの現物が展示されている。木曜日のみの開館であり、時間も不定期なので、村長に頼まないと見ることができない。日本人が抑留されていた時期の写真も多く、ロシア人看護婦と一緒に写っている写真などもある。

■旧ソ連各地にある抑留遺産

慰霊訪問を通じて、日本人抑留者がたくさんの建築物を残したことを知った山辺さんは、次のようなリストを作った。その土地の生活に欠かせない重要な拠点が日本人によって築かれたことがわかる。

・ウズベキスタン（ウズベク共和国）タシケントのナヴォイ（ボリショイ）劇場
・ウズベキスタンのベガバードの水力発電所
・ブリヤート共和国ウランウデのオペラ・バレエ劇場
・モンゴルのウランバートルの国立大学、首相官邸、国立中央劇場（現オペラ劇場）、国立中央図書館、外務省庁舎、映画館（現証券取引所）、ホテル（現市役所）
・カザフスタン（カザフスタン共和国）アルマトイの科学アカデミー、カラガンダの劇場
・トルクメニスタンのクラスノヴォーツクの一〇階建てアパート二棟、野外劇場（現文化宮殿）
・キルギスタンのタムガ村の病院

そして、山辺さんはこの報告の終わりを、次のように結んだ。

日本人の抑留は、不条理極まりない国際法に違反するスターリンの蛮行でした。加えて、抑留者は酷寒、餓え、疲労、病魔が襲う地獄の日々を体験しました。しかしそのような環境下にあっても、再び祖国の土を踏む日を夢見て友と励ましあい過酷な労働に耐えた日本人は、このように立派な建築物、土木構造物を残して、その後のソ連国民の生活に大きな寄与をすることとなりました。そこには「日本人として恥ずかしくない仕事をする」日本

人の誇りがありました。今も活用されている公共資本は、質の高い仕事、優れた耐久性と機能美を備えたものです。

二〇二〇年はコロナウイルスによりシベリアへの慰霊訪問はかないませんでしたが、また何とか慰霊訪問を再開したいと思います。戦後七五年、建設時から七〇年以上を経た抑留遺産は今朽ち果てようとしています。ティルマ村の村長が「日本通りと名づけたい」と言ったように、日本人の支援を待ち望んでいます。ハバロフスクの南にあるコルフォフスキー村の村長は、昨年日本庭園を整備し、当地で亡くなった一三名の日本人の慰霊碑を立てました。また、毎年日本映画祭を開催し、日本との交流に期待を持っています。

六〇万人以上の日本人がどのような土地に強制収容され、どのようなものを残したのか、私は日本人としてこの歴史を直視したいと思います。その素晴らしい労働の遺産を多くの日本人とロシア人に知っていただくことが、今後ロシアと日本の新時代を拓く端緒になると考えます。日ロの戦後処理は北方領土の帰属問題で暗礁に乗り上げたまま難しい状況のなかですが、隣国と歴史の事実を見つめて、相互理解を積み重ね、深めていく方法が模索されることを願ってやみません。

このような訪問記を読むと、生きることを望みながら叶わなかった人たちの眠る現地へ足を運び、思いを新たにする家族や関係者にとって、その訪問のもつ意味は計り知れないことがわかる。慰霊訪問には日本からの参加者と現地との連絡を含めた緻密な計画が必要なことだろう。激動する世界政治や環境の変化のなか、実現を続けていくには困難も伴うに違いないが、今後の継続を目指す関係者のご努力に、深く敬意を表したい。

第五章

女性の抑留者

一、満洲国の成り立ちと女性の立場

女性抑留者の立場

ソ連では日本人のシベリア抑留は一九八〇年代末まで禁じられたテーマだった。言論の自由がないなかでソ連の研究者によるシベリア抑留問題の解明はありえなかったし、国民も一方的な歴史観を植えつけられていたので問題の所在を知らなかった。また抑留者（捕虜）を扱った内務省、国家保安省などの弾圧機関の活動そのものが深いヴェールに包まれていたため、共産党独裁体制が続く限りは、抑留問題の真相が明らかになり、ソ連政府がその非を認めて謝罪することはあり得なかった。しかし、一九八五（昭和六〇）年にミハイル・ゴルバチョフがソ連共産党書記長に就任してペレストロイカ（改革）とグラースノスチ（情報公開）を進めてから、思想言論の自由が認められて、ソ連で初めて自由な歴史研究が可能になった。一九九〇（平成二）年七月の『文藝春秋』に研究者のキリチェンコのインタビュー記事がのり、「非はわがソ連にあり」と正面から自国の非を認めたことは、大きな変化だった。[1]

そのなかで、女性抑留者の存在が初めて言及されたのは一九九一年とされている。[2]これは海軍大佐で、法学者、軍事史家のウラジミール・ガリツキーによるもので、ソ連崩壊直前の一九九一年三月にロシアの軍事雑誌に女性抑留者に関してロシア側の複数の公文書を発掘した結果の分析として発表された。それをもとに『女たちのシベリア抑留』（文藝春秋、二〇一九年）の著作のある小柳ちひろ氏は、女性抑留者の総数を次のように著書にまとめた。[3]

戦時捕虜として捕らえられた女性三六七人

そのうち、

地元勢力に引き渡された者[4]一一〇人

収容所に送られた者一五五人

解放された者一〇二人（日本人の女性捕虜は、普通は日本人会の代表が受け取り証にサインして引き渡された）[5]

『満洲からシベリア抑留へ――女性たちの日ソ戦争』（人文書院）の著作のある生田美智子氏は、ロシア語文献、モンゴル語文献、日本語文献を駆使して次のように推察している。

短期女性抑留者　三〇〇人以上
全体の女性抑留者　三〇〇人から五〇〇〇人ぐらい(6)

果たしてソ連側に女性を抑留する意図があったのか、という点について、小柳氏は日本人抑留者問題研究の第一人者であるアレクセイ・A・キリチェンコ氏に聞いた。氏は、ソ連軍のなかで女性捕虜に関して統一された指示はなかったはずで、現地の移送指揮官が、自分の裁量で決めたのだろう、そして、できるだけ多くの人を捕えて収容所に送ろうとした時点で、おそらく女性がたまたま混ざってしまったのだろうと説明している。

軍人という立場で捕虜となった男性たちは集団として公的な扱いを受けたので、その記録が残ったが、女性の抑留者は主に看護婦として従軍していた人たちやたまたま満洲国に住んでいたというケースがほとんどで、そのような立場はなかった。家族や隣人を守り、より良い社会のために努力をしていた真摯な毎日は、突然襲ってきた日ソ戦争によって音をたてて崩れ落ち、救済は放置された。家族と離れ離れになり、異文化のなかで味わった不安と孤独。帰国後も無言のままに過ごした心の傷はどんなに深かったことだろう。「女性たちは舞鶴にいる間に、シベリアの真実を伝えるのは容易ではないこと、語らない方がいいこともあることを、心に刻んだ。(7)」この文章が、すべてを言い表している。

以上のような理由から、女性の抑留者に関する資料は少ない。まとまった著述は、近年明らかにされた小柳ちひろ、生田美智子両氏の二冊の本だけである。

さまざまな事情から抑留者となった女性たち……この章では、まず女性たちが暮らしていた「満洲」についての理解を深める。そのために、まず、第二次世界大戦の勃発からの歴史のあらましをたどり、当時の日本にとっての満洲の位置づけと、満洲国誕生の背景となったソ連と中国との関係を考察する。その後に満洲にいた女性たちがどのようにして困難に陥り、抑留へと至ったかを探る。歴史的な経緯の部分は、おもに生田氏の資料を参照した。

満洲国

女性らが住んでいた「満洲国」(一九三二年に誕生した日本の傀儡国家《かいらいこっか》)(8)は抑留の舞台となったが、私を含めて日本の戦後世代や現在の若い世代は満洲国誕生についてあまり知らない。またその背景となった東アジアでの日本の歩みの歴史は馴染みが薄く、その時代背景を鮮明に理解しているわけではない。しかし、それは第二次世界大戦へのソ連参戦、そして日本人のシベリア抑留へと至る鍵を握っているため、重要な基礎知識となる。

満洲で起きた日ソ戦争は日露戦争(9)を発端とし、さらに日本のシベリア出兵(10)、張鼓峰事件(11)、ノモンハン事件(後述)での日ソ間の戦火へと続いた。日本の朝鮮半島進出とそれに伴う日中関係も複雑に絡みあっていた。ロシア人のコサックや冒険家が毛皮や金を求めて地続きのシベリア大陸を征服し、カムチャッカ半島に達して海を隔てた日本の隣国となったのは、一七世紀半ばにさかのぼる(12)。ここでは、まず第二次世界大戦(一九三九―四五)以降にしぼって簡略な東アジアの歴史をたどり、満洲国建設とその崩壊に至る流れを追う。

第二次世界大戦の勃発

枢軸国(ドイツ、イタリア、日本)と連合国(フランス、イギリス、アメリカ合衆国、ソビエト連邦、中国)の二つの陣営に分かれて戦われた第二次世界大戦は、世界のほとんどの国を巻き込んだ大規模な戦争となった。

第一次世界大戦は「勃発《ぼっぱつ》」したといわれるのに対して、第二次世界大戦は「引き起こされた」ともいわれる。この意味でチャーチルは第二次世界大戦を「不必要な戦争」と呼んだ。ヨーロッパではドイツ・イタリアが行動を起こした。一九三九年九月一日、ドイツ軍がポーランドに侵入したので、三日イギリス・フランスはドイツに宣戦布告した。ドイツは一九四一年六月、さらにソ連を攻撃し、米英ソの接近をもたらした。

一方、東アジアでは、一九三七年七月の盧溝橋事件を機に日中戦争が始まり、さらに一九四一年一二月八日の日本の対米英宣戦布告によって、日中戦争が太平洋戦争（太平洋とその周辺で日本が連合国と戦った戦争）に拡大発展した。中国は翌九日に日独伊に、さらに独伊は一一日にアメリカに対して宣戦布告をし、ヨーロッパでの戦争とアジアでの戦争が連結した。その結果、一九四一年一二月には、連合国対枢軸国という基本的な対抗関係が明確化され、文字通りの第二次世界大戦となった。

その間、一九四一年四月一三日には日ソ間に五年間有効の中立条約が成立し、一方が軍事行動の対象となった場合に、他方は当該の全期間にわたって中立を守ることが約束されていた。戦争の終結に向けて日本はこの条約を頼りにソ連の仲介を模索していたが、その信頼関係は机上の空論であった。

東アジアでは日本が積極的に中国に侵略を積み重ねつつ、第二次世界大戦を「引き起こした」とされている。太平洋戦争へと至った日米対立の主要原因は中国問題にあった。一九三七年七月以来日本は中国に対する全面的攻撃を始めていたし、さかのぼれば一九三一年九月、満洲（中国東北部）で軍事行動を起こし、一九三二年には日本の傀儡国家「満洲国」を樹立していた。[13]

満洲事変後の背景

一九二九年、世界恐慌に直撃された日本は、政治的、経済的に深刻な危機に陥った。日本は資源を持たない国なので、石炭、石油、鉄などを得るために鉱物資源の豊富な満洲に進出した。満洲、とくに南満洲は、日本が日露戦争後に長春《ちょうしゅん》（寛城子）―旅順《りょじゅん》間の鉄道およびその付属の利権を獲得して以来、日本の資本投資・商品市場・重工業原料供給地となり、特殊権益地域、日本の「生命線」として重視されていた。

日本は第一次世界大戦後、奉天《ほうてん》軍閥張作霖《ちょうさくりん》を援助しつつ中国内陸部への進出をねらっていたが、一九二八（昭和三）年関東軍高級参謀河本大作《こうもとだいさく》大佐の謀略により張作霖が爆殺される事件が起きた。先年来の日本の山東出兵や済南事件もあり、満洲では帝国主義的利権の回収運動や日本商品排斥運動が激化した。

南満洲鉄道株式会社(満鉄)

中国東北部(以下、歴史的用語として満洲と表記)は、一九〇六年に設立された半官半民の国策会社である南満洲鉄道株式会社(満鉄)によって経営されたと言っても過言ではない。満鉄は日露戦争で日本の得た東清鉄道の一部(長春~旅順)と撫順炭鉱・鞍山製鋼所を中心に交通、鉱工業、商業、拓殖などの付属利権の多角経営に携わって多くの利権を得ていた。

日露が進出する前の満洲では交通の大動脈は河で、各地の物質は馬で河沿いの拠点都市まで運ばれたが、鉄道の出現で流通網は大きく変わった。満洲の大動脈として行政権や警備駐兵権を持ったのが東清鉄道であり、その南部支線の一部をロシアから譲渡された日本はそれを満鉄とし、その満鉄を中核として日本の満洲は満洲事変以後全満に勢力を伸ばした。しかし満鉄は一九四五年の敗戦によりソ連軍に解体され、全資産を接収され、一二月三一日に満鉄社員は全員解雇された。ソ連軍は日本の降伏直後から、満鉄社員などを使って大型の産業機械から事務所の机に至るまでをソ連国内に搬送し、日本資産はソ連の戦利品となった。一九四六年のアメリカのボーレー調査団の旧満洲での調査によると、ソ連占領による満洲の損失額は八億九五三万ドル、その翌年の再調査では、約一二億ドルと推計された。独ソ戦で国土が荒廃したソ連は、アメリカとの冷戦が始まるなかで、国土を急速に復興させる必要があった。

中国の東北地区(旧満洲)は、当時中国のなかでもっとも開発が遅れていたが、二〇世紀に入ってからは急速に発展して、新中国誕生後は重工業地帯として中国を支え続けた。その産業経済の基盤や技術者らの人材には、満鉄が物的・人的両面から貢献した事が大きい。(14)(15)

満洲事変(一九三一)と第一次上海事変

当時の満洲市場は日本の対外投資の七割に達しており、とくに工業製品の重要な輸出市場であるとともに、農産資源や鉄・石炭・アルミ原料の供給地でもあった。

一九三一年九月一八日、奉天郊外の柳条湖で、南満洲鉄道の線路が同地に駐屯していた関東軍により爆破された（柳条湖事件）が、関東軍はこれを中国軍の行為だと主張して、張学良軍の宿営地と奉天城を攻撃した。日本政府は若槻礼次郎首相が不拡大方針を取ったが、関東軍はさらに独断で軍事行動を進めた。事態があまりに拡大したので、日本政府は追認するほかなかった。関東軍は一九三一年中にほとんど無抵抗の中国軍を掃討し、満洲のほぼ全域を占領し、翌一九三二年満洲国を成立させた。一九三三年には熱河省を占領して塘沽《タンクー》停戦協定を結び，満洲国に編入した。

関東軍は一九一九年四月、独立の在満軍事機関として発足したが、鉄道守備に止まらず、日本の在満権益を軍事力によって保護する役割、対ソ連戦略の主体としての役割をもっていた。しかし、その兵力は満洲事変前には約一万四〇〇名しかなかったので、中国東北軍約一九万と比べると、兵力差は歴然としていた。そのため満洲事変は、政治的にも軍事的にも中国のトップの地位にあった国民政府主席、陸海空軍総司令官の蒋介石と、東三省（遼寧省、吉林省、黒龍江省）と呼ばれた東北部の実質的な支配者で、東北辺防軍司令官の地位にあった張学良の二人の留守を狙って計画された。(16)(17)

満洲における日本の行動は中国以外の諸列国から激しい非難を受けることはあまりなかったが、上海事変が勃発すると事態は急変する。関東軍は中国の抗日運動を抑えるために中国人を買収し、一九三二年（昭和七）一月、日本人僧侶《そうりょ》を襲撃・死傷させ、抗日運動の中心地上海に険悪な情勢を作りだした。これには、前年に起こった満洲事変に対する国際社会の注目をそらし、中国全土の抗日運動を弾圧する狙いがあった。五月に停戦協定が結ばれ、日本軍は撤退。この間、三月に「満洲国」が発足したが、この第一次上海事変は、中国の抗日意識や欧米列強の対日警戒心を一挙に増大させる結果を招いた。(18)

日本政府はのちに関東軍の作った既成事実を追認した。中国の提訴を受けた国際連盟はリットン調査団を派遣し、この事実を日本の侵略と判断したため、日本は一九三三年に国際連盟を脱退。日本ではやがて軍国主義化が推進されることになる。

満洲国と日本

満洲とは現在の中国東北三省（遼寧《りょうねい》、吉林《きつりん》、黒龍江《こくりゅうこう》）で、一九二九年までは遼寧省は奉天《ほうてん》省といわれていた。「満洲国」成立後は、熱河《ねっか》省も加わった。一九四〇年一〇月の「満洲国」臨時国勢調査によれば、面積約一三〇万平方キロメートル、人口約四三〇〇万人、うち在満日本人は約八二万人であった(19)。

清《しん》代以降、満洲と呼ばれるようになったこの地方は、古来、北方遊牧民族と漢民族の争奪の地であった。清朝が中国全土を支配すると、まずロシアがこの地に侵入してきて、黒龍江以北およびウスリー河以東の地を奪った。遅れて日本の進出が始まり、ついに一九三一年、軍事侵略を開始し、翌年「満洲国」を作り、完全植民地として一九四五年まで支配した。今日、満洲の名は廃され、かわって中国東北と呼ばれるようになっている(20)。

「満洲国」は、一九三二年、満洲事変により日本の関東軍が満洲進出の前進基地、さらに中国革命の波及を阻止する拠点として中国東北三省および熱河省につくりあげた傀儡《かいらい》国家（統治していても、外部の政権、国家に事実上は支配されている国家）である。首都は新京（現在の長春）。一九三二年三月、清朝の廃帝、愛新覚羅溥儀《あいしんかくら・ふぎ》を執政として満洲国樹立を宣言。同年九月、日本は日満議定書を結び同国を承認。一九三四年より帝政がしかれ、最高諮問機関に参議府、行政機関に国務院が置かれた。国務総理、各大臣には満洲族があてられたが、議会にあたるものはなく、実権は関東軍司令官が掌握し、駐満大使、関東庁長官を兼任していた。建国当初は日、漢、満、蒙、鮮の五族協和による王道楽土の建設が理想とされ、関東軍は財閥の資本進出を排した。しかし、軍事的観点からも石炭、鉄鋼、機械、化学工業の導入が必要となり、日産コンツェルンの誘致にみられるように、逐次民間資本の投下が歓迎されていった。その後、日本の資本進出がめざましくなった。

日本のハルビン領事館によれば、一九三二年、満洲国建国後の日本人居留民は五〇〇〇人、翌年に九〇〇〇人、一九三五年五月に一万八〇〇〇人。一一月に二万七〇〇〇人と急増。一九四三年には八万六〇〇〇人となった(21)。そして、ハルビンは、ソ連及びヨーロッパとの貿易、交流の中心となっていった。一九三六年にハルビン交響楽団がロシア人を主体に結成され、ヨーロッパの演奏家もしばしば訪れていたし、ハルビン・バレエ団も活躍した。これらは、亡命ロシア人たちの財産家が支えていた。そして、都市ハルビンは渡満した日本人の新しい夢や希望を約束するかのような、美しい街路樹の並ぶ緑に満ちた街だった。中国東北地方に忽然として出現した満洲国だったが、日本の敗戦直後、一九四五年八月一八日、皇帝溥儀の退位宣言と共に卒然と姿を消した。その生命はわずか一三年三ヵ月余だった[22]。

盧溝橋事件／北支事変（一九三七）と日中戦争への拡大

盧溝橋事件とは、一九三七年七月七日、北平《ペイピン》（現在の北京）郊外の盧溝橋で演習中の日本軍とこの地に駐屯していた中国軍との間に起きた発砲事件のことで、中国では、「七・七事変」ともいい、日本政府は当時「北支事変」と称した。九日の停戦の合意にもかかわらず、一〇日夜、再び交戦状態となった。一一日夜八時、現地では停戦協定が成立したが、これより先、同夕六時過ぎに日本政府は「華北派兵声明」を発表。一方の中国側も態度を硬化させ、中国の国民政府を代表する蒋介石は、「満州失陥以来すでに六年、我々の忍耐も限界がある。戦いを求めるわけではないが、戦いには徹底抗戦あるのみ」との声明を発表した[23]。

さらに一九三七年八月、日本海軍の中尉らが射殺された事件を口実に、海軍は南京国民政府を降伏させるために上海の中国軍を攻撃した（第二次上海事変）。日本軍はふたたび苦戦に陥ったが、同月陸軍二個師団を派遣、全面的な戦争を展開した。以後、中国国民政府も対日抗戦に傾き、八年に及ぶ日中戦争に発展してゆく[24]。

ノモンハン事件（一九三九）

日ソ関係をさらに硬直させた事件として、満洲国とモンゴル人民共和国の国境ノモンハン付近でおこった日ソ両軍の大規模な武力衝突事件がある。結果は、日本軍の惨敗に終わった。ノモンハンは満洲国の西北部にあり、外モンゴルとの国境が不明確な国境紛争の発生しやすい地帯であった。一九三九年五月一一日、ノモンハン付近で満洲国警備隊と外モンゴル軍が交戦したのが事件の発端になった。参謀本部と陸軍省は当初から事件不拡大の方針をとったが，現地の関東軍は中央の意向を無視して戦闘を続行、拡大し、外モンゴルとの相互援助条約に基づいて出兵したソ連軍と激戦を展開した。七月一七日の五相会議では不拡大方針と外交交渉開始が決定されたが、交渉の開始が遅れているうちに、八月下旬にはソ連機械化部隊の大攻勢がおこなわれ、日本軍は大敗し、第二三師団は壊滅した。ソ連とドイツが一九三九年八月二三日に突然結んだ独ソ不可侵条約の締結の影響を受けて、急遽九月一五日に停戦となった。(25)

日ソ中立条約（一九四一）

一九四〇年九月、日独伊三国同盟が締結されると、日本と英米との対立は決定的になり、日本はソ連との国交を調整する必要に迫られた。その結果、一九四一年四月、日ソ中立条約が調印された。有効期間は五年。相互不可侵および、一方が第三国の軍事行動の対象になった場合の他方の中立などを定めた。一年前までにどちらかが破棄しなければ、さらに五年間の延長が見込まれていた。日本は不可侵条約を望んだが、ソ連は中立条約を主張した。のちにソ連が中立条約を破棄して突然の対日参戦に踏み切ったとき、南樺太と千島を占領したことは、ソ連の領土欲を表している。(26)

日中戦争（または支那事変）（一九三七—一九四五）

一九三七年七月の盧溝橋事件に始まり、一九四五年八月、日本の降伏で終わった日本と中国との全面戦争は「日中戦争」と呼ばれているが、一九四一年一二月からの太平洋戦争の期間は含まない見解もある。中国では一般に抗日戦争と呼ぶが、第二次中日戦争という言い方もある。日中戦争が始まると、一年余の間に日本軍は、中国の主要都市と交通路のほとんどを占領したが、広大な農村や四川省などの奥地は支配できなかった。大規模な作戦が展開不可能になると日本軍は占領地確保に重点を置き、兵力漸減の方向を打ち出したが、難しい状況となった。他方中国側も全面的反攻はできなかったため、戦争は持久戦となった。日本軍は激しく攻撃を続けたが、正規軍との戦いのほか、一人ひとり立ち上がった農民との対決に苦慮した。これは中国の抗戦力の奥深い源泉だった。

中国とソビエトの接近

日本との武力衝突が発生すると、中国はソ連からの軍事支援調達を急いだ。一九三七年七月一九日には、ボゴモロフ駐華ソ連全権代表の下に蒋介石からの武器注文の要望が伝えられると、二一日に中ソ不可侵条約が調印された。一九三七年一一月一八日のソ連の最高指導者スターリンらと中国代表団の会談記録によると、中国側は技術が足りないことを認め、日本の後方が疲弊した後、ソ連が対日戦争に踏み切る期待を表明した。そのとき、ソ連側は即刻の戦争介入は希望せず、中国への勝利の期待を伝え、日本が勝利するなら戦争に踏み切ると明言している。(27)

ソ連側は東アジアの現状維持を模索していたのに対し、中国側はスターリンの時代になってから重工業化を推進し軍事大国となっていたソ連からの軍事支援を強く望んでいた。中ソ軍事協力に関する議論はすでに盧溝橋事件前からおこなわれており、ソ連にとってもまた、軍事支援を通じて、西安事変以後の蒋介石の再反共化を抑制すること、中国の軍事力強化により日本の侵略を牽制すること、支援の見返りとして中国からタングステンや錫をはじめとする金属資源を得ることが見込まれていた。その後中国への兵器供給で合意に達し、モスクワで、ソ連が二二五機の航空機を提供すると決定された会談記録が残されている。また、一億元のクレジットと納品後六年の支払い期限が、それ以前に合意に至っていた。

日中戦争が長期化すると、中国側はソ連に支援の拡大やソ連兵の参戦を求めるようになった。しかし、ソ連側は参戦への準備が整っていないことを示唆し、中国がソ連に対してさらに支援要求を強めることを牽制するために、中国国内の軍需生産の拡大を提言した。このようなソ連の中国への積極的援助に対して、米・英はこの時点では日本に対して宥和《ゆうわ》的な態度をとっていた。(28)

日中戦争の終焉

一九四一年一二月八日、日本が太平洋戦争に突入したとき、すでに日本は中国との戦いで戦死者約一八万、戦傷病者約四三万を出していた。太平洋戦争の初戦における勝利は華々しかったが、一九四二年六月、ミッドウェー海戦で主力空母四隻を失うという大敗北を喫した。このように米・英との戦いを始めた日本は、中国戦線から兵力の一部を引き抜いて南方へ転出させせなければならなくなり、一方、開戦前から中国を支援していた米・英は、国民政府に対する軍事援助を本格化させた。

日本はなお幾度かの大規模な作戦を試みたが、長期にわたる中国の人々の抗戦に加え、ソ連・米・英の援助、さらに解放区・国民党地区での日本人に対する反戦運動、朝鮮人の抗日闘争などがあったため、中国に対する軍事的勝利は得られなかった。そして一九四五年八月、アメリカによる二発の原爆投下、ソ連・モンゴル軍の参戦により、中国にあった日本軍をはじめとする日本は降伏し、日中戦争を含む第二次世界大戦が終結した。「満洲国」と南京の「中華民国」は、日本の降伏とともに崩壊し、台湾と朝鮮は日本の植民地支配を脱した[29]。

こうして、朝鮮の支配や台湾の領有をめぐって一九世紀末より続いた日本と中国との長い抗争は終止符が打たれた。広大な中国の権益は西洋諸国にも多大な利益をもたらすものであったが、なかでも東アジアと地続きだったロシアには戦略的に重視する理由があった。

歴史での位置づけ

こうして学んでみると、「シベリア抑留」は長い間にわたって形作られた東アジアにおける国際間の政治抗争に起因していたことがわかる。世界で英国やオランダなどによるアフリカ、アジアの植民地政策による国力増強が進むなか、日本はアジアでの優位を目指して侵略性の強い行動をとった。それは火種となって、突然国内外の日本の民衆を襲い、不幸に見舞われるというケースも多くあった。軍国主義が導いた国の運命のなかで、満洲や樺太にいた人たちは状況を把握するすべもなかった。シベリア抑留者となった多くは軍人だったが、当時満洲国の一般の居住者だった男性や満洲開拓団の少年たちも巻き込まれた。また女性の抑留者となった人たちの殆どは、満洲の地で家族と平凡に暮らしていた民衆だった。こうして「日本」に加害者と被害者の要素が微妙に重なりあっていたこの時代を理解するのは難しい。限られた情報の下に未来を夢見て渡満した人も多い。一歩外側から見たとき、この歴史はどのように世界の歴史となっていくだろう。

ここから取り上げる女性の抑留者たちの置かれた立ち位置には、以上のような背景があった。政治参加は難しかった女性たちは、指示に従って自分の最善を尽くす生き方をしていた。しかし、どんな戦争でも、勃発すれば女性と子どもと老人はなす術もない。そこには壊滅的な不幸が待っている。

満洲へ渡った女性たち

どんな女性たちが満洲へ渡ったのだろうか。『満洲からシベリア抑留へ――女性たちの日ソ戦争』では、次のように紹介されている。

まず、一八九八（明治三一）年に宮本チヨという天草出身の若い女性が、ウラジオストクでロシア人医者プレチコフの家政婦をしていた。海に向かって開かれた天草の人間は、海外に出ることをためらわなかった。のちにプレチコフの赴任地でロシア植民地だったハルビンについていったチヨは、ロシア人に顔が利き、草創期のハルビン日本人社会の女王的存在になった。明治、大正、昭和を通じ満洲に渡った数百万の日本人すべての先駆けとなったのは、このチヨという女性だった。

その後一九〇四–五年の日露戦争の結果、日本は南満洲を勢力圏下においた。そして中東鉄道の南部支線を手に入れ、南満洲鉄道株式会社を設立させた。それと同時に、たくさんの売春婦が満洲へ流れた。また、満鉄や国策会社に勤務する男の妻や子どもたちも鉄道附属地に住むようになった。一九〇七年には日本総領事館が開設され、三井・三菱という大商社も入った。その頃のハルビンは日本人風俗女性に満ちていたという。一九一七年にロシア帝国が崩壊すると、満洲へと逃れてきた白系ロシア人がそれに加わった。

満鉄が発展すると、そこには土木会社や商社、商店の女性従業員や女中が増え、満鉄婦人職員組合もできて、満洲には新しく「職業婦人」が増えていく。満洲は自由な空気に満ちており、のびのびとしていた(30)。

一九三二年に、日本の傀儡国家満洲国が建国された。公用語は日本語だったので、満洲ブームとなり、たくさんの日本人が加わった。そのとき満洲に来た女性たちにはエリート官吏や商社マンの家族として行った婦人たちがいて、日本人だけで固まって生活し、地元民を下に見て、地元の住民社会には溶け込まず、それ以前に渡満した女性たちがある程度地元に溶け込んでいたのとは対照的だった。

なかには新天地で働くことを生きがいとして自ら渡満した女性たちもいて、教師、薬剤師、タイピスト、電話交換手、看護婦などの専門職についた。日本の因習が及ばない自由な空間で、自己実現の理想を追求した新しいタイプの女性たちは、学校を出ると働くことに興味をもち、街に、会社に、デパートに、マイクに向かい、試験管を傾け、或いはバスに、或いは飛行機に、街を走り、大空を翔ける。あらゆる職場に、男たちのよきリリーフとなって活躍した。

満洲国時代に「大陸の花嫁」と呼ばれた女性たちもいた。着物にもんぺ、割烹着を着た姿や、大陸の花嫁と花婿の集団結婚式の様子が『満洲グラフ』などの雑誌に載った。彼女たちは大陸に日本人を増やし、農業労働により満洲国を豊かにするアイコンとなった。このように農作業に従事する日本人女性が、満洲国を豊かにする農業労働の象徴としてもてはやされた。これは日系満洲人になるという発想ではなく、他国に日本の飛び地を作ろうとするもので、「百万戸は純粋な大和民族の純潔を保持せる者によって構成されねばならない、一摘出の混血も許されない」「日本婦道をもって満洲の新天地を覆いつくす」（女子拓殖指導者概要）のような概念が注目された。つまり、「大陸の花嫁」は、純潔大和民族の子孫を産む手段として送られたのだ。この背景となったのは日本政府の「開拓移民」政策だった。だが、実際にはそれは、初期は関東軍が、のちになると「満洲拓殖公社」が現地中国人農民の開拓地を安く買いたたき、彼らを追い出して日本人移民に払い下げていた。そのため現地住民は激しく抵抗し、開拓民の定着は容易ではなく、「屯墾病」と呼ばれるノイローゼが蔓延した。そして、敗戦となったときに現地住民の不満が一気に開拓民に向けられることになるとは、誰も想像できなかった。

「大陸の花嫁」のように「大陸の母」と呼ばれて渡満した女性たちもいた。それは一九三八年四月に発足した「満蒙開拓青少年義勇軍」制度に勧誘され、敗戦までに満洲に送り込まれた約一〇万人の数え歳一六－一九歳の青少年の心身の異常を落ち着かせるために、訓練所の寮母として働き、代理母の役割を担った女性たちで、一九三九年から敗戦までに一七六人が満洲に移った。

生田氏は、開拓移民政策のなかで役割を担って渡満したこれらの女性たちにとって、満洲での開拓そのものが、現地住民が開墾した土地を使用し、その住民を使用人とするという特権意識で成り立っていた矛盾だったということを指摘している。やがて開拓団の成人男性が根こそぎ関東軍に召集されて南方へ送られてしまうと、この女性たちは、ソ連国境近くに無防備のまま放置された。さらに日ソ戦争が始まったとき、ソ連人からの性的暴力の対象になった他、それぞれの運命が守られるすべがなかったことと同時に、日本人の侵略的行為が現地住民からも制裁の対象となって満洲からの逃避行は凄惨な場となった。そのなかからシベリアへと抑留された女性もいた(31)。

与えられた役目を精一杯こなすということは当時の女性の生きがいだっただろう。しかし、すべてを内包していた満洲そのものが、先住の人々の自由を剝奪した上の危険な選択のなかにあった仮の場であったことは、十分に知られていなかった。そして思いがけない暗転があったとき、女性たちの運命は危険にさらされた。

満洲の婦女子と満蒙開拓平和記念館

長野県にある「満蒙開拓平和記念館」のホームページには、満洲へ渡った開拓団の末路についてこのような記述がある。

一九四五年八月九日、ソ連侵攻で満州は戦場と化し、開拓団の人たちは広野を逃げ惑います。戦力で圧倒的に勝っていたソ連軍に加え、日本の敗戦を知った現地の人たちも各地で暴動をおこし日本人を襲撃しました。

逃避行を余儀なくされた人々は、満州の広野でコーリャン畑に身を潜めながら歩きました。力尽きた母親が我が子を山に置いてきたり、川に流してきたり、手りゅう弾で殺してもらったという話もあります。また追い込まれた人々の壮絶な集団自決も多発しました。

敗戦国となった祖国日本からは何の援助もなく帰る手段もありません。難民となった開拓団の人々は収容所生活のなか、寒さと栄養失調、疫病で大勢亡くなりました。子どもを中国の人に預けたり、売買もされたといいます。「中国残留孤児」という言葉を聞いたことがあるでしょうか。背景には壮絶な歴史があったのです。

満州国へ渡った農業移民、満蒙開拓団は全国から約二七万人。そのうち約八万人が犠牲になりました。なかには青少年義勇軍として組織された少年たちもいました。

「満蒙開拓」は国策として大々的に宣伝され推進されましたが、戦後はあまり語られてきませんでした。それは、あまりに壮絶な体験なのでご本人たちが語ろうとしなかった、地域のなかには満州行きを進めた立場の人もいて責任を問われていた、開拓団が手に入れた土地のなかにはもともと現地住民の農地だったものもあった、などさまざまな背景がありました。(32)

夫や息子たちがシベリアへと連れて行かれて、ようやく日本へ戻った女性たちは、彼らの安否がわからないまま、女手一つで子どもたちを育てあげた。戦後の動揺と混乱のさ中での不安と労苦は想像もできない。「シベリア抑留」のテーマを学び始めてから、私は多くの方々にお会いしたなかで、満洲からなんとか日本へ帰ってきたご家族のご苦労を知った。

国際社会で活躍されていた志岐眞弓さん(旧姓佐々木)もそのお一人だ。お母様の佐々木奈可さんは満洲からの命からがらの引き揚げの悲哀の歴史を心の奥底に潜めて生き抜いた方だった。奈可さんは一九四五年八月、三一歳のときに義母、義弟の妻、五歳の息子、一歳の娘を連れて瀋陽から引揚船が出航するハルピンへ向かう途中で拘束され、後日、引揚げ船の中でその家族四人は全員亡くなり、その遺髪を持ち帰り九州門司港へ帰還した。二〇〇一年に八六歳で亡くなられた最期の日々にも、失った息子と娘の名前を呼んでいたという。

満洲国からの引揚者には、小澤征爾（一九三五―二〇二四）（指揮者）さん、森繁久弥（一九一三―二〇〇九）（俳優）さんをはじめ、山田洋次（一九三一―）（映画監督）さん、加藤登紀子（一九四三―）（シンガーソングライター）さんなどもおられ、日本の文化に新鮮な息吹を吹き込んだ。

中国残留孤児

敗戦と同時にソ連からの不意の攻撃があったとき、満洲にいた殆どの日本人成年男子はシベリアへと拉致されてしまった。そして残された婦女子は、国家の保護を失い、突然の危機のなかで未だかつてない大きな決断や行動力を迫られた。なんとか日本に帰るための苦悩……。略奪、強姦を繰り返すソ連兵に見つからないように、髪を切り、男の格好をし、さらに赤子の泣き声を自ら断ち切らなければならなかった母親や、集団での自決によって敵から身を守った女性たち。また、旅の途上で子どもを見失った人もいる。それらソ連兵たちの多くは元囚人で、ドイツとの戦いの後、休む間も無く日ソ戦争に送り込まれており、疲弊していたために、その行動には節操がなかった。

そのように混乱のなかで家族と離れ離れになり、引き揚げのチャンスを逃し、中国社会に留まった子どもたちは、「中国残留孤児」と呼ばれるようになった。

私がシベリア抑留について調べるきっかけを作ってくださった写真家の新正卓さんは、一九三六（昭和一一）年生れで、九歳のときに旧北満で敗戦をむかえ、悲惨な逃避行のなかでご自身が残留孤児になったかもしれない経験があるだけではなく、母親がわりの乳母、ユキさんが行方不明になった。その後、ユキさんから戦後三〇余年ぶりに突然便りがあり再会したという。

一九七二年に日中国交が回復し、一九八一年三月に厚生省の手で肉親探しのための訪日調査が始まって、第一陣四七名のうち二六名の身許が判明して以来、毎年二、三回のペースで肉親探しのための訪日調査がつづけられて新聞・

テレビに大きく報道された。その頃、新正氏は残留孤児一人一人の肖像画を丹念にとって電話帳のように編集した『私は誰ですか』という写真集を全国へ配布されたことを話してくださった。その写真集から手がかりを得て家族との再会を果たした人がいたことを聞いて、人間愛について深く考えさせられたことを思い出す[33]。

中国残留孤児研究を専門とする張嵐氏へのインタビューによれば、彼らは中国人養父母に拾われ、中国人家庭のなかで中国人同様に育てられた。しかし一九七二年九月の日中国交正常化を契機として、多くの中国帰国者が日本に帰国するようになった（中国帰国者とは、「中国残留孤児」、「残留婦人」、「残留邦人」、「同伴家族」など、日本に帰国・来日した者の総称で、一九四五年八月九日時点で、一三歳未満であった者を残留孤児、一三歳以上であった女性を残留婦人、一三歳以上であった男性が残留邦人と呼ばれている）。厚生労働省の統計によれば、国交正常化から二〇一七年六月三〇日までに、永住帰国した中国帰国者の総数は六七二〇世帯、二万九〇〇〇名で、そのうち、残留孤児を含む世帯は二五五六世帯（九三七七名）だった[34]。

中国残留孤児は日本人として生まれたが中国で育ったので、母国語は中国語となり、中国文化の影響を受けて育った。そのため、彼らの日本への永住帰国には、日本語の問題をはじめとして、さまざまな帰国後の生活の課題があった。また、残留孤児が帰国する際には中国の養父母の同意が必要だったが、日本人の子どもたちを「自分の子どものように育てた」という養父母たちは、そのとき涙しながらも、別離の悲しみのなかで孤児の永住帰国を認めたという。張さんは、中国語で養父母たちに貴重なインタビューをおこなった結果、養父母たちが終戦後、敵国日本の子どもを引き取り、戦後の貧しい生活と文化大革命の恐怖に耐えながら養子を育てたのは、「残留孤児を一人の日本人として引き取ったというより、一人の人間として引き取った」と結論づけている。多くの場合が「子どもがかわいそう。助けないと死んでしまう」「戦争は国と国の間のことで、子どもたちとは関係ない。」といった人間として手を差し伸べた暖かな行為だったといえる。国家間の戦争に揺さぶられた中国残留孤児の生きざまは、小説『大地の子』（山崎豊子著、文春文庫、一九九四）にも詳しい。

張さんの研究では、それぞれの残留孤児が「自分を日本人と思っているか、中国人と思っているか」というアイデンティティの多様性についての細かい観察のほか、残留孤児の九割が集団で関わった日本での国家賠償請求訴訟の詳細や、老いていく養父母のいる中国へ残るか、日本へ帰国するかという選択を巡って、残留孤児一人ひとりにさまざまな心の揺らぎがあったことが細かく捉えられている。さらに、日本で生まれた中国残留孤児二世が、日本語は習得しても、日本の文化・習慣などに関しては家庭で伝承される知識に乏しく、日本社会のなかでマイノリティーとされて、学校などでいじめの経験をして疎外感や劣等感が生まれることも指摘されている。

張さんの指摘では、日本の報道では全体的に中国残留孤児の日本への帰国までの報道が多く、その後の追跡調査はあまりおこなわれない。そのように「これまでの」歴史上の出来事として捉える日本の姿勢と比較して、「中国残留孤児は当時の日本が発動した中国侵略戦争によって生まれた戦争の犠牲者でもあるが、日中友好・国際交流が主流となっている今日、中国のマスコミは、残留孤児のことを「日中友好のシンボル」、「日中の間の架け橋」と位置づけている」と述べている点は興味深い。同じことを相手のやり方で見つめてみると、意外な違いが見えてきて、相互の理解が深まりやすい。一歩引いて受け入れてみることで、新しい豊かな結果へと繋がっていくことがある。それは私がアメリカ社会で見てきた多様性のある文化が共存するための切り札だ。

二、女性抑留者

女性の抑留者の存在

シベリアへと抑留されることになった女性たちにはそれぞれの事情があったことが少しずつわかってきている。長い日本の歴史のなかで形成された弱者としての女性の立場を省みながら、その足跡をたどってみたい。

一番初めに私が女性の抑留者の存在を知ったのは、二〇一四年七月二六日の『読売新聞』で、「看護婦の証言」という記事だった。[35]

ついで、同年八月にＮＨＫで「女たちのシベリア抑留」という二回のシリーズが放映され、[36]歴史的事実の裏づけとともに女性抑留者たちの証言が公表された。

とても衝撃的な内容だったので、私は制作中のウェブページに「女性抑留者」の項目を作り、ＮＨＫの番組の概要と『読売新聞』の記事を紹介した。

ＮＨＫの番組「女たちのシベリア抑留」（二〇一四年八月一二日放映）

このウェブサイトに書いたＮＨＫの番組の要約の抜粋を紹介したい。

ロシア軍事アカデミーのウラジミール・ガリツキー海軍大佐は、初めて日本人の女性抑留の問題に触れ、公式にはわかっていないが、第二次極東戦争の捕虜のなかに三六七名の女性がいたと語った。一九四五年一一月一一日までにそのうち一〇二人が解放、一一〇人が中国側に引き渡され、一五五人が収容所に送られた。

ＮＨＫの取材班は日本人抑留者七〇万人の公文書が保管されていたロシア国立軍事公文書館で、八名の女性のファイルを発見した。分類には性別が記載されていないので、抽出が難しい。

それらの女性たちは、終戦時に撤退が間に合わなかった看護婦たち、軍の補助的役割を担っていたタイピスト、秘書、大使館の日本語教師などであった。ロシア科学アカデミー東洋学会会長アレクセイ・キリチェンコ氏によると、女性の抑留に関しては、一九四五年九月二日スターリンの極秘指令九八九八には指示されていない。日本人抑留の目的は石炭、鉄鉱石など資源の豊富なシベリアを開発させる重労働が目的だったので、この指令に書かれていた五〇万人の日本人の抑留の目的のなかには女性は考えられてはいなかったようだ。だが、スターリン文書の目標を果たすために、現場の指揮官が、軍事捕虜として男性とともに女性であっても連行したと考えられる。

そのなかには「反ソ活動計画」という名目で裁かれた受刑者たちもいた。適用されたのは、ロシア刑法第五八条による「反逆罪」。その結果一九四六年から一九五五年まで一〇年の間、帰国のかなわなかった女性もいる。また、日本への帰国後、故郷の人々に「罪人」として後ろ指をさされる恥を恐れ、家族の恥ともならぬよう、獄中よりロシア国籍取得を願い出て、一生日本へ帰らなかった人もある。本当は、当時マッチ箱一つ盗んでも一〇年間の投獄となったソ連の法律をそのまま日本人に適用するのではなく、国際裁判がなされるべきであった。その結果送還されたアレクサンドロフスク監獄は、厳寒のなか、廊下に次々と死体が山積みとなるような場所だったという。

ハバロフスクの近くのコルフォスキー村には、一〇〇人を越える日本女性が収監されていた収容所があった。今はもう建物もなく、当時の事を知っている人は殆どないが、ガリーナ・セレブリャニコワさんは、女性抑留者たちが畑で夏の間じゃがいもや人参を掘っていた姿を覚えていた。「外国の女性だから、とても印象的だった。じゃがいもを掘るとき、自分たちのようにではなく、地面に座って掘っていた。髪は高く結って、はしのようなもので止めていた。みな、若く美人だった。」監視員がいつもついていて、女性たちには自由がなかったので、誰も近寄ることはできなかったという。

このＮＨＫの前編と後編の番組のなかで、高齢となった証言者たちは、今言わなければ風化してしまう悲痛な思いや当時の思い出を、それぞれに次のように語った。

齋藤治《はる》さん：抑留当時一七歳。女学校卒業後、すぐ陸軍看護婦として働いていた。二年ハバロフスクに抑留。ソ連軍が侵攻してすぐ、仲間と引き裂かれ、すぐ「移動だ！」と言われた。いつ殺されるか、何をされるかわからなかった。毎日毎日が死と紙一重で、恐怖の連続だった。「日本に帰す」と言われていたのに、ハバロフスクに着いたら、そこは地獄だった。とくに、一軒家でシャワーを浴びるために極寒の外で仲間全員が裸にされたときには殺されるかと思った。言うことを聞かないとソ連兵士に機関銃を背中につきつけられた。日本人の収容者の病院で看護をしていたとき、夜になると、病人たちが「お母さん！」と呼んでは、やがて死んでいくことが毎晩続いた。一五歳ぐらいの二人の少年が、耐えられず、脱走したときにはすぐに射殺され、その凍った死体がみせしめのため、みなが通らなければならないトイレへの道のまん中におかれていた。この少年たちは、満蒙開拓青少年義勇軍として、満洲開拓と警護を担うために国策によって満洲に送られていた一〇代半ばの少年たちだった。この少年たちには伐採、石切りなどとくに大変な重労働が課され、わずかな食べ物しか与えられないなかで、急速に疲労困憊していった。

高場経子さん：一〇歳のときに家族と一緒に満洲に開拓団として入り、一四歳で従軍看護婦となり、初年兵と同じ訓練を受けた。収容所では、四隅にやぐらが組まれ、その上でロシア兵が銃を持って番をしていた。周りには四重ぐらいに有刺鉄線がはりめぐらされていた。女性も男性に混じって、毎日の労働に駆り出されていた。

松本フミさん：八月九日、不可侵条約を破ってソ連が満洲に侵攻してきたとき、ダブダブの軍服を着て、丸坊主にして、男として逃げる準備をした。ソ連兵に捕まった後は、「ダモイだ」と言われて、二〇人がひとつのグループにされ恐怖に陥ったが、日本人だけの大きな病院についた。チョロプオーゼロ収容所病院だった。そこで、看護婦として働いた。

太田秀子さん：抑留当時一五歳だった。氷点下三〇度の寒さのなかを手袋もせずに働かされた。雪が降っても、外へ薪を拾いにいった。銃を持って、ソ連の監視兵もついてきた。大豆だけのようなわずかな食料で過酷な労働を強いられ、みな次々と栄養失調でなくなっていったので、自分も生きて帰れるかどうかわからなかった。亡くなった人たちの死体が雪のなかに積み上げられていくのを見て、いたたまれなかった。いよいよのときには恥ずかしめを受けないように青酸カリを飲んで、命を断つ覚悟ができていた。「日本の女らしく堂々と死になさい。逆らっても無理だから」と婦長さんに言われていた。だが、現地の人との交流が生まれたこともあった。（いっしょに歌ったロシア語の「カチューシャの歌」をまだ覚えている。）また、汽車でハバロフスクへ行ったとき、「日本のお嬢さん、ここへおすわり」と親切に言ってくれたロシア人もいた。

佐々木一子さん：満洲の役所でタイピストをしていたが、看護婦が足りなくて軍に招へいされた。ロシア軍が侵攻してきたとき、軍とともに行動する事を決めた。父が家族と一緒に行くように迎えに来たが、父とはともに行かず、抑留へ。

井上ともえさん：フィリピンで戦死した兄を思って、自ら志願して看護兵となった。

寺崎のぶ子さん：ソ連侵攻後、満蒙開拓団の人たちが現地住民から襲撃を受けてぞくぞくと大変な格好で逃げて来た。子どもが一緒に逃げられないことから、自ら子どもを手にかけ、自分も自殺した母親たちもいて、悲惨な光景だった。行く先は日本人収容者のための看護病院で、男ばかり一四〇〇人のところに連れていかれた。

高亀カツエさん：従軍看護婦の経験もあり、従軍看護婦養成の班長だったので、捕虜とされてからずっと班のなかの女性たちを思いやって行動していた。女性たちが自分の身に危害が及ぶようなときには、自決できるように、と軍から一〇〇人分の青酸カリを渡された。あるとき、女性の一人がロシアの兵隊に強制的に連れ去られる事件があり、そのとき、「班長、助けて！」という声を聞いた。もう一つの辛い思い出は、ソ連侵攻後に一五〇人の女性たちが部隊といっしょに逃げていたとき、女性たちが軍の行動の負担となっていったため、看護婦はもう用が終わったので解散するように、と言われたこと。本当に命が危険な状態のなかで女性が一人になって逃げ切れることは考えられなかったので、これには必死に反対した。このような経験は、人として、女性として極限状態のものだった。それでも、命を惜しんではいけない、大変な仕事も、始めたら終わるまでやらなければならない、と思って働き続けた。

この番組を見たとき、国の求めに応じて看護婦としての誇りと使命感を持って軍のために働いていた女性たちがシベリアへ抑留されたという急激な立場の変化に言葉を失った。男性中心社会の日本で、女性たちは大きな枠組みを与えられ、その一部に位置していた。しかし、戦争という壊滅的な状況のなかにただ放り出された女性たちは、突如として一人一人が考え、決死の行動の選択を迫られた。その後に体験した無数の悪夢は、帰国後も消えるはずはなかった。
このような状況とは無縁の現代に生きる私たちには、こうした歴史上の事実を実体験に近づけて考える訓練が必要とされる。自然災害や人的災害はいつやってくるかわからない。平和な時間の保障はどこにもない。思いがけない状況に陥ったとき、自分はどうするのか。支えはどこからくるのか。

陸軍に勤務した看護婦

このNHKのドキュメンタリーのディレクターだった小柳ちひろさんは、さらに放映後五年の間の綿密な取材に基づいた『女たちのシベリア抑留』を出版した。シベリアに抑留された多くの女性は看護婦だったが、本のなかで、その点について、詳細な説明がされている。

満洲の陸軍病院に勤務する看護婦には二つの系統があった。一つは「陸軍看護婦」でもう一つは日本赤十字社から派遣された「日赤看護婦」だった。まず、陸軍看護婦は、日本の大学病院に勤務していた看護婦や小さな町医者の助産婦などのさまざまな経歴があった。「志願制」とはなっていたものの、当時、国内の病院はみな戦時体制に組み込まれ、軍司令部から応召を命じる文書が届けば、断ることはできなかった。そして日赤看護婦は、全国にある日赤の養成所で原則三年間の専門教育を受けた看護婦たちだった。日赤は軍の要請に応じて二〇数名で編成した「戦時救護班」を陸海軍の病院や病院船に派遣していた。当時、日赤は毎年数百人から二〇〇〇人を超える看護婦を輩出しており、彼女たちには一二年間の応召義務が定められていた。ときには乳飲み子を置いて出征する場合もあったという。日赤看護婦になることは非常に難しく、合格倍率がときに一〇〇倍を超えることもあり、当時の軍国少女たちにとって憧れの存在だった。(37)

右記の二つに加えて、「挺身隊」(38)として現地で補助看護婦の役割を与えられた少女たちもあった。高校を卒業したばかりのこれら民間の少女たちは、自分から志願はしなかったが、愛国心に燃えていたので、誘いがあれば全員が応じた。そのようにして構成された一五〇人の補助看護婦隊が、のちに「菊水隊」と名づけられた。日赤広島支部の看護婦養成所を首席で卒業し、婦長候補生に選ばれて、東京の日赤本社で婦長としての教育を受けた林正《リンショウ》（のちの高亀）カツエさんは、この幼さの残る少女たちを日赤の看護婦のように厳しく訓練し、そのわずか一ヵ月後に、共に死と隣り合わせの行軍をすることになった。(39)

菊水隊の女性たち

元抑留者の女性たちが自ら語り、書き残した記録は非常に少ないなか、『女たちのシベリア抑留』ではシベリア抑留者のなかに数百人の女性がいたという目撃情報をもとに、女性たちとの連絡を重ね、実際に何が起きたかが確認され、詳しく報告されている。当時のことには触れたくない人たちもいたので、この取材は忍耐強く続いた。以下、その本から、さらに「菊水隊」の女性たちの全体としての抑留経験の概要を紹介したい。

満洲の佳木斬《ジャムス》には佳木斬第一陸軍病院があり、そこに所属する陸軍看護婦（正確には看護婦見習い教育中）や女子軍属からなる「菊水隊」と名づけられた少女たちがいた。日本が敗戦を迎え、満洲で軍人は武装解除となったとき、ソ連兵たちは毎晩、夜になると女性たちを狙ってやってきたので、菊水隊の看護婦たちは悲鳴を上げ、部屋の隅に隠れたり、仲間たちと手をつないで建物の外に飛び出した。周囲が寝静まった頃、天幕の入り口のあたりから一人の看護婦がいきなりソ連兵に引きずり出されそうになったときには、看護婦たちが大声で叫び、近くにいた日本人の衛生兵たちが木刀でソ連兵を撃退した。この頃、師団司令部には、ソ連軍から「女性を差し出すように」との要求が何度も出されていたが、司令部は代わりに牛を一頭つぶして差し出し、「看護婦たちは、万国赤十字法で守られている赤十字看護婦だから、国際法に準じて取り扱うように」と軍医たちとともに説明して難を逃れた。しかし、当時のことを思い出す高祖のぶ子さんは、「ああいうことは、外地で日本の兵隊さんもしたんじゃないかと思います。絶対にあっ

たと思いますよ。だから、絶対に戦争だけはしちゃいけません。」と語った。(40)

性被害はそれ自体が人の存在の根幹を揺さぶる、重大で繊細な出来事であるにもかかわらず、興味本意の風評にも見舞われるため、被害者はさらに深く傷つけられる。そのような傷を抱えて沈黙を強いられた被害者はどれだけいたことだろう。風評を作り上げ、それを無責任に流す無数の人々は、新たな加害者であり、被害者となった人は、生涯重いトラウマに苦しめられ続ける。戦争による被害は建物の破壊や人命の損失だけではない。このように突然刻まれた深い心の傷は、その人のその後の人生の判断や行動をも暗に左右していく。つまり、加害者側の人の幸せを踏みにじる意識の欠如は、見えない多くの不幸を産み出すのだ。

一九四五年八月三〇日、ハルビン市の方正《ホウセイ》の日本軍に松花江埠頭に集合するよう命令がでたとき、菊水隊の看護婦も列になって並び、埠頭に向かった。埠頭には、周辺から集まった関東軍の各部隊の将兵がひしめいており、一〇〇〇人ずつの編成にされて、次々に船で出発している。ソ連兵たちは、「トーキョー・ダモイ（東京に帰れるぞ）」と言っていた。しかし、それは日本軍捕虜のシベリア移送の開始だった。

九月六日に一隻の客船が到着し、佳木斬第一陸軍病院の将兵が乗船した。看護婦もそれに続いたが、六人だけタラップを登ったところで制止された。残りの一四〇人以上の乗れなかった看護婦たちは、いきなり分断された恐怖に包まれた。次の船がいつ来るかもわからぬなかで露営すれば、周りにはソ連兵がひしめいている。その女だけの集団を佳木斬第一陸軍病院で内科病連に勤務していた奥田観士軍医少尉が引率し、看護婦たちは再び方正に向かって道を急いだ。ソ連兵がジープに乗ってやってくる。奥田少尉の掛け声で、看護婦たちは道の両側にある水路やコーリャン畑に滑り込んで身を隠した。いつしか軍服も軍靴もずぶぬれになり、その重さでさらに足取りがもつれた。こうして大勢が危機を感じて身を固くする最中に一人の女性が、ソ連兵のジープに吊り上げられ、そのままさらわれた。みなは方正の司令部にようやく帰り着いたとき、「房江がいない！」と気づいた。上田房江さんは、佳木斬高等女学校を卒業してすぐ、市内の警務総局に勤めていた女性だった。

その後、残りの女性たちは司令部の兵士たちに守られたが、看護婦たちが所属する部隊は、すでに船でどこかへ去ってしまい、頼りにするべき人たちはいなくなっていた。日本に帰れる道はあるのかわからない。そんな不安のなかで一〇日後、再び佳木斬への移動が命じられ、次にはそこで小さな天幕が宿舎となった。菊水隊のなかから正規の看護婦たちは、市内の日本人収容所で看護の仕事に従事するように命じられた。

九月二五日に看護婦たちは松花江の埠頭に集合させられて、白い客船に乗った。自動小銃を構えたソ連兵がいて、船室に押し入ろうとした兵もあったが、師団司令部の斉藤参謀が守ることになった。

この船は日本へ向かったのではなく、ソ連のハバロフスクに到着した。そのとき斉藤参謀の姿はなく、一五〇人の看護婦だけの集団が降ろされた。ソ連兵は鞭を鳴らして看護婦たちに前進を命じ、女性たちを眺めるロシア人からは、石が投げつけられた。どこへいくかもわからない恐怖のなかで、看護婦たちは一人ひとり万が一の護身のために持っていた青酸カリを意識した。

四、五時間の無言の行軍の後、着いたところは日本軍捕虜収容所の第四五収容所だった。そして、そこにひと月前に松花江の埠頭で別れ別れになった佳木斬第一陸軍病院の長谷川部隊長と平嶋軍医がいたので、不安は一気に解消した。先に運ばれた六人の看護婦は、佳木斬第一陸軍病院の衛生兵たちと一緒にいるということだった。

到着の翌日から、熱を出した三人の看護婦以外はみなトラックに乗せられ、集団農場（コルホーズ）に行って、じゃがいもや人参、カボチャやカブなどの野菜の収穫に行かされた。

つかの間の安堵ののち、一〇月一〇日には看護婦たちに突然の移動命令がでた。こうして着いた場所には有刺鉄線が張り巡らされ、四隅には望楼があって自動小銃をかけた監視兵が見張っていた。ここには日本人約四五〇人が抑留しており、満蒙開拓団青少年義勇隊の一〇代半ばの少年たちもいた。そこは第一六地区（ハバロフスク）第一〇分所といい、過酷な労働で知られる「石切山」で日本人捕虜は花崗岩の山から石材を採掘する重労働が課せられていた。

女性たちも使役を命じられ、身を切るように冷たい風のなかを歩いて山での枯れ木集めを命じられた。一日六回のこの薪取りは、炊事や暖をとるための必須の作業だった。冬になり、日中でも零下五度より低くなるなか、雪が降っていても、手袋も防寒着もないまま、この仕事は続いた。凍ってツルツルになった道を、重い薪を背負った女性たちは毎日往復した。そんな日々を耐えきれず、自殺を図った人もあった。そして、ときどき吹雪の吹きすさぶ音に混じって、遠くのソ連の女囚の収容所から、女性の泣き叫ぶ声が聞こえてきた。

その間、いつからか、女性たちの姿が少しずつ見えなくなっていった。十数人が一度にどこかへ連れていかれたこともある。何の説明もないなか、女性たちは不安と恐怖に包まれた。[41]『女たちのシベリア抑留』にはさらにこの看護婦たちのその後の抑留生活や、民主運動に深く関わっていった人もいたことなどが詳細に書かれている。

さらなる調査

前述の通り、ソ連では一九八〇年代末までシベリア研究を論じることはできなかった。一九九一年に現在の軍事公文書館で日本人の女性抑留者に関する資料が見つかったが、現段階でもそれはテーマとしては取り上げられたことがないという。[42]日本でも女性の抑留者に関する著述は少ないなかで、ジャーナリストの小柳氏の精力的な活動と著述の後、二〇二二年に出版された『満洲からシベリアへ——女性たちの日ソ戦争』を読むと、広範囲に渡る日本語やロシア語の文献を駆使した著者の研究活動の貴重な成果がわかる。ここに少し紹介したい。

公文書に残る女性部隊の足取り

日本に残る公文書では、佳木斬第一陸軍病院の病院長による「佳木斬第一陸軍病院略歴」と日赤看護婦長が引き揚げ後に提出した報告書がある。前者には九月二五日に看護婦等の軍属が漆原作業大隊に編入して佳木斬を出発し、九月下旬にハバロフスク地区収容所に入所したこと、後者では、九月三〇日にハバロフスクに到着後まず全員が一〇月一〇日までハバロフスク第一収容所に収容されてから、ハバロフスク第一〇分所、ビロビジャン第一〇収容所など、他の五つの収容所に五名、一八名などの人数でさらに移動させられていたことがわかる。いずれも重労働を要した現場で、抑留者たちはみな、過酷なノルマを課されたが、女性抑留者の証言によれば、彼女たちの労働は集団農場での収穫や、被服工場でミシン掛けに従事、収容所内での雑役が報告されている。[43]

だが、この二つの報告書には女子挺身隊や軍属は含まれていない。

ソ連にある公文書では、まずロシア国立軍事公文書館の調査を元に一九九一年にガリツキーが指摘した。その内容は、本章の冒頭に紹介されている。[44]

ソ連での女性労働の扱い

一九二九年のジュネーヴ条約によれば、男女とも捕虜になったものを労働者として使役することは国際法上での問題とはならない。[45]生田氏は、この指摘に続けて、ソ連の女性の労働参加について次のような研究成果を紹介している。

社会主義国家ソ連では、労働現場や軍隊に男女共同参画はすでに実現していた。ソ連では、一九四三年に、医療などの後方支援を含めて八〇万人から一〇〇万人の女性兵士が創出され、ソ連兵士全体の八％を占めた。さらに第二次世界大戦で約二七〇〇万人という世界最大の死者を出したこともあり、労働力の総動員体制が確立されていた。バスや市電の運転手、炭鉱夫などの日本で男性の職場とみなされていた職場でも女性の労働動員はあたり前になっていた。男女の雇用均等がこの時点で実現していたようだが、これは女性を総動員しないとソ連国家の経済活動が機能しなかったからでもあろう。当時のソ連では一七–二〇歳で戦後生き残った人口の八三・五％が女性だった。女性の労働時間は都市部で一〇–一二時間、農村ではそれ以上であった。社会建設に引き入れられた女性は、堕胎することが禁じられていた。あらゆる分野で働いた女性たちは、ほとんどが技能未熟練労働者だった。[46]

このような状況にあったソ連で、高度の技術者だった日本人看護婦は、労働力として重宝された。

女囚となった人たち

モスクワのロシア国立軍事公文書館では、日本女性八人の「女囚」としての個人登録簿が見つかった。「女性の抑留者」に加えて、「女囚」というまったく違う罪を背負わされた人たちだ。この女性たちは、シベリア抑留者全体のなかで「長期滞在者」と呼ばれ、ソ連が独自に軍事法廷で具体的証拠もないまま第五八条（反革命罪）が適用され、弁護人もいない法廷で一方的に裁かれた（第四章「長期滞在者とは」参照）。こうして女囚として監獄に送られた人たちのことはあまり知られていない。この「反革命罪」について、日本人抑留問題研究の第一人者アレクセイ・キリチェンコ氏は、ソ連人でもないのに、ソ連の刑法でスパイに問われるということに疑問を呈している。

一九五六（昭和三一）年一二月一二日に日ソ共同宣言が締結されて日本とソ連の国交が回復した直後の一二月二六日に、村上秋子さんはシベリア抑留者をのせた最後の引き揚げ船興安丸で舞鶴港に帰るはずだった。このときの一〇二六人の乗船予定者のなかで一人だけ女性の名前があり、それが村上さんだった。出身は京都府でソ連極東、最果ての流刑地で囚人の墓場として恐れられていたマガダン州に受刑者として収容されていた。だが、村上さんは帰国を望まなかった。村上さんは「アーニャおばさん」と呼ばれてロシアの地に永住し、日本語も忘れていった。[47]

赤羽文子さんのこと

もうひとり、女囚として長期収容者となった赤羽（のちに坂間）文子さんは、手記『雪原にひとり囚われて』（シベリア抑留一〇年の記録）を発表した。読めば驚きの連続で、心を打たれる。この本は、一日本人女性が命をかけて戦ったシベリア抑留一〇年の赤裸々な記録である。日本語と英語で私のウェブサイトに載せたその要約から、ここに日本語の文章を紹介する。[48]

赤羽文子さんは突然「第五八条　第六項　姓名　赤羽文子　刑期　五年　釈放される日　一九五〇年一〇月一六

日」と書かれた判決文を渡され、署名を促された。裁判も質問も罪状認定も証人喚問もないまま五年の刑を受け、その後さらに五年間の流刑となったが、奇跡的に帰国を果たした。

文子さんは満洲の大連で生まれ、その地で育った。当時の満洲は一九三二年に満洲国となり、日本の支配下にあった。六人きょうだいの次女として、大連の日本人小学校、中学校、女学校（現在の中学と高校に当たるもの）を終えた。姉と三人の弟はさらに内地（日本）の大学で学んだが、赤羽さんは一五歳のときに膿胸を患い、肋骨を二本とるなどの手術をして、身体が非常に虚弱だったせいで、大学には行かず、文部省の中等教育検定試験に合格して英語教師の資格を取ることを目標にした。自立するために独学で英語の勉強を始めたのだ。二五歳のとき､その試験に合格。そしてその頃、一九四三年の一月に大連のソ連領事館で、日本語を教えるようになった。この仕事を承諾したときの気持ちを、赤羽さんはこう書いている。「一つには収入のためであり、いま一つは、日本の代表として、ソ連人に日本語を教えるという、誇りにも似た気持ちからであった。当時は太平洋戦争のさなかで、日本とソ連の間にも、友好的というにはほど遠い、厳しい空気が張りつめていた。しかし私は、日本語を教えることは楽しみであったし、引き受けた以上は、立派に責任を果たしたいと思った。」

ここに私は自分のアメリカでの日本語教師としての原点と同じ気持ちを感じとり、赤羽さん（以後「赤羽さん」を用いる）に共感を抱いた。若い娘が語学力を生かして国際間の友好のために働けることは、願ってもない状況だ。私も大学卒業後東京で英語教師となり、喜々として高校生に英語を教え、渡米してからはアメリカの学生に日本語を教えてきた。半世紀前には日本と交戦していた国で、敵国の言葉であった日本語を教えることとなり、平和に向かう国際間の努力に少しでも貢献できれば、と心が躍ったものである。もし私が赤羽さんと同じ大連に生まれていたとしたら、きっとソ連領事館での日本語教授の仕事を自分も喜んで承諾したことだろう。

しかし、純粋無垢で人間の汚さを知らなかった赤羽さんは、時の流れと共に濁流へと飲み込まれ、浮いては沈み、混迷のなかでその存在さえなくなってしまいそうな環境へと連れて行かれる。この本を読みながら、次つぎと展開する不条理な出来事に、なんども「なぜ?」と問いたかった。同じ問いを持ったに違いない赤羽さんは、理由のわからぬままׁ、ただただその日一日を乗り越える努力を続けなければならなかった。満足な食べ物もなく、排泄の場所にも困りながら。僅かに彼女の緻密な刺繍の技術が彼女の誇りを支え、少しの収入となった。見知らぬシベリアという厳寒の荒野でとてつもない恥や死にもさらされ、それに耐えつつ苦しみの道を生き抜いて、日本人として見事に生還したこの稀有な女性の存在を、現代に生きる私たちは忘れてはならないと思う。戦後八〇年になろうという今日、その頃の経験を語れる人が一人、また一人と他界されるなかで、赤羽さんがきちんと記した記録は、私たちが当時の状況を理解し、そこから何かを掴み取るために残されているのだ。

監獄へ入れられ、裁判もないまま刑の宣告を受けて、無実の囚人とされ、収容所へ移送された赤羽さんは、一九六二年にソルジェニーツィンの発表した「イワン・デニーソヴィチの一日」にその実態が取り上げられた「矯正労働収容所」で働かされた。さまざまな人種が入り混じっていた収容所の中で、日本人は赤羽さん一人だった。体が弱かった赤羽さんはリンパ腺が腫れ上がり、病院へ入れられる頃には、体は飛び出した肋骨が一本一本見えるほどに痩せ細っていた。

五年の刑期が終わって「釈放」されたとき、意外にも、さらに流刑の書類を渡された。「赤羽文子を流刑に処する。ドルゴモスト地区で服務せよ。その地区から脱走を試みたときには、法によって処刑する。」流刑地のドルゴモスト地区では寂しく孤独だったが、そんな境遇のなかで、赤羽さんはそこにいた人々を細かく観察し、温かな描写をしている。つねに周りの人々への思いやりを忘れず、「どんな不幸な境遇にあっても、人間の心にはユーモアも湧けば人情も薄れぬことを、私はこの旅を通して知った。」(49)と書いている。なんと心の広い人だったことか……。どこまで続くかわからないシベリアでの流刑者としての生活に直面することとなった赤羽さんは、そこにいるたった一人の日本人であった。日本語を話す相手もなく、厳しい気候と慣れない環境のなかで次々と現れる新しい局面を、どんな思いで超えたのであろう。

住処となったエニセイ河のほとりの村には四百人の住人がいて、そのうち百人が流刑人、その他は自由人であった。川岸には貯木場があって、長い冬の間河が凍っている。その河と森だけがベイ村のすべてであったので、村の男たちはほとんど森林の伐採を仕事としていた。女でも森で働き、よい給料をもらう者もあった。

流刑人たちはこの場所を出ることを許されていなかったので、これは日本に昔あった「島流し」のような生活だった。そこでは雪かきをして道を作るノルマを与えられた。一五歳のときに胸を患って肋骨を二本とり、スコップ一杯の雪さえ持ち上げるのがやっとでとてもそんな重労働ができる体ではなかった赤羽さんは、ノルマの達成に時間がかかり、陽のくれた大きな森にたった一人残されてしまって、恐怖と焦りから心臓が破裂しそうに高鳴ったこともある。「こんな所で死にたくはない。どうしても日本に帰りたい」と思いながら、ようやく河を見つけ、それに沿って村までがむしゃらに歩いた。川岸に何百本も積まれた材木の上に登り、幅一メートルの雪を掻き落とす作業も課された。丸太の上から転がり落ちたら死んでしまう。しかし一日一〇ルーブルの賃金にはかえられなかった。どんなときにも努力を続け、目の前で閉まったドアを自力で開けてきた赤羽さんは、そこでも危機を切り抜けた。この本は胸が詰まる囚人としての経験が立て続けに出てくるが、どこかで未来を信じ、歩みを止めない赤羽さんの気品と気骨に満ちた精神が溢れている。そしてやがて赤羽さんは帰国を果たし、元抑留者だった坂間訓一さんと結婚した。故人となられた坂間文子さんの抑留経験を読むと、人間の底力について考えさせられる。東京の国分寺にお住まいだった文子さんのご遺族に電話でお話をうかがったとき、文子さんが人生の終わりにシベリアでしていた刺繍を大切にとってあり、坂間家の方々にとても大切にされていることを教えていただいた。

女性の立場と平和

二〇〇〇年に国連安保理決議一三二五号が採択されて、平和・安全保障の文脈にＷＰＳ（Women, Peace and Security）が取り上げられ、「女性」の立場が関連づけられた。こうして、混乱のなかでの女性の人権を尊重し、性暴力から守るための取り組みが世界的に推進されることになった。この決議は、紛争において女性や女児が男性や男児とは異なる影響を受けていることを認識するとともに、女性を平和・安全保障の主体者としても認識し、紛争予防や平和維持活動等のすべての段階において女性の平等で十全な参画を要請したものとして高く評価される。(50)

今後あらゆる歴史の場面において、女性の人権が守られていくためには、女性の発言も中核として重要視される必要がある。長い歴史を経て男性が中心に構築してきた日本社会の仕組みは、指導力を有してきた男性の発想に基づいている。しかし、生きていく上で経験したことこそが個人の理解の基本となっていく事実を見つめれば、そこには男女の相違はない。女性の経験や価値観も重んじることは、平和実現の鍵になる。明治時代になるまで男性のみが教育の機会を得ていた間、女性の学びは遅れた。近年女子教育が重んじられるようになったとはいえ、日本での女性の活躍はまだまだだ。男性を支える役割としての女性の生き方を尊重するとしても、今までとは異なった、女性の人格形成に重きを置いた教育や、それを育成していく社会の広範囲な理解が求められる。そしてそのときに大きな鍵となるのは、女性同士の応援と連帯であろう。残念ながら、女性の理解に関して日本が置かれている国際的立場は驚くほど遅れている。

国会における女性議員比率の国際比較はというと、上昇傾向にはあるものの、先進諸外国との格差は大きく、二〇二三年八月現在調査対象国一八六ヵ国のなかで日本は一六四位となっている（註：スウェーデン九位、フランス三五位、ドイツ四五位、イギリス四八位、アメリカ六六位、韓国は一二〇位）。[51] 日本の女性の位置は、海外からはこのように見えているのだ。

また、二〇二二年の内閣府の女性の政策、方針決定過程への参画状況を見ると、生活により密着した行政機関である都道府県議会議員、市区及び町村議会議員の場合、女性の比率は一一―一八％、そして国レベルでの衆議院では一〇％、参議院では二五・八％に留まっている。[52]

二〇二二年に世界銀行が、国・地域別に男女同権が法的にどの程度進んでいるかを示した「女性・ビジネス・法律」指数によれば、日本は前年比横ばいの七八・八％と、先進国主体の経済協力開発機構（ＯＥＣＤ）加盟三八ヵ国で最下位にとどまった。ドイツやフランス、カナダなど一四ヵ国が完全な男女同権を示す一〇〇％だった一方、日本は七八・八％だった。指数は「結婚」「育児」「起業」「資産」など八分野での女性の経済参加に関する法規制を検証。「年金」や「資産」「育児」などは一〇〇％で法的な男女格差はないとしたものの、「職場」は五〇％、「賃金」は二五％

ととくに低い値だった。この指数はフィリピンや中央アジアのタジキスタンなどと同水準だった(53)。

私は一九八〇年にカリフォルニアに住むようになってから、日々の生活のなかでごく当たり前に肌の色や生まれ育った文化が違う人たちと触れ合うようになった。「世界」というが、それは自分のいる地点から上を見上げたところに広がっているものではなく、今私がいる場所そのものが「世界」のなかにある、と感じている。そこでは私が生まれ育った日本の文化や価値観は単にものの見方の一つにすぎない。そのため、目の前にいる人はどのような育ち方をしたのかを丁寧に探って、お互いの理解を深めるプロセスが必要になる。違う文化で育ってきた女性たちに触れてみると、それぞれに自分の意志をはっきり持っていて、男性依存の度合いは必ずしも高くはない。アメリカでは男女均等に職種を選べるから、学校の送迎バスの女性の運転手も子どもたちが小さい頃から見てきた。女性が子育てをしながら仕事をするのはほぼ当たり前。大学を卒業したら、高収入の人のところへお嫁に行って一生楽に暮らそう、という考えは聞いたことがない。

私は親も兄弟もいない知らない土地で二人の娘たちを産んですぐ、地域のお年寄りで経験豊富できめ細かなケアができるベビーシッターの方たちや公立の学校の学童保育にお世話になりながら、仕事を続けることができた。地域での心の通った交わりにどんなに支えられたことだろう。子どもたちの友だちの母親もほぼ全員が働いていた。そんな私を見て育った娘たちは、今、仕事を楽しみ、人としての力をつけて人生を楽しむ一人前の大人に成長した。それがごく自然な私の「世界」から見ると、女性の活躍が伸びていかない日本の様子が口惜しい。男尊女卑の習慣がなかなか抜けないのは、歴史は長ければ長いほど変化に時間がかかるということとも関わりが深いのだろう。

海に隔てられた日本では、純粋に、累々と伝えられてきた世界も羨む素晴らしい文化や芸術、道徳がある。だから、アメリカ人も日本へどんどん旅行する時代になった今、「おもてなし」や「安全」と合わせて、日本文化には驚嘆の声が上がっている。しかしながら、一方で、島国だったからこそこのように見過ごされてきたこともある。人間と国家の形成のプロセスは似ていて、偏りのある人や国に惹かれる人は少ないから、より良い未来を築いていくには、日本も変化が求められている。世界の目から見て、日本の女性の存在が政治やビジネス、暮らしのなかで先進国と並んだ光を放つようになる日が待ち遠しい。

満洲に渡った日本の女性たちの多くは、自分で情報を得る手段を持たず、男性に「守られる」存在として生きていた。つい数十年前に彼女たちの身に降りかかった恐ろしい運命を今こうして振り返る私たちは、その事実を古い歴史上の過去の出来事としてただ受け入れるのではなく、身近な認識としてさらに掘り起こしていかなければならない。過去の労苦は現在への警鐘である。日本の女性一人一人の考えや行動力、そしてさまざまな分野での参画が期待されるなか、男性も率先して社会経営や家庭経営の分担を進めていってほしい。女性という社会的弱者に「心の目」を向けて共に思考していく人たちを育てる教育が実っていくことも大切な課題だと思う。

第六章

シベリア抑留・家族の証言

この章では、シベリア抑留者のご家族にお願いして、抑留者の抑留経験を踏まえ、次世代がどのようなことを継承して生きてきたかを書いていただきました。まず、それぞれの方に質問用紙に記入して頂き、それをまとめました。歴史を語り継いでいくなかで、記憶を継承すべき大切なことを、ここでご一緒に考えてみたいと思います。

一.北川翔《きたがわしょう》さん（一九八四―）

バラライカ奏者　北川記念ロシア民族楽器オーケストラ指揮者

祖父、北川剛さん（一九二一―一九八五）は島根県生まれの音楽家。北朝鮮で敗戦を迎えた。ソ連軍による武装解除の後、米一升と岩塩を与えられただけで四〇日間の行く先のわからない強行軍を強いられて、抑留への苦難が始まった。臨時収容所収容や輸送船での旅の末、その年の暮れ、極東、ティチュへプリスタニ港に上陸。シホテアリニ山脈のなかにある新しい収容所で六年間の捕虜生活が待っていた。

厳寒のなか、直径二メートルもある大きな赤松を長さ二メートルの鋸一枚を使って二人一組で切り倒す伐採作業の強制労働に携わった。これはとても危険な作業で、倒れてくる赤松の下敷きになって命を落とした人もあったし、その日のノルマを果たさなければ僅かな食事の量も減らされる過酷な仕事だった。吹雪のなかでも仕事は続いた。その後、北川さんは四〇日の移動のための行進中に飲んだ田の水でばい菌に侵され、危篤状態になって、長い間病床にあった。

しかし、どん底の収容所生活のなかで、一つの光が射した。作業場に出かけるロシア人の農夫たちが毎朝コルホーズの農場に向かうときに素朴に共に歌う力強い歌声と心に響くメロディーを毎日耳にしたのだ。歌うことを学んできた人生のなかで、その瞬間、魂が根本から揺さぶられ、震えた。ここに人生の方向を決める音楽との出会いがあった。このようにロシア音楽に魅せられてから、ロシア語でロシア民謡を少しずつ歌うようになった。ある日、捕虜収容所の責任者のためにロシア語の歌を披露すると、「沿海州楽劇団」という日本兵のためのアンサンブル組織に入るように勧められた。そして楽団が演奏するときに、独唱や合唱、小演劇、詩の朗読、曲目解説などを担当して喜ばれ、沿海州に点在する収容所を巡回した。のちにロシア人の工場や作業場にも呼ばれた。他の収容者と違って収容所の慰問に携われたことは、暗い日々のなかでの励みになった。

帰国後は一九五〇年に設立された「ロシア語友の会」に合唱の指導者として招かれた。合唱団は一九五二年には「合唱団白樺」と改名されて、初代の常任指揮者となった。ロシア語の翻訳に力を入れながら、ロシアの歌を指導し、その他にも一四ヵ所で合唱指導にあたり、一九八五年まで三三年間指揮活動を続けた。合唱団設立の指導の際には、団員の自主性と主体性を重んじ、誠実で温和な人柄は多くの人から慕われていた。そして学校へのロシア民謡の普及にも務め、ロシア語の民謡、ソビエト歌曲の研究、訳詞、演奏活動は大きな成果をあげた。その後、ソ連から来日する合唱団、アーティストのプログラム解説、レコード、曲集の解説者の第一人者としても活躍した。

北川さんの思いは徐々に広がり、日本では戦後一九五〇〜六〇年代に「うたごえ運動」や歌声喫茶が最盛期を迎え、全国の職場や学校で合唱サークルが結成された。そして労働歌、反戦歌、革命歌などが盛んに歌われ、なかでも一大ブームとなったのが、ロシア民謡やロシア歌謡だった。「トロイカ」「カリンカ」「ボルガの舟歌」「カチューシャ」「灯《ともしび》」「ステンカ・ラージン」といったロシアの民謡・歌謡は今でもよく知られている。

ただ帰国まもない頃、日本では労働運動に対する弾圧や朝鮮戦争などがあり、集会・デモ禁止などの影響で、ロシア語に対する妨害が始まったため、一九四九年、「ソビエト帰還者楽団の夕べ」に出演、一九五〇年、日比谷公会堂で中央合唱団創立二周年記念「平和大音楽会」に出演直後は、北川さんの身辺にも見張りがつけられて、「非国民」のような扱いを受けていたこともある。

北川さんが抑留という悲惨な体験のなかにありながらもロシアの民族音楽の力に魅せられ、帰国後、人生の大半を日露友好のためにロシア・ソビエトの歌の紹介と普及に務めたのは、抑留者のなかでも稀な生き方だった。また日本での合唱運動にも全身全霊、深い愛情をもって取り組み、若い世代へ合唱の情熱を伝えたことは、合唱を今もこよなく愛する日本の国民性に大きく貢献したことだろう。このような「平和と友好」の精神はいつの時代にあっても美しい。

「音楽を学びたいという人の道程としてはいろいろあるが、一つの道としては合唱団に入り、歌を通じて音楽の喜び、悲しみを体験し、その他の論理的、技術的勉強と相まってあなたの音楽性をさらに高度にされんことをおすすめする。そしてそれは単に、あなた個人だけでなく、周囲の友人あるいは家庭で、仕事の合間に、食事の後にすばらしい重唱、合唱が流れるようになったとき、日本人全体の生活の高い文化水準が保てうるだろうし、そうした時代が来ることを想像するだけで、わたしは現在の仕事の生きがいを感じ、身ぶるいするほどの希望と勇気が沸いてくるのを禁じえないのである。」（北川剛『ロシヤ民謡我が生涯』より抜粋）

北川氏のロシア音楽の世界のなかで、息子のつとむさんは、日本人初のバラライカ奏者になった。だが、北川さんはつとむさんに収容所での生活についてはほとんど話していない。この点は、他の抑留帰還者も口をつぐんで抑留時代について語らなかったことと変わらない。死と隣り合わせの想像を絶する収容所生活を送ったシベリアに「帰りたい」と思う人たちはあまりいなかったはずだが、北川さんはつとむさんを連れてシベリア鉄道に乗り、演奏旅行もしているし、他にも数回シベリアを訪れている。その心の広さは、どこからきたのだろう。

そして、一九八四年生まれの孫の翔さんは、赤ちゃんのときに祖父の剛さんは他界して直接影響を受ける機会は逸したが、父の下、ロシアの楽器に囲まれながら七歳で舞台に立った。翔さん自身はロシア音楽に自ら目覚めるのに少し時を要したが、やがてロシア国立ラフマニノフ記念ロストフ音楽院に留学。二〇〇八年、ロシアの「国際ロシア民族楽器コンクール」でアジア人として初めて優勝し、現地でも大いに注目された。現在は日本人でただひとりのプロ・バラライカ奏者として活動しており、二〇〇九年、北川記念ロシア民族楽器オーケストラを設立。指揮者、編曲者としても活躍している。ロシア人の国民性について聞いてみると、「ロシア人はシンプルでわかりやすかった。人との距離感が日本人と似ている」という答えが返ってきた。音楽から入り、ロシアの生活に馴染んだ翔さんにはロシアは懐かしい場所だ。

翔さんははじめ、祖父や父のロシア音楽演奏にあまり興味を持てず、他の若者たちと同じようにバンド演奏などを楽しんでいた。それが親子三代のロシア音楽の夢を引きつぐ決心に至ったのは、一七歳のときに父親に連れられてロシアへ演奏旅行に行ったときだった。父の指揮の下、バラライカの演奏をしていたときふと見上げると父の目に涙が光っていた。意外な父の姿に触れた瞬間、翔さんの体の中に衝撃が走り、「ロシア音楽は魂の音楽だ」という祖父から伝えられた言葉の意味を感じ取ったという。

翔さんの父つとむさんは、翔さんがバラライカを抱えてロシアから帰ってきたその年に四九歳の若さで世を去ったため、そのときから北川家のロシア音楽の夢は三代目の翔さんに託された。北川記念ロシア民族楽器オーケストラや合唱団白樺の関係者やファンクラブに支えられて活動がますます充実していくなかで、五年間のロシア生活で堪能になったロシア語を駆使して、ロシアの音楽仲間との交流も保っている。

音楽が好きな私は、日本でのロシア民謡普及について調べているときに、北川剛さんの抑留者としての歴史が、懐かしいボニージャックスやダークダックスが歌っていたロシア民謡の原点となっていたことがわかった。そして、現在もお孫さんにあたる翔さんがロシア音楽の楽しみを伝えるバラライカ演奏家であることを知り、ご連絡したところ、翔さんはインタビューを快諾してくださった。

祖父北川剛さんの抑留経験について聞いてみると、「本を少し読んだりしましたが、祖父の抑留経験はまったく想像がつきません。映画で見ればファンタジーと思ってしまうと思います。時代の流れのなかで仕方がなかったのでしょうか。歴史として受け止めなければならないのでしょうか。もし自分の身に起きたら、耐えられないことだと思います」と答えが返ってきた。そして、現在置かれた立場については、「自分は先代の夢を託されたので、それを背負って生きています。いつも二人が根本にはいるので、下手なことはできない、と思っています。でも、それだけではなく、演奏家として足取り軽くあちこちに出かけていきたいです」と語った。

シベリア抑留者は人間の生きる現実のもっとも過酷な状況に置かれたことが知られているなか、北川剛さんは当時のソ連の政治体制のなかでは、ロシアの庶民もまた「制される側」としての貧困や強制労働の苦難を味わっていたことを知っていただろう。自分に対して限りない苦しみを与えた一国家を国民とは分けて考え、恨むのではなく、その民衆の音楽文化そのものに人間として覚えた共感を原動力として生き続けた北川剛さんの稀有な生き方は、芸術家として素晴らしいと思う。その祖父の魂を豊かに引き継いでいる若き音楽家北川翔さんには、魅惑的なバラライカの音色で、これからも美しいロシアの音楽をたくさん聞かせて頂きたい。現在は、NHKラジオ第二放送「毎日ロシア語」初級で、北川翔さんのテーマ音楽が流れており、コンサート活動も活発だ。

◉著者よりひとこと

北川剛さんと黒柳徹子さんの父、黒柳盛綱さんは、ともに抑留者として「沿海州楽団」の一員として日本人収容所での慰問をおこなっていた。それで、翔さんは「徹子の部屋」にも招かれている。「沿海州楽団」には本書第三章で触れたチェリストで、日本の音楽教育界の代表的先駆者のひとり、井上頼豊《いのうえよりとよ》さん（キーボーディスト、作編曲家、作詞家井上鑑《アキラ》氏の父）もいた。また、翔さんは二〇二〇年四月にコロナ禍のなかでの人の愛を歌った加藤登紀子さんの「この手を抱きしめたい」という歌でバラライカ奏者として共演し、発表した。翔さんの繊細かつ芯の通った暖かな音色は、北川家代々のロシア音楽への愛を伝えている。加藤さんの父、幸四郎さんは一九歳のときにハルビン（旧満洲）の日露協会学校（のちのハルビン学院）でロシア音楽に強い影響を受け、加藤さんはその父からの情熱を今も伝えている。

二、トレジャー・圭子さん（一九六二―）

カリフォルニア州サクラメントでシュタイナー系こども園「トレジャーガーデン」を運営。オンライン保護者向けの子育て講座「心の楽園」を主宰。

父、内田景明さん（一九二六―二〇一七）は京都府生まれ。北朝鮮で敗戦を迎え、二年間の抑留生活を経験した。次女だった圭子さんは、父、景明さんとの記憶を辿って、伝え聞いた話を次のようにまとめてくださった。

＊＊＊＊＊＊＊＊＊＊＊＊＊＊

小学校一年生のとき、フランス語ができるお母さんをもつ友だちがいました。姉も小学校でローマ字を習い始めたので、あるとき夕食時に外国語の話になりました。「私は、英語ができるようになって、外国（アメリカ）で暮らしたい」というと、「語学は若いうちに現地に行くのがいいぞ」と、父に言われました。学校もろくに行かせてもらえず、毎日新聞を読み独学で勉強したという父。そしてときどき怪しい漢字を書く父から語学のアドバイスを受けるとは思ってもいなかったので驚きましたが、あとで「お父さんは、ロシア語はちょっとくらいできるらしいのよ。シベリアに抑留されていたから。でも、シベリア帰りということは、よその人にいうたらあかんのよ。「あの家は赤や」と差別されるから」と母に言われました。小さい私には事情がすぐには掴めませんでしたが、「国のために戦争に行ったのに、帰ってきて責められるということなんだ」と思いました。ＮＨＫの教育番組では、英語もスペイン語もドイツ語も中国語もロシア語も同じ「外国語」として放送されていたのに。

夕食後、晩酌をして少し機嫌の良いときには、父が姉や私にシベリアの話をしてくれることがありました。聞いた話には、地名も人の名前も時系列の正確さもありませんでしたが、私が大人になってから地図を出して場所を訊こうとしても、「窓のない貨車に乗せて連れて行かれたやろ。なんもないところやった。そやからわからへんね」が答えでした。以下、思い出すままに家庭のなかで父が話した京都弁を使って再現してみました。少し乱暴なことばや差別用語も含まれておりますが、お許しください。

たとえば、「この野菜は嫌い。魚はいや」などと好き嫌いや文句を言ったときでも、私たち姉妹は父から大きな声で怒鳴られたり叱られたことなど一度もありませんでした。「ワシは、もう、暴力は懲り懲りなんや。親父もよう癇癪を起こしたし、戦争のときにもう散々見てきたんや」が、その理由でした。そのかわり、「あんたさん、シベリアの話を知ってますか?」と、父のシベリア話が続きました。一九四五年春、まだ一九歳になったばかりで召集令状が届く年齢ではなかった父が志願して戦争に行くことになり、現在の北朝鮮あたりに向かうところが話の始まりです。

「万歳、万歳!」と見送られ舞鶴港から出帆した船でやなぁ~。生まれて初めて船に乗って日本海の大荒波の中北鮮の方に向かっていた船の中や。大きい揺れるし、モーターの音が船底で、うるさいしな、夜中にふと目が覚め、用足しのために甲板に出たんや。元の場所に戻る前に、甲板に重々しく備えつけられていた生まれて初めて目の前で見る大砲。憧れの大砲や。冷たく硬い鋼鉄の感触を期待して触ってみたら手に感じたのは、「竹」の肌触りや。竹で丸う作ってあってな、ペンキが塗ってあるんや。日本という国は、大本営発表と言って、いつもいいことばかりをラジオで発表していたが、実のところ戦争に行くのに、船に本物の大砲も備えつけられない始末になっていた。「こりゃ、あかんわ。えらいことに、志願してしもうた」と、思ったのも後の祭りやったな。

満洲から引き上げてくるお偉いさんたちの代わりに、空白地帯を守るべく出征したように聞いていたが、現実には戦いなどする次元の話ではなく、今でいう北鮮あたりにいたんや。食料を求めて彷徨う毎日やったな。そうしているうちに、なんとなく言葉がわからなくても、向こうの言っていることが大体わかるようになってくるもんやな。上層部からの指示命令などまったく入ってこーへん。村の人は、暴力をふるわれたり、家を焼かれたら困るんで、「腹が減ってる」というと御馳走を出して振る舞ってくれた。あいつらもどんぐりやら、草をとってきて食うとるんやけどな。うろうろしているうちに、「敗戦や」て、伝えられた。これで、日本に帰れるんやと内心喜んだけど、そこからがますます混乱や。どうなっとるのかみんなようわからんままや。日本に帰るには船を待つしかない。情報が混乱するなか、みな飢えと疲れに耐えていたな。

日本へ帰る船が用意されるので、待機するようにと港の周りに日本人が集められた。ロシア人が指示をしていた。朝鮮語の次は、今度はロシア語や。体の大きなロシア人がどこからきたんか、銃を手に持って、ようけ並んどってな、大きな声で叫んどるが、聞き取れるのは、「ヤポンスキー（日本人）」だけ。日本人はみんなロシア人（ルースキー）のことを露助と呼んでいた。どうやら、「この船に乗れ。日本に連れて帰ってやるぞ」と言っているらしく、みんな順番に乗り込んだが、どうも怪しいとワシは思ったんや。露助の顔が、残忍でニヤニヤしているように見えた。

あれは、どこの港やったのかわからんが、みな日本に帰れると笑顔で話し声も明るかった。何日船に乗ったんやろうか。真夏の舞鶴港に降り立つことを楽しみにしていたのに、日に日に外の気温が下がっていくのがわかった。「あぁ、この船は北へ、ロシアに向かっているに違いない。騙された。」と思ったけど、しょーがない。

船から降りたら、列を作って並んでよう歩かされてな。今度は窓のない貨車に乗せられた。ロシアとはいえ、貨車の中に家畜のように放り込まれたワシたちは、日差しで昼間は暑くて仕方がない。夜になると、途端に冷え冷えになる。家畜も人間も同じで、困ったことに用便をする必要はある。ワシのように一番下っ端は、貨車のドア部分に座らされ、用便世話係をさせられる。上官に「おい！」と言われると、寝ている最中でもさっと起きて走行中の貨車の重いドアを開けてやるのがワシの仕事。上官が貨車の扉口につかまりながら、走っている最中の貨車の外にケツを出し、用を足す。用を足すときに、手が滑って転がり落ちたりしないように、ワシら下っ端は、体をしっかり横から支えてやらんとあかんのや。普通の硬い便やったらええのやが、体が弱って下痢をしているようなやつのは、風圧とともにワシらの顔や服にクソが飛んでくる。「うん」のおすそわけもらうんや。たまったもんやあらへん。かなわん、かなわんと思いながらも、それがワシの仕事やったなあ。貨車にぎゅうぎゅうに詰め込まれてるやろ。うとうとしても、すぐ用足しで起こされる。上官や言うてどんな偉そうにしてても、所詮みんな一緒。腹も減るし、クソもする。そうやって、何日も貨車に揺られて、もう着くか、もう着くかと思うんやけど、それがどんどん内地の方に連れていかれているようやった。ロシアという国は、大きい国やからな。どこに抑留されていたんやと言われても、さっぱりわからんのや。

現地について、何もないところに、鉄条網が張り巡らされていてな。そこがワシらの住むところやった。露助が、鉄砲を持っていつも見張っておってな。順番にならばされる。ワシは一番若くて下っ端やから、なんでも一番最後なんや。

シベリアはな、九月になったらもう地面が凍るんや。体が弱って死んでしもうた日本人をな、穴掘ってうめてやろうと思うやろ。穴を掘るのも二日がかり。ドラム缶を見つけてきてな、水を汲んできて、火を起こして湯を沸かすんや。それを地面に撒いてな、地を緩めてからでないと地面も掘れへんの。スコップや。戦争は何をするにもスコップや。情けないんや。お弔いもままならへんの。

いろんな作業させられたなあ。炭鉱に連れていかれて、発破する作業もあったな。ワシ、居場所が悪かったんやな。吹き飛ばされてな。気を失うたんやな。気がついたら、周りに誰もおらんかった。とりあえず、身体中が痛くて歩けへんかったから、数日して歩けるようになって部隊に戻っていったら、みんな「生きてたんか〜。生きてたんか。よかった、よかった」って喜んでくれてな、「生きてるだけで、親でもないあかの他人さんからこんな喜んでもらえるんか」と思たらな、「しっかり生きようなあ」って思えたなあ。

生きてたのは良かったんやけどな、膝を怪我してな、栄養状態も悪いから膿みも溜まってな、片足がボンボンに腫れてきてな、歩けんようになってきてたんやな。軍医に見せたら「足の付け根から切り落とす」て言われてな。ワシは慌てた。人間持って生まれてきた部品はな、必要やからあるんやわ。片足なくしてみぃ、無くなった部分かてあるかのように痛むんや。片足切り落とされたら大変や。「そうですか〜」言うて、慌てて部隊に帰ったんや。そこになくて、日本人の中年の漢方医がいてな。「おい、なんとかしてくれ」て言うたんや。「なんとか言うたって、麻酔もあらへんし、止血の道具も、メスもあらへん。ワシは外科医と違う」と言うんやわ。「かまへんから、アカンところをとって捨ててくれ」て頼んでな、ナイフを火で炙ってな、手拭いや、さらし、ボロ布とロシア人が好きな酒をくすねてきてな、麻酔もないけど、手拭いをギュッと足に巻いて、気絶しそうになりながら、メスで切ってもろてな、酒をブゥ〜〜と吹きかけて足を吊り下げて寝転んだなあ。死ぬよりマシ、片足になるよりマシ。困ったときは、どっちがマシかで考えるんや。「ああ、命があってよかったなあ」「ああ、足があってよかったなあ」って、考えるんや。案の定、そのうちに傷が治ってきてな。両足でちゃんと歩けるようになったんや。困ったときは、「なになによりマシやろ。ああ、よかったなあ〜」って思うんや。

森の木を切り出す作業もあったな。ぼぉとしてたら、木が倒れて下敷きになる。辛かったのは、凍り切った大きな鮭を背中に担いで運ぶ作業やったなあ。薄い兵隊の服にな、凍ってる鮭を載せてくる日もくる日も運んで歩くんや。わしゃ、コラたまらんと思うたから、夜の間に新聞やら段ボールをかき集めて次の日は背中に段ボールを乗せて新聞でぐるぐる巻きにして、その上から作業服を着てな、そしたらうんと楽やったなあ。仲間にも同じこと勧めてな、どうせしんどいのでも、ちょっと工夫したら楽やろ。ぼーっとしとったらあかんね。ない頭使うてな、ちょっとでも楽せな生きて帰られへんね。風邪でもひいて、肺病になったらクルクルっと死んでしまうねん。昨日まで元気でいたのでも、すぐ死ぬねん。生きてるのと死ぬのはそのぐらい近いねん。シベリアの冬は厳しいてな、バタバタと死人がでる。最初のうちは、気張って穴掘って埋めてやってたやろ。雪が降って積り出すと、もう雪の上に放り投げて、雪をかぶせておくしかできひんの。食いもんはな、相変わらず、ジャガイモのお湯と塩のスープと黒パン。ワシみたいに下っ端で若いもんは、食べもんが当たるのがいつも最後でな、ときどきジャガイモが浮いてるのに当たるとありがたいもんや。

そうこうして働いていたらな、ある日立派な馬に乗ってロシア人の将校さんが、ワシに「ちょっと、来い」って呼びにきてな。みんなに「お前何悪いことしたんや」って、エライ心配されたな。別の建物に連れていかれてな、図面を見せられて、「お前、図面が読めるか」とロシア語で言うているらしかったな。どうやら、シベリア鉄道の駅のホームを作る図面のようやった。偉いさんに、「できるか」て言われたから、「ハラショー」言うたんや。英語で言うと、グッド、オーケーやな。なんでも「ハラショー」や。小さいときから、親父（大工）の仕事も手伝っているし、夜学中学に行かせてくれた奉公先でも、仕事を偉い人と一緒にしてきている。志願前に働いていたのは、京都機械という、飛行機の部品を作る旋盤の工場やった。一緒に働いて物をつくる仕事は「ハラショー」なんや。そしたら、次の日からみんな集めて、いきなり日本人何百人もの作業のリーダーにさせられた。ロシア語も、耳が慣れてきて、喋れんでも言うてることがわかるようになってきて、みんなで、ホームを作る作業が始まった。ワシが無事に生きて帰ってこれたのはな、丈夫な体に産んでもうたおかげもあったけど、若かったし、機転が利いたし、それに大工仕事ができたからやった。人生何が幸いするかわからへんな。

冬の一番寒い日なんかになると例のロシア人の将校が朝、馬で迎えにきてくれてな。家の中や建物の中を直す仕事やらをさせてくれるんや。ロシアの家の中は、暖こうてな、迎えにきてくれた日は、ほんまにありがたかったなぁ。将校には、ワシとおんなじくらいの息子がいたんやそうや。ドイツに戦争に行ってな、戦死してしもうたんや。それでな、「息子に似ている」言うて、ワシを大事にしてくれてな。戦争言うたら、ロシア人やとか敵やとか言うやろ。国と国はそのときの上の人の都合で戦争してもな、将校かて、子どもの親や。一二歳ぐらいの娘が居ってな、昼ごはんには黒パンのサンドイッチを作って親父に持ってきよるんやが、ワシの分も作ってくれててな、おかげでシベリアの冬がワシは無事に越せたんや。

タバコを余分に、別の奴からもろうたこともある。日本人の仲間に分けてやったらえろう後でそいつに怒られた。「お前はええ奴コイとるが、お前にやったんや。ワシにも都合ていうものがあるんやから、内緒は内緒にしておかなあかんのやぞ」って、言われたな。

ロシア人は、ちょっと見たら、いつも偉そうにしているように見えるんや。しかし、よう観察してみるとな、ロシアの社会主義というのは、厳しいなあと思うたな。昨日まで偉そうにしておったロシア人が、次の日には失脚して強制労働させられておったりするんや。うっかりしてられへんのやなと、気の毒になったな。

遅い遅い春がくると雪が溶けてくるんやけど、いつまでも雪は完全には溶けへんな。そのうちに、雪を積んでたところから、雪が溶けてかさが減った分、放り投げていた屍の足やら、手が綺麗なままニョロって出てきよるんや。そら、気持ち悪いもんや。腐らへんのや。困ったもんやで。かというてまだ、地面は凍っててな、何にもしてやれへんの。大きな鳥が、毎日食いにくるのを横目に見えてるしかないの。鳥も生きていかんならんからな、お互い様なんやなと、思うことにしたわ。

あれは、一年半以上たった春の終わりやったな。将校に日本に向けて船が出ることを聞かされた。ロシアの港は冬凍るんや。それが困るから、ロシアはいつも、南へ、南へと戦争をしよるんやな。船が出るときに、帰らんと港が凍ってもう一冬ここで越すことになる。仕事をしていたら、将校に、「誰を帰らせたらよいだろう」と聞かれたことがある。誰を生かして、誰を殺すべきかと聞かれているようなもんや。そんなもん、「ワシは神さんやないので、わからん」と答えた。そうやろ、そんなこと、ワシが意見することやない。こんなこと聞かれても困るんや。これは、うんと考えたな。残酷な話なんや。

ワシも早う生きて日本に帰りたい。そやけど、ワシは何様なんや。ワシを返してくれって言うんか。ワシが帰ったとして、何人の人の命が助かる？　ワシのできることは、焼け野原に人が住める家を建てること。それだけや。それかて、今の日本には、材木を切り出したり、運んだりする余裕もないに違いない。ワシは、若いし、体も丈夫や。あと一年運がよければ生き延びられるかもしれん。そう思たんやな。若かったな。

何日も考えてな。「今の日本には、西洋の医者も薬も足りてないと思う。腕の良い漢方医やったら今日本に帰って何人もの命を救えて、日本の役に立つやろう」て将校に言うた。ワシの足の化膿したところを切ってくれたあの中年の漢方医を思い浮かべていたんや。あのおっさんは、ほんまに腕のええ奴やった。みんなが世話になった。あのおっさんは、歳やから来年までもたへん、そう思うたのは確かや。「お前は、いい奴だ」そう将校に言われて、その話は、それで終わった。

のちに、日本向けの船に乗って、中年のあの漢方医が帰ることになった。そんでついでに、その漢方医が無事に日本に帰れるように案内する役として、ワシも一緒に帰るように命令された……。


父は、ほぼ毎回同じような話を、順番もなく思い出しやすいところ、喋りやすいところから話してくれました。嫌なこと、言いたくないこともたくさんあったでしょう。母には、もっと悲惨な思い出話もしていたようですが、私たち子どもが聞きやすいような話をしてくれていたに違いありません。「もっと大変なこともあったのと違うの？」と尋ねる私に、「早う返してもろうたから、あんまり嫌な思いをせんで済んだ。吊し上げやらがひどうなったのは、後の方やったから。ワシみたいに若くても、あと一冬越すのは難しかったやろうなあ」と、言っていました。

父の抑留体験が、直接どのような影響を私に及ぼしたのかはわかりませんが、子どものときから海外に出て住んでみたいという気持ちはいつもありました。二五歳のときに、「貯金も十分溜まったので一〇ヵ月間アメリカに行って現地の高校で数学を教えるボランティアの仕事を決めてきた」と、両親に報告をしました。母は心配性で、猛反対をしましたが、父は「二五歳から行って、言葉が一〇ヵ月でできるようになるもんかな？　よっぽどしっかりやってこんとあかんな」と、反対ではないというコメントをくれました。そのあとで、父は母から「子どもに甘すぎる。結婚する年齢なのに、励ましてどうする」と叱られていました。

父は、「偉い人にならんでもいい。「この人の太鼓がないと、祭りが始まらん」というような一見大切ではないようにみえることでもいいから、一つのことが上手にできて皆に可愛がられるような人になればいい」とよく言っていました。「むしろ鶏口となるも牛後となるなかれ」です。今でも何が得意というわけではありませんがどこにいても、「あの人がいたら和むわ」という、そういう存在でいられたらいいなと思っています。

父の生き方を振り返ってみると「幸福感」というのは、感情ではなく、「感謝をもって生きる姿勢そのものだ」と思うようになりました。そして、追い求めた結果「幸せになる」のではなくて、「ありがとう」というそのときどきの姿勢そのものに幸せがやどるのだと思います。過酷な環境のなか「棄民」という言葉では片づけ難い苦渋を強いられた六〇万人のシベリア抑留者。「抑留被害者」「戦争被害者」とレッテルを貼ることは容易いことですが、父が模索したのは「被害者にならず、加害者にならず、どうしたら「ひと」として生きていけるのか」ということでした。現在仕事で幼稚園児に接し、息子たちの成長を見守る毎日のなかでも、それを伝えていきたいと心がけています。

他にもこんな父の言葉をよく覚えています。「いくらお国のため人のためといっても、ええカッコして自分が無理することはやめておいた方がよかった。あとで、ええカッコしたかったんは、なんだかんだ言っても自分のためやったんや。アホやな俺は。」とつくづく思わされたんや。」これは召集される年齢に一年足りなかったのに自分から志願して入隊したことがのちにシベリア抑留経験へとつながっていったことに関する発言だったと思います。

「いくら自分が正しいと思っても、いくら自分が知っていても告げ口や意見などはしない方がいい。「へえ、そうなんや」と知らん顔をしてあげるのが親切というもの。人それぞれには、その人のみがわかり得る事情というものがあり、その人なりの学びのペースというものがある。ええカッコをして、教えてあげようとか思わない方がいい」これは、収容所での「密告」や「吊し上げ」などが横行したことを踏まえていたのでしょう。これは現在の「いじめ」の問題の本質にも関わりがあります。

「人が嫌がることは、したり言ったりするものではない。そういうことをする人は悲しい人。そっと離れてたらええ。」私も姉も意地悪をしたり言ったりするタイプの子どもではありませんでした。母からも、いつも厳しく「人の嫌がることはするな」と言われていました。しかし、「そっと、離れたらええ」という処世術を教えてくれたのは今でもありがたいと思っています。

「かなわん、かなわん、カネの腕。どんなに頑張っても、手に負えへんことはいっぱいある。とりあえず食うてよう寝よう。」父に叱られるという経験はありませんでしたが、私が夜遅くまで受験勉強したりしていると、「勉強なんかせんでもいい。早う寝んか」と、言われました。私が、体調を壊したり機嫌を損ねているときには、こうやって声をかけてくれました。

「命あっての物種」「生きてるだけで丸儲け」父だけでなく、昔の人はみな言った言葉だったと思います。が、父からこの言葉を聞くと、本当に説得力がありました。「ああ、また夜が明けた。また、一日生きなあかん」と嘆く母とは対照的に「ああ、今日も目が覚めてよかったと思うんや。生きている限りは、なんとでもできるからな。」と、生きることに積極的な父でした。

「なるようになるわい」という、善処してじっと待つ姿勢、人に頼まれたらできるだけのことはしてあげようと言う姿勢、余計なことは言わないでおこうという姿勢、そういう、地味だけれど忍耐強く、楽天的に生きていく姿勢を父を見て学びました。「世界は広くて、いろんな人がおるんや。いろんな考え方の人がおるんや。」京都のような狭い街で閉塞感を抱いていた私には、励みになる言葉でした。「親切な人は心配せんでもどこの国にもおるんや。」ロシア人の将校に可愛がられた父は、アメリカにいく私をそう言って送り出してくれました。

アメリカで知り合ったハンガリー人から、おじさんがシベリアに六年間抑留された話を聞きました。食べるものがなくて雑草を煮たり、死んだ人の革靴（豚皮）を煮て食べて生き抜いたという話。解放されたときには、交通手段もなく放り出されるだけで、シベリアからハンガリーへ歩いて帰ったという話を聞いたときには、ある意味、船で舞鶴港に戻ってこられた父は、なんと幸運だったんだろうかと思いました。

つねに死と隣り合わせの本当に厳しい自然環境のなかの強制労働だけではなく、選択の余地のない夜の共産党教育（吊し上げ）などにもさらされて過酷な経験をした人たちが、ようやくの思いで祖国日本に帰った後も、日本の人々に暖かく迎えられることはなく、実体験を公に話すことさえもはばかられたというシベリア抑留経験者の実態には胸が痛みます。ほとんどの方がすでに他界され、六〇万人という多大な数の方々の体験や史話が風化してしまう状態のなかで、子どもの頃から繰り返し聞かされていた父の体験をあらためて書き記す機会などなかったので、よい機会となりました。

◉著者よりひとこと

圭子さんは父、景明さんの話をとてもよく覚えていて、手記は実に生き生きと書かれていた。景明さんのように細かいところまで、すべてを子どもたちに語った元抑留者の話は他には知らない。景明さんは苦労を包みかくさず話し、そこで自分が経験し、考えたことを子どもたちにそのまま伝えた。人の上下ではなく、人間の尊厳を大切にしながら、謙遜に、素直に生きた方なのだとう思う。そして、子どもを自分と同じ人間として対等に扱い、ご自身の体得したことを伝えることの大切さを知っている方だった。そんな父親の姿から、「感謝をもって生きること」を体得した圭子さんは、アメリカで、その明るさと優しさで日々いろいろな小さな子どもたちの成長を導き、見守っている。シベリアでの景明さんの海外経験は、負の体験ではあったけれど、娘さんの圭子さんが海外へ自由に羽ばたく大きな要素にもなった。

圭子さんは、今はご自分の家を解放し、少人数の子どもたちを手塩にかけ、心を込めて教え育てる子ども園のお仕事に集中しているが、「さくらコーラス」のメンバーとしてソプラノの美しい声を聞かせてくださっている。海外生活をする私たち日本人女性は、それぞれがさまざまな状況に置かれ、仕事、子育て、家族生活に苦悩することも多い。そんなとき、ともに懐かしい日本の歌を歌い、手料理の日本の味を楽しみながら励ましあう仲間たちとの合唱は、何より心の安らぎとなる。明るく毎日に立ち向かう圭子さんの笑顔はいつも輝いている。

三、茂里《もり》一紘《かずひろ》さん（一九四五—）

石川県出身。東京大学工学部卒業・同大学院博士課程修了。広島大学工学部教授、副学長、鶴学園広島工業大学学長、東京女子大学学長を歴任。

父、茂里好信《もりよしのぶ》さん（一九一四—一九四五）は、石川県に生まれ、教員一家に育った。当時学校の先生になる人は旧家か教育程度の高い家庭の出の人が多く、人格者や風格のある人が殆どだった。そのような家風を受け、好信さんは真面目で正直で静かに黙々と努力する性格で、友だちづきあいもよく、誰からも愛されていた。七尾市立和倉（端）小学校の教員時代は子どもからも慕われる真面目な教師で、教育に対する情熱の素晴らしさとそのなかに強い意志も責任感も備わっていたことは、同僚にも高く評価されていた。保護者からの信頼も厚く、勉強にスポーツに、とくに剣道の指導には熱が入った。つねに熱意と努力を惜しまない教育愛で導かれた生徒たちは、今日もその人格の高潔さと情操の細やかさを覚えている。のち、一九四一（昭和一六）年、家庭の事情で単身渡満し、奉天市役所に勤務していた当地で結婚。[1] 一九四五（昭和二〇）年に奉天市から第一回の応召者として出発。支那事変のときも一九三七（昭和一二）年より軍隊経験をしていたので、「ソ連の参戦がなければ大丈夫だ」と言って元気に出かけていったのが、家族にとって最後の別れとなった。そして、一九四五年八月沿海州ウオロシロフ地方カーメンリバノールに抑留され、一二月に衰弱死という知らせが入った。[2]

茂里三枝さん（夫人）は、抑留されるまでの間何通もの便りを受け取っていたが、一九四五年七月一五日付の走り書きが最後の便りとなった。以下は、同じ追悼文集に載せられた好信さんの最後についての夫人の描写である。

「戦友の方（津幡町出身）の話によりますと、敗戦後トラックに乗せられたので、ウラジオストクから七尾港へ送還されるものと喜んでいたところ、ソ連のカーメンリバノールという収容所に入れられたのだそうです。それからは零下四〇度という寒さのなかでのテント張り生活が始まり（註：抑留者たちは寝起きするテントをまず自分たちで作らされた）、朝起きると自分たちのはいた息がツララになって下っているという毎日で、その上食事はまめばかり、労働はひどく、病気になっても薬は無く、唯寒さとの戦いがせい一杯だったそうです。パンを食べると調子がいいのですが、パン一個と時計一個の交換条件ではどうにもならなかったという事です（註：ソ連兵は時計や金歯などをほしがった）。こうして暮れもせまった一二月三〇日。主人は亡くなったのです。最後の最後まで故郷へ帰ることを語っていたという戦友の方の話に、この三〇年間私は折に触れ、その心を思い出したのでした。」[3]

好信さんは戦地よりたびたび便りを出した。軍での毎日を心配をかけぬように報告しながら、いつも家族を思いやり励ましの言葉を忘れなかった。そして七月一四日付の最後の手紙は「是非心強くのんきに待っていてくれ。またという日もあるから。」と結ばれていた。[4]

三枝さんは、夫の死を知らずに満洲より子どもと三人で命からがら逃げ帰ってきたときのことを次のように綴っている。「昭和二一年まで、そんなこと（註：夫の衰弱死）も知らず、電気、水道、ガスが破壊されたなかで子どもと三人日本に帰れば、一足先に主人が帰っているのではないかと希望を持って頑張ってきました。敵兵の夜襲に備えていつでも集結できるように美智子には靴をはかせておきました。今思うと、あの頃の緊張した毎日を生き通してきた自分が嘘のような気がします。昭和二一年五月、持てるだけのオムツを持って私たちは胡盧島収容所からの引き揚げ第一号の人となりました。途中船底へ子どもが落ちて死ぬという事故があり、私も一紘を帯で結わえてマストにしばっておきましたが、面白いアイデアだったと、今では懐かしい思い出になっております。また私たちの船が東支那海で無人島に衝突したのですが奇跡的に助かったこと、北満から南下してきた開拓団の若者たちが故国を間近に控えて次々と息を引き取り、ポーと鳴らされる弔笛とともに海底に沈んでいった事など、悲しい思い出が次々と尽きる事なく浮かびます。六月八日、はるかダンダン島に鍬を振るお百姓さんの姿を見つけました。ああ日本だ！日本に帰ったのだと思ったとたんに胸が熱くなり、嬉し涙がとめどもなく流れました。私たちは長い旅の末、舞鶴港に着いたのです。翌九日、七尾駅へ二人の子どもを連れて元気に降り立った私たちを見て、みな驚き喜んでいました。」[5]

帰国後は未亡人となったお母さんが会社員となり二人の子どもを育てたが、母の実家が近く、安定した幼少時代を過ごすことができたのは幸運だった。

お母さんが、四〇を過ぎた一紘さんに、「一度でいいから、お父さんに会ってあの五月以降の出来事をみんな話したい」とぽつりと言ったことがあった。五人の孫を持つ幸せと同時に、別離、引き揚げ、夫の死亡通知、子育て等、禍福ないまぜの半生を語りたかったのだ。一紘さんは嗚咽をこらえることができなかった。お母さんが天に召されたとき、冷たくなったその額をさすりながら、一紘さんは「お母さん、天国でお父さんと語りあいたいだけ語りあえや」と語りかけ、心よりの感謝で別れを告げた。

一紘さんは、お父さんの顔を覚えていないが、父の抑留死は一紘さんの人生に大きな影響を与えた。まず少年時代から「父の終の土地」の国としてのソ連に関心があった。育った街の七尾には北洋材を運ぶソ連船が入港したので、そのたびに船を訪れ、船員との話から何か「ソ連」について知りたいと思った。そして、大学ではロシア語を選択した。また、小学校教員であることはお父さんの天職であったことから、志半ばで終えた父の無念を果たしたいという思いから、ご自身も教師の道を選んだ。人生最高に輝いた父の教員時代への思いがあった。そして、大学二年生のクリスマスに受洗した。それは実体験のない父よりの愛が「父なるものの愛」への憧れとなり、天父の愛へとつながった。

父、好信さんの抑留経験について、その急暗転の人生は、あまりに不憫で今でも一紘さんは胸が詰まる。残された父よりの手紙で家族思いだったことがよくわかり、愛する家族を残しての不本意な死はさぞや無念だったろうと思う。二〇一六年、お姉さんと一緒に慰霊の旅に参加したが、訪れた場所には、想像していた「シベリア」はまったく感じられず、虚しさと父への不憫さが募る旅となった。そのときの経験は次の短歌となった。

――シベリアの鉄路九千キロのいかほどを亡父《ちち》は敷きしか命削りて

——古稀過ぎてシベリアの地に亡父《ちち》を訪う遅きを詫びる二時間のフライト
——それぞれに七十年あり抑留の遺児ら慰霊の旅をともにす

「父の抑留死」は、茂里さん家族にとってあらゆる意味で重い動かしがたい事実だったが、そこから、家族の絆などいいものも生まれたという。家には小さいときから一紘さんの名前の表札がかかっていたので、物心ついたときから一紘さんは「一家の主」という思いを持った。そして、小さい頃から、「母を守る、母を喜ばせたい」という意識があった。また、少年時代から、見たことのない「父」を理想化し心に何か陰りを持っていたことを見破られまいと、一紘さんは必要以上に明るく振舞っていた。だから「かずちゃんは明るい子ね」とよく言われたが、そのようななかで、人の生き方をより深く見つめるようになったかもしれないと言う。

小冊子「またという日に——茂里好信追悼文集」は一九七五年に茂里一紘さんの手により発行された。茂里さんはその「はしがき」のなかで、次のように述べている。「どんな戦争であっても、それを遂行させるものは「国民の世論」であり、たとえ国民が為政者に意図的かつ一方的な影響下にあったとしても、一人一人が最大限の知恵と方法で、理論を通し経験を通し身につけるべきものである。」そして、「戦争というものに対して個人がもつべきこの「国民の世論」がどういうものであるべきかを考えること」が大切な願いとしてこの小冊子に込められた。さらに「あとがき」には、この発行がとくに「二四才という若さで夫と別れ、その後女手一人で終戦、引き揚げ、再出発、混乱というなかで二人の子どもを育てあげてくれた母への感謝でもあった」ことが記されている。そしてその小冊子の発行は、好信氏の突然の死を見つめつつ生き続けた残された家族の堅い絆を築いた。最後に一紘さんは、次のようにご自身の文章を結んだ。

「誤りは人の常である。しかしその中から何を学びとり、いかにそれを明日への糧とするか、それによって人の真価が問われる。国であっても又同じである。日本は今次の戦争で多くのものを失った。多くのことを経験した。そこから何をくみ出すかそれによって日本の真価が問われる。人間は歴史をもつが故に畜生と区別される。歴史的事実の背後に存在する意味を深く味わわなければならない。そのとき初めて幾十万、幾百万の犠牲者は生かされるのだ。それこそ彼らの望むところではないだろうか。国家にその姿勢なく、国民とその認識浅きことを悲しむ。日本は再び滅びを経験しなければならないのだろうか。

戦没者を国家の手で英霊として祀る話がある（靖国神社国家護持法案）。父は英霊でも何でもない。妻子のことを思い、厳寒の地に力尽きて倒れたのだ。今一度、あの愛すべき学童の前に立つ夢を冷たい大地に託して死んだのだ。今、日本にとって大切なことは、そんな願いをもつ国民の生命を無為に奪い去らないことである。侵し難い、高い精神的キャラクターを内に秘める国民となることである。それが最終的には国を守ることになる。軍備ではない。日本がそんな国になることを彼らは願っておるのだ。彼らの願いは血痕のついた手でその死が美化され、祀られることではない。日本がまだ靖国神社法案などを発想する次元にいるのかと思うと私は悲しくなる。と同時に彼らの死を一層不憫に思うのである。

父、茂里好信さん

父は死んで私のなかに深い思想を残してくれた。装丁の立派な著作物を通してでもなく、財産を通してでもない。短い彼の田夫としての生き様を通してだ。大切にしたいと思う。私はいつの日にか機会が与えられれば、父が途《みち》半ばで放棄せざるをえなかった初等教育に身も心も打ち込んでみたいと今でも思っている。血は争えないものだ。

「シベリアの凍てつく土をおおいつくす暖かき衣の我にあらばや」

一紘さんは、父の顔を知らない。けれど家族を愛しつつシベリアで去った父の面影は、人生の大きな導きとなった。同じ教育の仕事につき、人を育てることに心から力を注いだ生き方は、父がずっとそばにいた子ども以上に父への愛を貫いている。負の経験の世代のあとに、一輪の美しい花が咲いた。

◉著者よりひとこと

二〇一八年九月、東京女子大学の恩師小林祐子先生を偲ぶ会で、私は先生への思いを込めたピアノ曲を弾いた。その直後、思いがけずに声をかけてくださったのが新任の東京女子大学学長、茂里先生だった。その翌週おこなわれる予定だった「苦難の道のり――シベリア抑留者」（国際関係部会連続講演会シリーズ 戦争・災害と人間）のポスターをキャンパスのあちこちでご覧になり、講演会を楽しみにしていてくださるとおっしゃった。そして、亡き父上がシベリア抑留者だったことを知った。当日は、一番前に座って聞いてくださり、最後に二五〇名の学生たちにもお話をしてくださった。この難しい時代の女子教育の責任を担う茂里先生の歩みのなかに秘められた思いの深さを知ったとき、私は胸がいっぱいになった。

四．山辺美嗣《やまべみつじ》さん（一九五二－）

富山県出身、東京大学卒。通商産業省に在籍中、国連貿易会議事務局（ジュネーヴ）などにも出向勤務。富山県議会議員六期、第一二〇代富山県議会議長。ユネスコ協会会長、全国強制抑留者協会理事歴任。

山辺美嗣さんの父、山辺秀夫さんは大正一二（一九二三）年一〇月二三日、富山県東礪波郡福野町寺家新屋敷に姉、弟二人と妹の五人兄弟、農家の長男として生まれた。富山県立農学校に給仕として奉職していたとき、のちに富山県知事、衆議院議員となった政治家、吉田実の書類や部屋の整理、馬の世話や園芸実習の準備などを担当。その後一八歳の年に神奈川県相模原の陸軍機械学校に入学。鍛工科で大砲など兵器づくりを学び、昭和一八年、二〇歳の年、朝鮮ソ連国境にある満洲の琿春の砲兵隊に配属。昭和二〇年八月九日、ソ連の侵攻後、一八日に部隊がソ連軍に投降した後、シベリアへと抑留された。秀夫さんの日本への帰国は昭和二四（一九四九）年一〇月で、その後は織物工場の経営者となり戦後の復興に尽くし、平成一一（一九九九）年に没するまで、家族や友人と充実した人生を送った。

秀夫さんは、二〇年以上も家族にシベリアでの経験を話さなかった。ソ連軍の侵攻やソ連軍に投降するまでの交戦の様子、そして収容所の寒さについてなど、美嗣さんが聞いたのは一回だけで、その後七七歳で亡くなるまで、二度と聞けなかった。シベリア鉄道を敷設したという話は二度聞き、陸軍機械学校でサイン／コサインを習ったことを話し、線路のカーブの工事では、数学と物理学が役に立ったんだと自慢そうに話していた。また、厳寒での凍傷の実体験として、冬の工事では決して直に線路に触れてはいけない。手指の皮が剝がれてしまうとも言っていた。

ティルマという収容所の名前は、秀夫さんが亡くなって一〇年もたったある日偶然に、近所の書店店主の山田順悌さんが、同じ収容所だったと美嗣さんに教えてくれた。山田さんは大正一五（一九二六）年生まれで、地元の私鉄で働いていたが、一旗揚げたいと南満洲鉄道に移り、終戦直前に現地応召され抑留者となった。その収容所に後から秀夫さんが来たという。山田さんは抑留期間三年で先に日本に帰ることができて、秀夫さんの実家に「秀夫さんは生きているぞ」と伝えてくれた。

秀夫さんは帰国後のことはときどき話した。舞鶴に帰ってきた昭和二四年は、まだ連合軍の占領下であり、戦中の警察組織がそのまま治安維持を担っていたようで、帰国後かなりの期間にわたって憲兵の監視を受けたと言う。そして、四年余の収容所生活で身についたロシア語が何気なく口からこぼれると、ハッと周りに緊張が走った。

収容所での日本人オルグによる共産主義教育は相当に徹底していたらしく、秀夫さんは抑留期間が長かっただけに赤化が疑われていたらしい。舞鶴でも根掘り葉掘り尋問を受け、富山県に帰ってからもソ連のスパイではないかと嫌疑がかかっていたようで、常時監視されているのは薄気味悪かったと秀夫さんは話していた。その監視は一九五二年四月、日本が独立を取り戻したときにようやくなくなったが、それは美嗣さんが生まれたのとほぼ同じときだった。秀夫さんは家族が働いていた織物、染色工場で働く場があり、結婚して家庭が持てたのは幸いだった。

戦後の急速な復興のなか、秀夫さんは仕事に夢中になり、会社の仲間と働き大いに余暇を楽しみ、日々生活が向上していく実感、充実感を味わっていた。兼業農家だったので、休日は、秀夫さんも家族と共に林を開墾して農地を増やし、美嗣さんは櫓を組んで力を合わせてウィンチで木の根を引き出すことも秀夫さんと一緒にやって覚えた。秀夫さんは小柄で細身ながらも筋肉質の人で、黙々と働き続ける体力もあり、愚痴は皆無で、すべてに前向きだった。秀夫さんは友人とも仲良くて、毎晩のように秀夫さんの家には麻雀の仲間が集まり、一緒に夜遅くまで賑やかな声が絶えなかった。昭和三〇年代（一九五五─六四年）は、戦争後の経済成長のなか、生きる喜びを謳歌していた時代で、みんなが生命力に溢れていた時代に、美嗣さんは秀夫さんの生命力を直に感じ取り、よく似た働き手として成長していった。

美嗣さんは独立心が強く、高校の通学は片道二時間。大学の進路も親にも先生にも相談せず一人で決めて、大学での学費も生活費もおおよそ自分のアルバイトで稼いだ。オイルショックも重なって家業の繊維産業は大不況に落ち入っても、不安はまったくなかった。これも寡黙だった父親の背中を見て育ったおかげだ、と美嗣さんは思っている。

美嗣さんは大学時代、石炭のガス化について技術論文を読むためにロシア語をかじることとなり、また、卒業後、通商産業省の資源エネルギー畑で一九年間勤務した間に、国連職員としてもジュネーヴで二年間勤め、ソ連の人たちとも業務でつながりがあった。また、金属鉱業事業団のニューヨーク事務所長をしていた三年間には、太平洋の海底資源の探査事業で、移行期のソ連、ロシアとアメリカなど欧米諸国と共にパートナーを組んだ。このように、仕事でロシアに関わることになった。

美嗣さんが富山県に本拠を移して七年たった頃、富山県の抑留団体の会長から、富山県の抑留慰霊碑を建設するための県の土地を世話してほしいとの相談を受け、すでに他界していた父、秀夫さんの慰霊の気持ちもあって、以来、抑留団体の活動に参加するようになった。

千葉県に住まいを移してからは、美嗣さんは日本からシベリアを通り欧州に向けてコンテナを輸送するための、日本の輸出基地を埼玉県で形成し、一層の物流効率化をめざす構想に取り組んだ。父と二世代にわたってシベリア鉄道に関わっていることを不思議に思いながら、日本経済が一層高い生産性を実現するためにはこの仕事は絶対に必要だとの信念がある。

美嗣さんは相澤英之会長より指導を受け、令和元（二〇一九）年から令和三年まで、一般財団法人全国強制抑留者協会の理事を務めた。収容所は違っても自分の父と同時代に抑留の苦難を味わわれた方として、父に会うような気持ちで相澤氏に会い、父が教えてくれなかった抑留の実像を是非直接うかがいたいという思いで一杯だったそうだ。そして、相澤会長の他界までの数年間のご指導を心から感謝しているという。

◉著者よりひとこと

美嗣さんとは、相澤会長追悼となった二〇一九年の一般財団法人全国強制抑留者協会全国慰霊祭の折にお会いした。抑留者の家族の代表として、立派な司会をされていた。美嗣さんの人を包み込む大らかさや目的に向かって邁進していく力はきっと父親の秀夫さんを慕い、その生涯のなかの大きな苦難であったシベリアでの経験を、自分の世代で良いものに変えようと努力されたのだろう。その前向きの姿勢は、とても力強い。

五．山村三知子さん（一九四九－）

全国強制抑留者協会 石川県支部事務局長。イベントのサポート、映像・音声の編集・制作に携わる山村さんの叔父中本善三郎さん（一九一八―二〇一二）は、千島列島最北端占守島《しゅむしゅとう》で捕虜となり、四年四ヵ月の間旧ソ連のマガダン州都で、オホーツク海に面した港湾都市、マガダンに抑留された。一九四九年一二月に帰国。翌年一九五〇年一月に警察官としての復職が叶い、故郷の石川県で石川県警に勤務した。善三郎さんはまじめで人望も厚い人だった。シベリアでの経験については直接聞いたことはなかったが、定年退職後に抑留時の手記を書き、それをデータ化して欲しいと、亡くなる数年前に山村さんに依頼した。善三郎さんはその手記を書き上げるのに一七年かかったという。山村さんはそれを目にしたとき。抑留の実態に初めて触れて強い衝撃を受けた。それは、レポート用紙の表裏にびっしりと書かれた記録で、しかも旧仮名遣いの手書きで書かれていたため、解読がとても難しかったうえ、なかには繰り返しもあった。山村さんはその全体を丹念に一年以上かけて整理し、従軍記、虜囚記、引揚記の三部構成に仕上げた。出来上がった文章はA四サイズで合計一三〇ページになった。そのなかに次頁のような克明な記録もあった。

中本善三郎さんの手記によれば、木造ラーゲリは不衛生で、幕舎ラーゲリは冷凍庫にいるようなもので、食べ物はソ連側からは少量の黒パンと塩スープだけが支給された。強制労働の続くなか、空腹は満たされず、道端に転がっている馬糞をジャガイモと間違えて口にしようとする者もいた。ビタミンCの摂取は望めなかったので、春は若草を摘んで煮込み食べた。道に死んでいた狼の肉で、すき焼きをして食べたことが忘れられない。想像を絶する飢餓の世界だった。毎日氷点下四〇度以下という極寒のなかでの強制労働が続いた。氷点下五〇度以下になると仕事は休みという規則で、氷点下五二度でようやく臨時休業になった。そのときには煙突の煙が絵に描いたように止まってしまい動いていなかったのを覚えている。しかしそんなところでも、それぞれの人が生きる営みをしているのを見て、己も逆境に順応して生きることを学んだ。

手記には随所に「戦争を経験しない多くの人々にも読んで頂き、過去の悲惨な「戦争の愚かさ」を知って、「平和の重み」をじっくり噛みしめ、「二度と再び、あんな戦いを繰り返さないよう」願わずにはいられない。」という内容が記されていた。

・労働、及び入院

‘45.10~‘45.11	マガダン港の荷役作業
‘45.11~‘46.05	マガダン北方 39km 地点　森林伐採作業
‘46.05~‘46.08	マガダン第一収容所病院に入院
‘46.08~‘46.12	マガダン市街地の土木・建築工事
‘47.01~‘47.03	マガダン 19km 地点で、鉄道と道路の除雪作業
‘47.03~‘47.05	マガダン北西 63km スプラナヤで、伐採作業
‘47.05~‘47.08	ラーゲリ内病室に入室後、マガダン第一収容所病院に入院
‘47.08~‘48.02	マガダン市街地の食糧庫、レンガ工場、ブロック工場作業
‘48.02~‘48.03	マガダン港湾大爆発による後片付け作業
‘48.04~‘48.05	マガダン北北西 67km フタロイスメナ、伐採、搬出、貨車積作業
‘48.05~‘48.05	マガダン 72km ジマヨウ、タイガーの下草刈り作業、途中発熱によりラーゲリ内軽作業
‘48.06~‘48.07	下草刈作業
‘48.07~‘48.08	マガダン第一収容所病院に入院
‘48.08~‘48.09	第 1 ラーゲリの居住区、マガダン市内外の作業現場やベンゾール (油送管) 作業
‘48.10~‘49.05	マガダン東 7km 東海岸ベッショナヤ。新港建設、危険物倉庫群と 7 米道路建設作業
‘49.06~‘49.06	トラックの運転作業
‘49.07~’49.09	マガダン第 2 収容所、土木作業、芋畑・キャベツ畑の収穫作業（この収容所内で作業グループ内での「吊し上げ」にあう）
‘49.09~’49.10	ナホトカ、戦犯容疑者として第 4 分所へ。岩石切り出し積込み作業、雨の日は取調べ訊問。
‘49.10~’49.11	ウラジオストク、大型貨物船ラーゲリへ。市内に出て雑多作業、雨の日は取調べ訊問。
‘49.12 月 2 日	ナホトカから舞鶴港に帰還。

山村三知子さんはこのデータ化に携わる前の自分について、こう述べている。「現状の生活に目一杯だった私は、平和とか命について深く考えたこともなく、地球上のどこかで戦争をしていても、報道で悲惨な状況を見ても、災害で大変なことになっていても、なぜかスクリーンの向こう側の出来事という感覚で暮らしていました。ましてや、「シベリア抑留」という言葉は薄々聞いていましたが、その実態を知ることも、知ろうとする気さえも私の日常にはありませんでした。」

そして、データ化作業に実際に取り掛かったのは中本さんの他界後だったので、事実として受け入れるには余りにも衝撃的な内容に、山村さんは取り組みが遅くなったことを後悔した。しかし、自分を強く突き動かす何かを感じたその瞬間、その後の生き方が変わったという。そして、それからは、図書館、本屋、ネットを使ってシベリア抑留という事実と実態についてあらゆるものを調べた。中本さんの手記がどこまで真実なのかを解明したいという思いにも駆られた。そんななかで協力者である夫の山村正幸さんと共に東京、新宿の平和祈念展示資料館に行ったとき、そこでシベリア抑留の相談や調査などの活動をしている一般財団法人全国強制抑留者協会を紹介された。そして地元の石川県にも支部があることがわかり、その支部の抑留者名簿を見た。そのときそこに叔父の中本さんの名前を見つけたのだ。自分からは抑留の事実を生前何も語らなかった叔父がそこに存在したという証を初めて見たとき、山村さんの胸は熱くなった。

それからは、山村さんは石川県支部で活動の手伝いをしながら、中本さんの抑留経験の事実解明を模索するようになった。手記のなかからたどり着いた人に連絡をとってみるとすでに亡くなられているなど、何度も手掛けることの遅かったことが悔やまれた。

そんな折、一般財団法人全国強制抑留者協会の吉田事務局長より、叔父と同じマガダンに抑留された方を紹介され、すぐその方に連絡を取り、訪ね、お話しをうかがうことが叶い、初めて中本さんの叔父の手記が真実だったことが証明された。山村さんによってデータ化された中本さんの手記は現在、石川支部のシベリア抑留展示会で毎回流されて、参加者への貴重な資料となっている。

映像や音撮りが得意なご主人正幸さんと共に本格的に、各支部の「抑留展と語り継ぐ会」を訪ねることになった山村さんは、大学関係者や有識者の参加のもと活発に討論を交わしている支部、慰霊祭を心を込めて続けている支部、後継者不足で活動自体が萎んでいく現状を悩んでいる支部など、シベリア抑留者の集まりが場所によってさまざまな現状を抱えていることを目の当たりにしてきた。抑留者の高齢化で展示会場の荷物運びだけでも重労働になってきているなか、語り継ぐ人の体験話を記録するという仕事をするだけでも、何かの役に立つと思っている。

ある会場で、講演者が「聞いている人が実際直面しないと、話していることの重みはなかなか伝わらない」と話していた。また、鳥取の会場で出会った元教師の女性は、自分の生徒が命を落としたことをきっかけに、シベリア抑留を通して、命の大切さを伝えたいと願って活動を続けていた。山村さんはこのような人々から、「いろいろな苦難に直面している現在の社会の人たちに、命の大切さを伝えるきっかけを、抑留の真実を通じて伝えることができるのではないか」と教えられた。「どんなに寄り添おうとしても、語ることは解っていても、真に受けとめてもらうことは難しいのです。ましてや、平和にどっぷり浸かっている今の方たちには、以前の私がそうだったように、戦争の話や抑留の事など、振り向いて頂くのは至難の技なのです。」と山村さんは言う。

シベリア抑留の資料を探して自分の足で歩き始めてから、山村さんはさまざまなことを学んだ。なかでも抑留者がようやく日本へ戻ってから祖国での暮らしを始めるにあたって、「シベリア帰り」と言われてなかなか仕事に就けなかったことには驚きを隠せなかった。

「「シベリア帰り」は、なかなか仕事に就けなかったようです。とくにソ連で共産党教育を受けてアクチブになった人は帰国後公安ににらまれ、逃げ回り、最後には自死されたこともあったそうです。「シベリア帰り」ということに口を閉ざさなければならない状況だったため、事実解明が遅れたということも聞きました。」

また収容所内で起きた「吊し上げ」という行為はとくに印象深かったという。「叔父の抑留中のことは初めて知ることばかりで、すべてが驚きの出来事でしたが、とくに「吊し上げ」は集団でおこなわれた許せない出来事でした。」

ソ連共産党はスターリンの社会主義の理念や輝かしい未来を宣伝して日本人抑留者がその支持者となることを「民主化」と呼び、飢餓に苦しむなか、食べ物を余計に与える、あるいは日本への早期帰国といった条件が並べて、共産党のイデオロギーを叩き込もうとした。そのようにして抑留者のなかに社会主義者を育て、その人たちを優先的に帰国させることで、日本での社会主義の影響力を強めようとしたのだ。そのようななかで、スターリンに忠誠を誓う抑留者たちが続出した。そして、「民主運動」に賛同しない者は、「反動」として仲間に密告され、大勢に取り囲まれて一方的に非難され、自己批判を迫られ、殴る蹴るなどの暴行を受ける「吊し上げ」、別名「人民裁判」が繰り返された。壇上での弁明は許されず、反省と謝罪だけを要求され、「被告」は極限の肉体的精神的苦痛を味わった。「吊し上げ」の次の対象を探すために仲間の密告や裏切りも横行したので、抑留者たちは暗黒の日々を過ごした。こうして一時は天皇の軍隊として上官が変わらぬ力を奮っていた抑留者の社会は、スターリンの社会主義を信奉するものが牛耳る社会へと変容していった。激しい振幅のなかに投げ込まれ、抑留者たちは引き裂かれていった（第四章思想運動の展開・民主運動参照）。収容所以外の場所で「教育」がおこなわれた後、元官憲や警察で働いていた人々などが選ばれて集団の暴行にあったため、前歴を密告されて吊し上げにあうことを誰もが恐れた。中本さんも元警察官というだけで、グループ内で吊し上げに遭ったことを知ったとき、山村さんはこれが現在の社会の「いじめ」と共通する行為であることに思いあたり、日本人の社会に歴史的に内在するこのような行動様式について、深く考えさせられた。「寒さ・飢え・重労働の三重苦は、仲間で共有できますが、吊し上げ苦は耐え難いものだったと思います。現在のいじめと同じで、される方も、する方も、心に深い傷が残って、後々の人生に深く影響した事と思います。このようなことが当時の日本人社会にもあり、今もなくならないことに心が痛みます。」と山村さんは言う。

山村さんには中本さんの手記のなかからもう一つ忘れられないことがある。それはマガダンに上陸した翌日の大隊長の激励の訓示だった。「日本には、昔から「武士は食わねど高楊枝」と云う諺があるが、我々は日本人、捕虜と言われようが、囚人と言われようが、我慢して、我慢して、今の諺を忘れず、これから先、どんな困難・苦労が待っていようとも、耐えて、耐えて、耐えて、耐え抜いて、全員生きて日本へ帰ろう。どうか、何事も辛抱して、頑張って欲しい。」そのときの言葉は脳裏から離れず、以後四年四ヵ月の中本さんの抑留生活での生き抜く支えになった。その訓示は「日本人の誇りを忘れないで欲しい」という意味もあっただろう。しかし何より言葉が人を生かし続けたという事実から、言葉の重み、言葉の力というものに感動したという。「叔父は「生きて帰ってこられたこと」に何らかの意味を感じて、生きて帰ってくることができなかった同士のため、そしてこれから生きていく人たちのために叔父は体験を通して、書いて、伝えたかったのだと思います。」中本さんの手記は山村さんの支えになっている。

ここに、手記のなかに残された中本さん自身の言葉がある。「私達にはこの平和な時代をもっと長く維持しなければならない義務と、これを二一世紀に、子孫に、引継ぐ責任がある。人生一つしかない尊い命を自ら絶つ自殺行為などが日増しに増加傾向にある今、本書を通じ、人間の命は如何なる逆境にも耐え抜く力があるのだということを知ってほしい。そして生きてほしい。たった一つの貴重な命を大切に全うし、それぞれの一生を遂げてほしい。」「生きて故国の土を踏みたい」と、一心に生き抜いてきた男の命。しかし、今にして思えば、この「いのち」一つは、己のものだけではなかったような気がしてならない。」シベリアでの経験についてずっと沈黙を保ってきた中本さんは、遂に人生の最終章に自分の体験や思いを文章にした。

それを受けた山村さんは、シベリア抑留を知るための旅を歩み始めた。中本さんから託されたデータを見て衝撃を受けた山村さんは、それまでとは打って変わって、内側からの力に突き動かされて、その歴史に正面から向き合う次世代となったのだ。同じ経験をしても、興味を持たない人もいることだろう。けれど、中本さんは、山村さんの性格を見抜いて、最後の望みを託した。夫の正幸さんとともに抑留者協会の支部の仕事をコツコツと果たし、一人でも多くの方に抑留の事実を広めようと活動される三知子さんは、今も模索を続けている。

◉著者よりひとこと

数年前、私がシベリア抑留のホームページを立ち上げた頃、山村さんからfacebookの友だち申請があった。普段は、面識のない方とはつながらないようにしているのだが、のちに全国強制抑留者協会の事務長、吉田一則さんからのご紹介があったので、お知り合いになった。その後、東京に行った折に何度かお会いし、三知子さんの抑留を考える熱意に心を打たれた。三知子さんは、目的に向かってコツコツと努力をされ、創意工夫に満ちた方法で、抑留の事実を伝える地方でのイベントを成功させている。ずっとそうしていたわけではない。ある日「叔父のシベリア体験」とつながる瞬間が起きたとき、その歩みの方向がまったく変わったという点で、私たちは同志だ。

六．吉川元偉《ヨシカワモトヒデ》さん（一九五二年－）

一九七四年より四二年間外交官。外務省中東アフリカ局長、スペイン大使、初代アフガニスタン・パキスタン担当大使、ＯＥＣＤ大使、国連大使・常駐代表などを歴任ののち二〇一六年に退官。二〇一七年より母校国際基督教大学特別招聘教授。

吉川元偉さんの父、吉川忠夫《ヨシカワタダオ》さんは、大正一〇（一九二一）年奈良県に生まれ、二〇一五年に老衰で亡くなった。満洲よりシベリアに四年間抑留され、一九四九年八月に帰国。子どもたちが小さい頃はシベリアの話はしなかったので、元偉さんは成人してから、次のような話を聞いた。

シベリアでの強制労働については、忠夫さんは炊事係を長く務めたおかげで生き延びることができた。炊事係は、食事を公平に分配するという重要な任務だったので、ソ連の看守と日本人捕虜の両方から信頼される者が推薦された。「あいつは不公平だ」と噂されたら再任されることはなく、看守からも、「台所では腹一杯食ってよいが、えこひいきをしたら帰りの船で殺されるぞ」と忠告された。そのため、肉片が残っていて大喧嘩にならないように一晩中寝ないで、骨や皮が溶けるまで肉のスープを煮た。

食料の量は捕虜一人当たり黒パンXグラム、肉Yグラム、油、塩、砂糖いくらと国際条約で決められていて、その総量の何日分かを炊事係が別の収容所に行って貰ってきた。ただし骨も皮も肉の目方の一部とされていた。これらの食料の量は欧州戦線でのドイツ人捕虜を対象に決まっていたようだ。収容所の日本人は全員がつねに飢えていたが、シベリアという厳しい土地では食料そのものが少なくて、ロシア人も飢えていた。食材をもらいに他の収容所に行く道中に垣間見るロシア人の生活はじつに惨めで、戦時中の日本人の生活でさえずっと豊かだった。

こんな事情のなかで食材を引き取りにいくのは、炊事係の一番大変な仕事だった。馬が引く大八車で何人かで食材をもらいにいったが、目的地の収容所はとても遠く、帰りにはもう暗くなっていて、食材を盗もうとするロシア人が待ち伏せしていた。大きな丸太が唯一の頼りの武器で、命がけの怖い道だったが、忠夫さんは幸い大きな事故もなく四年を過ごすことができた。

忠夫さんは日本人の暴力について憤慨していた。日本陸軍では何の理由もなく上級兵が下級兵を殴る悪習があった。収容所にもロシア側の判断から陸軍の階級が持ち込まれて上下関係がそのまま続いたため、将校級は国際条約に守られて戸外での労働は免除され、下級兵だけが働かされた。それでも僅かな食料が同じように分配されたので、厳寒の戸外労働で体力を消耗し切った下級兵にとって、それは不平等極まりないことだった。にもかかわらず、上官からの暴力は続いた。

忠夫さんの話では、四年の間にロシアの看守が日本兵を殴るのを一度も見たことはなかったそうだ。ロシアの看守は、怒るときは目の前まで近づいて顔を真っ赤にして唾を飛ばして怒鳴りあげても、手を出すことはなかった。このような文化の違いを目の当たりにしたとき、忠夫さんは日本で昔からつづく習慣について、疑問を抱いた。

シベリアの冬は、とにかく寒くて大変だったが、忠夫さんは、抑留前に満洲で冬を越した経験があったので、「野外に出るときは帽子が必須で、野外での立ち小便は凍傷になる」など、寒さに耐える方法をいくらか学んでいた。冬の間は野外にある便所に行くのが一番嫌だったそうだ。しかし冬はすべてが凍るので便所が臭くなかったのは、夏に比べてマシだったと言っていた。

忠夫さんの八歳年下の弟の忠好さんは、終戦の年（昭和二〇年）の春に徴兵されて満洲に送られてすぐに終戦を迎え、そのままシベリアに送られたが、シベリアの厳しい寒さですぐに衰え、最初の冬に栄養失調で死んでしまった。忠夫さんのように満洲の寒さを経験していたら生き延びられたのかもしれない。

シベリアからの引き揚げ船で起きたことも、忠夫さんには辛い思い出だったようだ。シベリア抑留兵を迎えにいった民間船の船長は、日本を出発する前に抑留兵用の食料の一部を横流しし、船内では規定より少ない食事を兵隊に与えていた。シベリアで炊事担当を四年近くやった父には食事の量が足りないことはすぐにわかったようで、他の兵隊も気づき始め、改善を求めて船長に詰め寄るということが起きた。その結果、舞鶴港に着いたときは、忠夫さんを含む一〇名程が上陸後待っていた家族に会うこともできないまま直ちに警察に連れて行かれ、一晩尋問を受けた。船長は、船から本国に打電して兵隊たちに吊し上げられ、危害を加えられたなどと訴えていたことが後で判明した。「船長の食料横流し事件」が「シベリア抑留者による船長吊し上げ事件」にすり替えられ、船長ではなく抑留者が取り調べられたのだ。忠夫さんは、シベリアからの帰国後公安警察が自宅に来ていたのは、この事件が原因かもしれないと言っていた。

帰国後しばらくの間、公安警察が定期的に家にやってきては「吉川はん、どないしたりますか？」と茶飲み話をしていった。忠夫さんにとってみればまったくの滑稽なことだったが、シベリアに四年も抑留されていただけで、「アカ」と見られていたのだ。シベリア抑留者にとって、ソ連側がおこなった共産主義教育は、日本人同士の間に大きなしこりを残し、帰国後の抑留者が日本の社会へ順応することをも阻むものだった。国のために戦地に赴き、意に反して捕らえられて厳寒の土地での苦渋を強いられた人たちが、祖国に帰ったときに「お帰りなさい。大変でしたね。」と労われることもなく、このような疑惑の渦中に置かれるとは、なんと理不尽な目にあったことだろう。

終戦後のシベリアでの収容所暮らしは、忠夫さんにとってまったく予測のできなかった過酷な経験だったが、戦争によって引き起こされた他の苦しみについてもときおり語っていた。終戦により、日本からの命令系統や守りがすべて失われたなかで、満洲から急な引き揚げを強いられた日本人家族は、男性はみなシベリアに連れていかれた後、婦女子だけの危険な逃避行をしなければならなかった。女の人たちは頭を剃り、顔に墨を塗って目立たないようにした。乳飲み子を背おい、ロシア兵の追い討ちから逃れながらその日の食料を探し、逃げ続ける。そのなかで子どもと生き別れになった母親もいた。そのことを考えると、兵隊はシベリアに送られてもまだマシだった。「我々が満洲を引き揚げる際に目撃した在留日本人のみなさんは、本当に悲惨な目に遭っていた。所帯道具を大八車に積み、子どもの手を引きながら逃げていったが、あのうち何人の人が日本に無事帰れたんだろう。」と忠夫さんは涙ながらに話していた。

忠夫さんは確かに兵隊四年、捕虜四年の間ずっと苦労したが、内地に一人残った忠夫さんの母は男手もなく（父は忠夫さんが七歳のときに死没）、弟もシベリアで死に、もっともっと苦労したとよく話していた。忠夫さんは兵隊に取られる前はすでに一家を支える存在となっていた。責任感の強い忠夫さんは、元偉さんにとって怖い父親だったが、自分の母親の話になると決まって泣いていた。

元偉さんが外交官という職業を目指したのは、奈良県立畝傍《うねび》高校時代にＡＦＳ奨学制度(6)でアメリカに留学したことと、父親の忠夫さんが日本と外国の間に起きた戦争により八年間もの戦争体験をしたことの影響が大きかった。外交という努力のなかから、戦争のない平和な世のなかを目指したかったのだ。こうして、元偉さんの職業決定及び外交官人生には父親からの強い影響があった。

忠夫さんは、シベリアから帰国後、親類の経営する印刷会社に勤め、最後にはその社長になった。小学校のＰＴＡ会長を六年以上務め、多くの人の悩み事の相談に乗るなど、中小企業の経営で忙しいなか、社会活動にも懸命に努力を続けた。気が短いところはあったが、人情深くて涙もろく、人のことを思いやる人だった。元偉さんはそんな父親の気性を受け継いでいるという。忠夫さんは晩年は病気で苦労したが、立派な人生を歩んだ人だった。

忠夫さんは、いかに苦労したかということを具体的に子どもたちに話すことは少なかった。元偉さんは、母の秀子さんから、父のシベリアでの苦難を間接的に聞いていて、その苦労を想像してはいたが、子ども心に聞いてはいけないのかと思っていた。しかし、のちに大変な苦労をしてきたことを具体的に知るに至り、日々の生活のなかで父親を尊敬する心が一層大きくなっていった。

それは元偉さんの人生のいろいろなところに現れる。まず、父の置かれた境遇と比べて、自分は恵まれた、幸運な状況にあるという意識を絶えず持っていた。たとえば、外務省でどういうポストにつこうが、どういう仕事を与えられようが、苦しいとか大変だという気持ちにはなったことはまったくない。それは父の苦労を自分なりに理解していたつもりだったので、たとえ辛くても現場から逃げようと思う気持ちになることは、一度もなかった。むしろ「こんな仕事ができる」といつも幸運に思えたのは、父が抑留生活の苦労の後でも、日本に戻ってから息子である自分に前向きな生き様を見せてくれたおかげだったと元偉さんは思っている。

忠夫さんが亡くなったのは元偉さんがまだ外務省在職中で多忙な最中だった。現役時代は東京勤務時にはお正月とゴールデンウィーク、年に二度ぐらい田舎に帰ったけれど、二日間ぐらいの家族もみな一緒のなかでは、積極的に父の話を聞くことができなかった。元偉さんがスペイン大使時代に、両親が訪ねてきたとき、忠夫さんに頼んで、大使館員にシベリア抑留四年間を中心に八年間の兵隊経験談をしてもらったことがあった。それは当時の大使館員にはとても印象に残ったようで、今でもその思い出を語る当時の館員がいる。

元偉さんは、自分が外交官になったことを忠夫さんは喜んでくれたとはいえ、実際には長男だから、奈良の近くで仕事をしてほしい、小さな印刷屋だったので、それをついでほしいと期待していたのではないかと思っている。

忠夫さんが亡くなってから、元偉さんは生前にもっと抑留時代の話を直接聞いておくべきだったと後悔している。他の抑留者のために自分にもできることがあったのではないか、ということも強く感じるようになってきた。退官して初めて自分の時間が出来たので、今になって改めてさまざまな抑留記を読んで父の辛かった経験を偲んでいる。

◉著者よりひとこと

二〇一七年に国際基督教大学でシベリア抑留の講演会を終えたとき、一番先に手が挙がって家族の抑留経験を話してくださったのが元偉さんだった。その後も気さくに質問を受けてくださり、快く寄稿してくださったことには感謝に堪えない。八年間もの戦争体験をした父、忠夫さんの深い苦悩に直接触れていた元偉さんは、自らアメリカへ留学し、その後日本の代表として外交の努力に関わる貴重な人材となった。戦争体験は二度と繰り返されないでほしいが、そのような経験を経て、次の世代に明日の光を求める強い心が生まれ、真の世界平和を目指す外交がおこなわれたことは素晴らしい。

【追記】

この章を計画するにあたって、父上が抑留者だった黒柳徹子さんにもご連絡した。シベリアで「沿海州楽団」の一員で、元NHK交響楽団のバイオリンのコンサートマスターだった黒柳守綱さん（一九〇八－一九八三）について語って頂けるかご依頼をしてみたのだ。すると事務所の池谷とみ子様から、黒柳さんは舞台やレギュラー番組の収録など、仕事が立て込んでいることもあり、また父上の口からあまり直接抑留経験を聞いていなかったので、お話しできることが少ない、というご連絡を頂いた。

でも、その直後にご多忙のご本人からご丁寧な二ページのお手紙を頂き、恐縮した。なかにはチェリストの井上頼豊氏（一九一二－一九九六）や歌の北川剛氏（一九一二－一九八五）とともに、守綱氏がシベリアで零下二〇度のなかで沿海交響楽団の一員としてトラックで収容所めぐりをしていたこと、戦後五年ぐらいたってから帰還されたこと、頑丈だった父上が、厳寒のシベリアでの暮らしからか、肺気腫のようになって七四歳で逝去されたことなどが記されていた。

そして、二〇二三年一〇月に『続・窓ぎわのトットちゃん』が刊行された。「パパの出征」と「パパの復員」のなかに、幼い黒柳さんが覚えている当時の出来事が記されている。

私が調べてきたすべての暗いシベリア抑留の事実を心にしまって、懐かしく可愛い「トット助」を愛した盛綱さんの様子や、お父さんのことは言わずにいたが、結局はNHKに入る最終審査で娘であることが判明して、テレビ女優としてのスタートを切った徹子さんのこと、そして、どんなときにも未来への糸をたぐって驚くべき行動力を発揮し、困難にも笑顔で立ち向かっていった母親の黒柳朝《チョウ》さんのこと、そのご両親の愛を受けて、真っ直ぐに人のため、より良い社会のために尽くされてきた徹子さんの希有の姿が、その本のなかから浮かび上がってくる。もうすぐ五十周年を迎える「徹子の部屋」を続けてこられた黒柳徹子さんには、きっと盛綱さんがシベリア暮らしから持ち帰った忍耐力や人の心のひだに寄り添い思いやる心、愛を大切にする生き方が伝わっているのだと思う。

あとがき

アメリカにいながらシベリア抑留に関する文章を日本語で書くのは、超えなければならないハードルがいくつかあった。一つは日本語の関連文書の取得が容易ではなかったことだが、近年のインターネットの発達により、より多くの日本語の資料が海外からもアクセスできるようになった。また、海外からの日本の図書買い入れ方法も確立されて、日本で出版された本をサクラメントから直接入手できるようになった。執筆の初期にはまだできることが限られていたのだが、こうして、時代の変化のおかげで、情報収集が可能になり、より良い情報が手に入るようになったのは幸運だった。また、日本の読者を念頭におくとき、日本の社会の現状との距離が出ないように情報取得に留意したが、新聞もデジタルで読めるようになり、日々の日本のテレビのニュースも見られて、とても助けになった。日本人が移民一世としてアメリカに渡った時代には、コミュニケーションといえば手紙だけだったが、それとは、まったく異なる今という時代でこそ、このような執筆は可能だったといえる。

出会いのインパクトは、人生の歩き方に大きな影響を与える。実際に目に触れ、その人の言葉を聞く機会があれば、その存在は揺るぎないものとして受け手の心の奥に生き続ける。だが、本や記録は、離れた場所や違う時代に生きた人々との心の出会いを可能にするので、私なりの大仕事を終えた今、この本の内容が今後どこかで生かされ、歴史を伝えていく努力の一助となる可能性に想いを馳せている。

ソ連による旧敵国側の軍人と民間人の抑留は、日本人だけではなく、ドイツ人も対象となった。ドイツとの戦争で国土が疲弊し、七〇〇万ともいわれる人的被害も受けたソ連は、深刻な労働力の不足に直面していた。そして、それまでにソ連には自国の民でさえも捕われの身となり、労働力として使われるシステムが確立しており、「収容所列島」といわれるほど収容所が至るところにすでに存在していた。そのような国内事情を背景として、ソ連が日本人抑留者の技術と労働力を使用しようとしたことは疑いない。そして、あっという間に六〇万人の日本人が計画的にソ連領内へ連行されて、収容所《キャンプ》へと収容された。この全容を、私たちには、どれほどの知る機会があっただろう。

私は、このプロジェクトを通して、「シベリア抑留」という言葉の奥に、何十万の方たち一人一人の大切な人生があったことに目を開かされた。その感情の移入こそが、この不幸な歴史を学んだなかで、もっとも貴重な自分の原体験だったと思っている。そこには、明日の命もしれないギリギリの環境のなかで、それぞれの人間の生の喘ぎや苦しみがあった。抑留者の人間性の根底が試される日々……。そして、その一人ひとりに自身を待つ日本の家族があった。やがてある者は死に、ある者は帰国したが、それは決して称賛される帰国ではなかった。この苦しい歴史を内包したまま、生存者ご本人やご遺族の家族は、今この時にも生きつづけている。そして、その周りにいる私たちにはそれは殆ど見えない。このような、人間のどん底の体験をとことん見つめることはたやすくはなかったが、目をそらすことはできなかった。

この執筆は“Japanese Internment in Siberia”というタイトルの英語と日本語のウェブサイト作成ののちに始めたが、サイトを立ち上げていた頃には、一つの苦しく悲惨な描写を読んでそれを取り上げることに決めると、まずその内容を日本語でタイプし、さらに英訳して英文タイプをしたので、同じ情景の細かい情報が頭のなかで三回繰り返されて、夜眠れなくなることがあった。それで、「これは自分には辛すぎて続けられないかもしれない」と思った。しかも、場所も時代も遠い内容だったため、それについて語り合える人がそばにはおらず、一人悶々とした。

だが、苦難の体験を読み続けるなかで、ときおり、長いシベリアの冬の後の僅かな春の訪れに安堵する文に触れたり、苦しいなかにもお互いを思いやる抑留者の方々の暖かな人間性を感じたりしてホッとすることがあった。人間が暗闇のなかにも希望を見つめる瞬間だ。私はその希望に触れることで、この長い一人旅を続けることができたのだと思う。また、講演会に呼んで頂くようになってからは、暖かな言葉をかけてくださる方があったし、ご家族にシベリア抑留経験者がいたり、ご自身が満洲からの引き揚げ経験者だということもあった。このように目の前で人との想いが繋がったとき、私の仕事の意味が具体的に感じられるようになり、長いトンネルの先の灯火となった。

また、このテーマを追っていなければお会いすることのなかった方々との親交は、織りなす糸のような貴重な人生経験となった。なかでも二〇一四年の故相澤英之氏との直接のインタビューは思い出深い。私よりずっとご高齢で生きる場がまったく違い、接点もなかった方に、シベリア抑留経験をうかがうという設定のなかでお会いするという緊張の初対面。しかし、そこには政治家や官僚といったイメージとはまったく異なる、感性や人の想いを大切にするごく自然な一人の方が居られて、心を打たれた。「シベリアの歌」はそのときの私の気持ちが氏の抑留経験にすうっと吸い込まれて、音となり、誕生した歌だ。二〇一五年の国際基督教大学（ＩＣＵ）での講演会の折には、ゲストとしてお話頂くはずだったがご出席が叶わず、奥様の女優・司葉子さんが代わりにきてくださったことも、思いがけなかった。そのとき、司さんは、英之氏がときおり夜うなされて急に飛び起きる様子を見ては、「この人、どこかで悪いことをしたのではないかしら」と感じたという率直な感想を聞かせてくださった。それは抑留時代の悪夢にうなされてのことだった。実際にどんな光景があったかについては、語られたことはないとうかがった。

大西直樹先生には、暖かなご配慮で出版に至る道筋を見守っていただいた。国際基督教大学教会は姉の晃子が会員で、その教会の方々が抑留についての私の研究に興味を持ってくださった。そして、二〇一四年の講演会の折、大西先生とお知り合いになった。その後出版を強く勧めてくださり、すでに親交の深かった小鳥遊書房の高梨治氏をご紹介いただくことができた。先生とは、同じ頃国際基督教大学の学生だったこともわかった。また、大西先生は英文学を故斎藤和明氏に師事されたが、そのお子さんたちの家庭教師で、その一人の斉藤眞子さんは偶然にも私の恵泉女学園教諭時代の教え子だった。眞子さんは父上の後を継いで、日本で捕虜となり苦難の末死に至った一八〇〇人の英連邦捕虜戦没者の霊に祈る運動に参加し、「平和と和解」を目指す草の根の努力を今も続けている。

この出版は、二〇二〇年に完成したウェブサイトの立ち上げに引き続き可能となったことで、そのマラソンのような全体のプロジェクトを続ける間、たくさんの方のお力添えを頂いた。カリフォルニア大学デイビス校では、同僚のケビン・ローディー氏、デイビッド・フェイ氏、IT担当のアンソニー・ドラウン氏の意見が基礎デザインに欠かせず、IT担当のアロン・エッチベリー氏には、退職後の今もウェブ管理のお世話になっている。また、元学生だった言語学専攻のクリストファー・グラハム、留学生として助手をして頂いた長谷川優さんの両氏には、それぞれの専門性を生かしてウェブサイトの運営を長い間助けて頂いた。

サイトの製作中から、アメリカでは、サクラメントの日本人ネットワーク「すみれ会」、サンフランシスコの日本人ネットワーク「ひまわり会」、カリフォルニア大学デイビス校東アジア言語文化学科で講演の機会を頂き、日本では国際基督教会コイノニアの会、国際基督教大学平和研究所、東京女子大学学会国際関係部会連続講演会シリーズなどにお招き頂いた。二〇一八年の東京女子大学での講演では、社会学や歴史学を専攻する学生たち約二〇〇名が出席し、そのときの学生たちの「この歴史は学んだことがない。もっと知りたい」という新鮮な反応から、私の知り得たことをさらに書き記すことで、より多くの日本の若人に将来的な学びの機会を提供できるのではないかと気づいた。「シベリア抑留」は、当事者が体験記を書いて初めて実情が理解されるようになったが、それにも時間がかかったし、日本の歴史の教科書で正面から取り上げられることがなかった。そのような状況のなかで、一般の人にこの史実を明らかにして、後世に伝えていくには、専門家や経験者に加えて、民間の努力も必要だと思った。

一般財団法人全国強制抑留者協会（全抑協）の前事務長、故饗庭秀男さんと現事務局長吉田一則さんには種々の貴重な資料を提供して頂いた。また全抑協並びにカリフォルニアのサラダ・コスモ社の中田政洋氏には初期の研究助成費を頂き、深く感謝している。

この本の誕生は、執筆期間中、酒井純子氏、黒沢文貴先生、亀山保氏に綿密な考察と校正を頂いたことで可能になった。アメリカで暮らすなかで、一人で深く重い日本の歴史を掘り下げる作業はたやすくはなかったが、私の思いを正面から受け止めて、同じ平和への願いから、この三人の方が日本から寄り添いつねにともに歩んでくださったことが、仕上げへの強い動機となった。また、東京女子大学や国際基督教大学時代の頃の繋がりからこのような確かな応援を受けたことは、日本を離れて久しい自分にとって、とくに心強く意味深いことであり、大きな励みとなった。酒井さんには校正経験者且つ同世代の読者として、新鮮な洞察力で支えて頂いた。黒沢先生には現代史やシベリア抑留研究に関わる歴史の専門家としてお忙しいなかを、史実を謙虚に掘り下げる態度や研究の方法をご教示頂き、感謝に尽きない。そして亀山保さんは、元NHKのディレクター時代からの広く深い知見を惜しみなく生かして、外国暮らしの私の足りない点を快く補ってくださった。妹さんの故亀山恵さんとは国際基督教大学時代の旧友で、有能な言語学者としてスタンフォード大学で活躍中に四六歳の若さで癌に倒れたときの驚きは忘れられない。その後忘れ形見の仁奈ちゃんを通して、亀山家との交流が始まったことから、このような繋がりが生まれた。研究者としての出版歴をお持ちの黒沢先生は、今回の執筆を次のように評してくださった。「榊原さんのご本の強みは専門家の執筆ではないところにあると思います。またアメリカで経験されてきたことが生かされていることだと思います。普通の方が気づきを得て、どのような心の軌跡をたどりながらシベリア抑留という重いテーマの本をまとめられたのか、というところに、本書の価値があると思います。」そして、この全体の流れの要としての恩師、故小林祐子先生の存在は、忘れることはできない。先生には言語習得や文化観察に関する態度の基本や、心を尽くし愛をもって教育に携わること、また「なぜ」という問いの大切さを教えて頂いた。

東京の国際基督教大学教会やサクラメントのパークビュー長老教会の方々にも温かい応援をして頂いた。他にも、サクラメント・マスターシンガーズの指揮者、ラルフ・ヒューズ氏と合唱仲間やサクラメントに住む私の友人の日本女性たちの「さくらコーラス」のメンバーの励ましも、長い執筆期間中の支えとなった。「シベリアの歌」のバイオリン奏者であるウクライナ出身のイゴール・ベリガン氏からは、ロシア語に関連する解読や英訳に多くの援助を得た。

表紙カバーの絵の作者であり、オーストラリア在住の従兄弟の大島守夫さんにも謝意を表したい。守夫さんは居住地オーストラリアのユーカリの林のなかで、私たちの叔父、健夫が閉じ込められたシベリアの白樺の林をイメージし、暗い空を見上げた抑留者の心を描写してくださった。『極北の残照』と題されたこの絵は、深い思いを秘めている。守夫さんの亡き父、智夫叔父は、十人きょうだいの末弟として、帰国後の健夫叔父にずっと寄り添っていた。その大切な「健夫さん」との思い出のかずかずを聞けたことで、私の健夫叔父の理解が次第に深まっていった。智夫叔父の亡きあと、守夫さんが思いを引き継いでくださった。

また、現カザフスタン大使の山田淳氏は、二〇一七年当時、サンフランシスコ総領事時代に、サクラメント市にあるクロッカー美術館での日系収容犠牲者の名簿の音読の行事に参加された折、偶然その場で出会った私に領事館のPacific Salonでの発表の機会を設けてくださった。山田大使はウラジオストクでの総領事時代に日本人のシベリア抑留の歴史に触れておられ、快く私の研究の助成をしてくださったのだ。そのとき出会ったジャーナリストで共同通信のサンフランシスコ特派員の清水真佐子氏はご自分の叔父さまも抑留者だったことから、このテーマに共鳴し、私のプロジェクトについて、日本向けの新聞記事を書いてくださった。

過去の歴史は時間の経過と共に風化していく。そのなかで、こうして「シベリア抑留」を見つめる機会を得て、私自身の歴史理解の方法が確立し、平和への望みも強くなった。しかし、戦争は今現在もあり、毎日の世界の暗いニュースに心は痛む。『歴史に向きあう』には、E・H・カー『歴史とは何か』を参照して「歴史は現在と過去の対話であり、現在という時点で未来と過去を結びつけるものである」という定義がある。そして、戦争という対立から和解を生み出し、平和へと向かっていく態度が述べられている。つまり、「和解」のプロセスの姿は歴史、地理、文化、政治、経済などにより背景は異なるが、まず「和解」は当事者同士が和解しようという気持ちになること、そしてその「和解」を維持するための努力が必要なこと、当事者が「慎みと寛容の精神」をもって臨むこと、当事者が自分の考えだけを絶対視することなく、相互理解の姿勢を崩さずに冷静な姿勢を保つこと、そして最後に、過去の歴史と真摯に向き合い、過去の事実を次世代に確実に継承していくことの必要性が指摘されている。これらは、個人レベルの和解や集団同士の和解にも通じる。こうした観点からも、シベリア抑留の悲劇を事実として学んでいくことは、今後も私たちの責任の一つだろう。

末筆ながら、執筆中、多くの方々に見守られていたことは、どれほど心強かったことかをお伝えしたい。とくに姉・水永晃子と兄・大島健一、姪の八幡朝子、水永（三宮）牧子、友人の宮良（関根）恵美子さん、内田三養さん、岡野真由子さん、岡田明子さん、キャシー・西崎さん、キャシー・免田さん、エイミー・河原さん、ルージュン・ヒューストンさん、ウィリアムズ・まりさん、サクラメントパークビュー長老派教会のアート・バンビーク前牧師、セラ・ネイブ現牧師および教会員のみなさま、サンフランシスコの花岡伸明先生、天上の杉山好先生と宣教師のヘレン・ナンドルフ先生、叔父大島智夫、そして夫・ジョナサンと二人の娘たちの長い間の静かな祈りと応援に謝意を表したい。

最後に、天国の健夫叔父さん、苦しかった人生のすべてをかけて、命の尊厳への手ほどきをしてくださり、深く感謝しています。

カリフォルニア州サクラメントの市の自宅にて
二〇二四年八月一五日　終戦記念日に

榊原（大島）晴子

本書に寄せて　シベリア強制抑留の記憶

大西直樹（国際基督教大学名誉教授）

太平洋戦争敗戦から三年を経た昭和二十三年（一九四八年）に生まれた私にも、シベリア強制抑留の話は身近に存在していた。今更ながら気がつくのだが、昭和二十三年といえばまだ日本はアメリカ合衆国の占領下にあり、自国の憲法を持たないまま動き出した戦後の混乱がようやく落ちつきはじめた頃だった（のだと思う）。母の従兄で十年ほど前に亡くなった人物が、シベリアに抑留されていた。時期や場所などの詳細は語られることはなかったが、幼い頃、よく聞かされていたのが、彼が帰還した時のことである。シベリアから帰ってきた彼を東京駅に迎えに行った私の父は、当然ながら彼を江古田にある彼の実家に連れ戻そうとした。ところが彼は、汽車を降りると実家には帰らないと主張し、「代々木（共産党本部）に行くんだ」と駅の柱にしがみついてその手を離さない。当惑した父はそれでも柱にしがみついている指を一本ずつ解いて、やっとのことで実家に連れ戻した、という話を繰り返ししていた。

その「おじさん」は、ロシア民謡が大好きで、ハーモニカやアコーディオンを演奏しながら、何曲ものロシア民謡を見事に歌っていたが、幼い頃、母の実家の周辺では近隣の隣人たちが集まって、やはりロシア民謡を歌う集会がよく持たれていた。「カチューシャ」「トロイカ」「静かな湖畔の森の中から」などなど、今でも口をついて出てくるほどに親しんだロシア民謡。そう言えば、小学校時代の遠足のバス旅行の中で、必ず歌っていたのがロシア民謡だった。私が高校時代を過ごした新宿には歌声喫茶があり、そこでもロシア民謡が中心だった。こうした社会的現象の背後に、じつはシベリア強制抑留という問題があったのだという事実が見えてくる。もっともビートルズの来日で、ロシア民謡ブームの全てがひっくり返るのだが。

私が研究者として最初に出版した本は『クラークの手紙』（北海道出版企画センター、一九八六年）というタイトルであり、一八七七年にアメリカに帰国したクラークに向けて札幌農学校の弟子たちが送った手紙と、それに対するクラークからの返事の翻訳で、この本では佐藤昌介と内田瀞《きよし》との往復書簡二組の翻訳が中心である。出所はマサチューセッツ州立大学アーマスト校の図書館で、学長であったクラーク関連の資料がアーカイヴに保存されており、そこに札幌農学校の一期生、二期生の日本人の弟子が送った手紙が所蔵されていた。クラークといえば、かつて日本でもっとも知られているアメリカ人と言われていた時代もあったが、例の「青年よ、大志を抱け」という言葉が、今でも時折メディア上に繰り返し出現する。彼が札幌を離れるとき見送りに来た学生一行に向け、Boys, be ambitious! と言ったとされる言葉は、直訳すれば、「少年たちよ、野心を持て！」ではないだろうか。それを、一期生の大島正健が意訳したのだ。明治期初期に日本にキリスト教を伝えた人物としてのクラークの言葉として、これではふさわしくないと感じられるためか、このあとにどのような言葉が続いていたか、実際はどうだったかが繰り返し論議される。ちなみに、彼は公立であるにもかかわらず、札幌農学校の学生にキリスト教を伝えたが、牧師ではなかったので、学生に洗礼を授けることはできなかった。しかし、信仰の道に対して野心を持て、と言ったのだ、と解釈されたりもする。クラークの信奉者が作り上げたクラーク像は深い尊敬と感謝の対象であり、さまざまのエピソードから、彼が実に型破りの教師であったかが語り伝えられている。十数名の学生を通して彼が日本に残した影響を考えると、その滞日期間がわずか八ヵ月余りであったことはやはり驚かされる。一方で、こうした神話化された人物像とは裏腹に、出身地のマサチューセッツ州アーマストでの彼の評判は芳しくなく、人々の記憶には残されていない。あまりに「野心家」でありすぎた彼は、帰米後、アメリカ西海岸での鉱山経営をはじめ、洋上大学の学長職就任などの大事業に着手したものの、次々に失敗を重ねていた。資料の裏付けとともにその過程を明らかにした著作がジョン・マキ著『クラークその栄光と挫折』（高久真一訳、北海道大学図書刊行会、一九七八年）で、そこには激しく揺れ動いたクラークの実像が著されている。

それはともかく、そのクラークが日本から持ち帰った木がアーマストの町中に植えられており、その数は楡や桜など四〇〇本にも及んでいる。ことにアーマストの中心にある広場コモンには、一本の楡の大木があり、クラークが持ち帰った木であるとの表札が打ち付けられていた。ところが、その木が根腐れして、結局は切り倒されたが、倒木からヴァイオリンが作られたという話を、隣接しているグレース・チャーチの教会員から聞いたことがある。

一方、クラーク由来の北海道大学には、札幌農学校の二代目校長の息子、森廣が一九〇三年にアメリカから持ち帰って植えたポプラの並木が見事に立ち並んでいた。その並木の大半が二〇〇四年九月の台風一八号で倒れたが、倒木からハープシコードが作成された。二〇〇六年にはお広めのコンサートが開催され、ハープシコード演奏家の水永牧子さんがその楽器を奏でたという新聞記事を読んだことがある。私は、その十年後の二〇一六年、東京オペラシティーの近江楽堂で、バッハのゴルドベルグ変奏曲全曲のコンサートに出席したが、その演奏家が北大のポプラから作られハープシコードの演奏家であることを知った。

そして、コロナ禍を遡る数年前、国際基督教大学教会の日曜礼拝に出席した本書の著者の榊原晴子さんと姉の水永晃子さんとにお会いし、自分と榊原さんとが国際基督教大学の一期違いの同窓生であること、ハープシコードの演奏者である水永牧子さんが水永さんのご令嬢であること、そしてみなさんが、私としては思いもよらなかったあの「青年よ、大志を抱け」の大島正健の子孫であることがわかり、驚きの発見をしたのである。

この発見から、シベリア抑留問題への繋がりには、またいくつもの出来事が重なるのだが、その一つは国際基督教大学がロータリークラブの世界に展開する七つのロータリー平和センターという大学院生の留学制度の一つになっていることが挙げられるだろう。世界六ヵ国七大学院の一つになる提案を持ちかけられたとき、私は学長補佐としてその舞台裏を整えていた。この関係が成立した一九九九年以来、ロータリアンである女優の司葉子さんと大学との関係が始まり現在も続いている。彼女のご主人が衆議院議員であり経済企画庁長官も務めた故相澤英之氏で、ご自身三年間に及ぶ抑留経験を経て、全国強制抑留者協会の会長を二〇一九年に九十九歳で亡くなるまで長く務められた。本書にあるように、榊原さんはこの相澤氏に個人的にも励まされ本書の執筆に取り掛かる決意をしたのだ。

シベリアへの強制抑留という、六〇万人の日本人を巻き込み十年間も続いた理不尽な出来事は、今でも多くの日本人の心にその影を色濃く残している。筆舌に尽くしがたい困難の経験は、語られぬまま当事者が亡くなると記憶からも消えていく。しかし忘れ去られるには、あまりにも重く悲惨な経験である。そこには、これまで詳しく語られることのなかった、日本人女性の方々もいたことが、本書には書かれている。このような新たに掘り起こされた事実とともに、本書の大きな特質は、この本がアメリカのカリフォルニア州で書かれているという点である。アメリカ西海岸といえば、戦時中一九四二年から戦後の一九四九年まで、日系人の強制収容問題が発生した地域である。著者の榊原さんのご主人の親戚の方々も、中西部のアイダホ州ミニドカの強制収容所に収容された。ところが西海岸を含め、日本人がシベリアに強制抑留されたという事実は、アメリカ人の間ではほとんど知られていない。本書は今後英語での翻訳を目指すが、これまでシベリア抑留問題を扱う英書が数えるほどしかないことを思うと、本書が英語圏の読者にも広がりうるという点は注目に値する。

こうした、経緯を見渡してみると、私には個人的に、英語の単語の一つでもっとも好きな言葉が浮かんでくる。それが、Serendipity。この語の由来は、イギリスの作家 Horace Walpole ホレス・ウォルポウルが、スリランカの民話にある The Three Princes of Serendip（セレンディップの三人の王子）というお伽話から一七五四年に作り上げた造語である。民話に登場する王子セレンディプたちは、まったく思いもかけずに、次々と自分からは求めていない予期しなかった幸運に遭遇し続けて人生を送った、ということがその民話に書かれているらしい。つまり、偶然の幸運に出会う能力という意味ととって良いだろう。シベリア抑留という重く深い日本人の記憶を表に出す作業には、多くの人々をつなぐ Serendipity という絆の存在がある、ということが示されているのが本書の姿でもある。

註

◉第 1 章

(1) アメリカのコミュニティーカレッジ https://www.crossrivertherapy.com/research/community-college-statistics#:~:text=On%20average%2C%20community%20colleges%20have,wide%20range%20of%20degree%20programs.

(2) カリフォルニアのコミュニティーカレッジ https://www.cccco.edu/About-Us/Chancellors-Office/Divisions/Digital-Innovation-and-Infrastructure/research-data-analytics/data-snapshot/student-demographics#:~:text=Approximately%20half%20of%20California%20community,25%20years%20old%20or%20older)

(3) DATAUSA-University of California-Davis　https://datausa.io/profile/university/university-of-california-davis

(4) スズキメソード＝スズキメソードの演奏法は、故鈴木鎮一先生（1898-1998）によって長野県松本市に誕生した。「音楽を通じて心豊かな人間を育てることを目的とする教育法」として世界に知られているが、実は鈴木先生は、若い頃ドイツでバイオリンの研修中に音楽と言語の習得過程の共通点に気づいた。自分は大人としてドイツ語で苦戦中に、気づくとドイツ人の子どもたちは誰でもドイツ語がペラペラに育っているのだ。ならば、音楽も言語と考えて、子どもを音楽漬けの環境におけば、耳から音楽が自然に入り、誰にでも音楽が身に付く、という発想だった。そして音楽留学から帰国後、当時は音楽とは縁のなかった松本市を選び、バイオリン教育に携わった。この「実験」は功を奏して、今、松本市は世界に誇る音楽芸術の発信地になっている。1992 年には「セイジ・オザワ松本フェスティバル」が開幕。以降、故小沢征爾氏は、松本で毎年世界から注目されるオペラ公演やコンサートを開催した。

(5) 英語版は *Sensibility and Education* 榊原晴子、カレン・ハグバーグ共訳　Piano Basics Inc. 1993 年。

(6)『二つの祖国』（1993、山崎豊子著 新潮社）やドラマ『99 年の愛』（1990、TBS）は、本文で述べたような日系アメリカ人の収容の歴史をテーマにした作品。

(7) https://en.wikipedia.org/wiki/Daniel_Inouye［2024 年 9 月 2 日閲覧］

(8) https://en.wikipedia.org/wiki/Irene_Hirano［2024 年 9 月 2 日閲覧］

(9) https://en.wikipedia.org/wiki/Norman_Mineta［2024 年 9 月 2 日閲覧］

(10) 東栄一郎　日系移民史百科事典「日本人の海外移住、1868-1989 年」https://discovernikkei.org/ja/journal/2014/2/28/historical-overview/[［2024 年 9 月 2 日閲覧］

(11) 永野万蔵、https://discovernikkei.org/ja/journal/2024/4/15/manzo-nagano-2/［2024 年 9 月 2 日閲覧］

(12) 西井久八、http://www.i-manabi.jp/system/regionals/regionals/ecode:4/95/view/16696［2024 年 9 月 2 日閲覧］

(13) https://www.jica.go.jp/Resource/jomm/outline/ku57pq00000lx4th-att/list_01.pdf［2024 年 9 月 2 日閲覧］

(14) Immigration and prewar justice　https://encyclopedia.densho.org/history/［2024 年 9 月 2 日閲覧］

(15) Hokubei Hochi(North American Post) https://ja.wikipedia.org/wiki/北米報知、https://napost.com［2024 年 9 月 5 日閲覧］

(16) Rafu Shinpo　https://rafu.com［2024 年 9 月 5 日閲覧］

◉第２章

(1) Densho https://densho.org［2024 年 2 月 4 日閲覧］
(2) 舞鶴引揚記念館　https://m-hikiage-museum.jp［2024 年 2 月 4 日閲覧］
(3) 平和祈念展示資料館 https://www.heiwakinen.go.jp［2024 年 2 月 4 日閲覧］
(4) 支部発足 35 周年記念誌「シベリア抑留」石川県支部活動記録　全国強制抑留者協会石川県支部　2023
(5) 新正卓『沈黙の大地／シベリア』辺見じゅん序、筑摩書房、1995 年。
(6) " Japanese Internment in Siberia（日本人のシベリア抑留）" 饗庭秀男氏抑留体験を語る（1）榊原晴子 https://www.youtube.com/watch?v=MHBnrDA9duA（2）https://www.youtube.com/watch?v=ZUPA2gA-9ZE［2024 年 1 月 16 日閲覧］
(7) Japanese Internment in Siberia"（日本人のシベリア抑留）『吉田勇絵画集』榊原晴子 https://japaneseinsiberia.ucdavis.edu/ja/paintings-yoshida［2024 年 1 月 16 日閲覧］
(8) " Japanese Internment in Siberia"（日本人のシベリア抑留）相澤英之氏抑留体験を語る榊原晴子（1）https://www.youtube.com/watch?v=SUvJrE0ZR0o（2）https://www.youtube.com/watch?v=Nc2rsnvc7jU［2024 年 1 月 16 日閲覧］
(9) キャサリン・ブッシュ "7-part Documentary Series" http://www.wethepeopleseries.com［2024 年 1 月 16 日閲覧］
(10) 日系収容の音楽「We Had to go」榊原晴子作曲 https://www.youtube.com/playlist?list=PL_E7rnPwtNVE1XG3ObSVDW62QpH-sas6L［2024 年 1 月 16 日閲覧］
(11) " Japanese Internment in Siberia"（日本人のシベリア抑留）シベリアの歌　演奏とストーリー　榊原晴子 https://www.youtube.com/watch?v=qPD6ILb7Nkc［2024 年 1 月 16 日閲覧］
(12) " Japanese Internment in Siberia"（日本人のシベリア抑留）サイトについて　榊原晴子 https://japaneseinsiberia.ucdavis.edu/ja［2024 年 1 月 16 日閲覧］
(13) " Japanese Internment in Siberia（日本人のシベリア抑留）"『吉田勇絵画集』榊原晴子 https://japaneseinsiberia.ucdavis.edu/ja/paintings-yoshida　［2024 年 1 月 16 日閲覧］
(14)『読売新聞』1992 年 10 月 10 日
(15) " Japanese Internment in Siberia"（日本人のシベリア抑留）『久芳健夫』榊原晴子 https://japaneseinsiberia.ucdavis.edu/ja/jiufangjianfu-shufu［2024 年 1 月 16 日閲覧］
(16) " Japanese Internment in Siberia"（日本人のシベリア抑留）『ボルガはとおく』榊原晴子 https://japaneseinsiberia.ucdavis.edu/ja/horukahayuanku［2024 年 1 月 16 日閲覧］
(17) " Japanese Internment in Siberia"（日本人のシベリア抑留）『労苦の記録』榊原晴子 https://japaneseinsiberia.ucdavis.edu/ja/recollections［2024 年 1 月 16 日閲覧］
(18) " Japanese Internment in Siberia"（日本人のシベリア抑留）饗庭秀男インタビュー（一）榊原晴子 https://www.youtube.com/watch?v=MHBnrDA9duA［2024 年 1 月 16 日閲覧］
(19) " Japanese Internment in Siberia"（日本人のシベリア抑留）舞鶴引揚記念館内蔵品 https://japaneseinsiberia.ucdavis.edu/ja/wuheyinyangjinianguanneizangpin［2024 年 1 月 16 日閲覧］
(20) 黒沢文貴『歴史に向き合う――未来につなぐ近現代の歴史』東京大学出版会、2020 年、130 頁。
(21) 黒沢、132 頁。
(22) 黒沢、125-157 頁。
(23) 黒沢、129-130 頁。
(24) 黒沢、132-134 頁。
(25) 黒沢、139 頁。

(26) “ Japanese Internment in Siberia”（日本人のシベリア抑留）女性抑留者　https://japaneseinsiberia.ucdavis.edu/ja/nuxingyiliuzhe［2024 年 1 月 16 日閲覧］
(27) “ Japanese Internment in Siberia”（日本人のシベリア抑留）音楽　https://japaneseinsiberia.ucdavis.edu/ja/yinle［2024 年 1 月 16 日閲覧］
(28) ベナ・シュクリャノイ　ホームページ「りんごは木から落ちない」https://appledoesnotfall.com/gulag-embraces-diversity/

◉第３章

(1)『西日本新聞』2022 年 8 月 25 日 https://www.nishinippon.co.jp/wordbox/9457/［2024 年 2 月 18 日閲覧］
(2) 根こそぎ動員 http://www1.odn.ne.jp/tobu7757/J_wsd/armydate/data/doin.htm［2024 年 2 月 18 日閲覧］
(3) 生田美智子『満州からシベリア抑留へ』人文書院、2022 年、30 頁。
(4) 富田武『シベリア抑留』中公新書、2016 年、87 頁。
(5) 小林昭菜『シベリア抑留』岩波書店、2018 年、24 頁。
(6) 長瀬了治『シベリア抑留』新潮社、2015 年、70 頁。
(7) 長瀬、71 頁。
(8) 小林、24 頁。
(9) 栗原俊雄『シベリア抑留 ―― 未完の悲劇』岩波新書、2009 年、15 頁。
(10) 栗原、18 頁。
(11) 小林明菜『法政大学学術機関リポジトリ「シベリア抑留」研究の現状と課題 ―― 日露の先行研究から』2010 年。https://core.ac.uk/download/pdf/223193066.pdf［2024 年 2 月 18 日閲覧］
(12) 十月革命 =1917 年 11 月 7 日、ロシアに起こった革命。二月革命後のケレンスキー臨時政府をボリシェビキが倒して、レーニンを首班とするソビエト政府を樹立、世界最初の社会主義国家建設の出発点となった。https://kotobank.jp/word/ 十月革命 -76798#:~:text=第一次世界大戦の革命となった %E3%80%82
(13) コトバンク　農業集団化　https://kotobank.jp/word/ 農業集団化 -169578［2024 年 2 月 18 日閲覧］／長勢了治『シベリア抑留全史』原書房、2013 年、119-121 頁。
(14) ボリシェビキ　https://www.y-history.net/appendix/wh1401-104.html）
(15) キーロフ暗殺事件　https://src-h.slav.hokudai.ac.jp/jp/news/104/news104-essay3.html
(16) 富田、3-18 頁。
(17) 長勢、328-330 頁。
(18) 栗原、38 頁。
(19) 富田武『抑留を生きる力』朝日新聞出版、2022 年、9-10 頁。
(20) 長勢、525 頁。
(21) 長勢、536 頁。
(22) 小林昭菜『シベリア抑留』岩波書店、2018 年、8 頁。
(23) 富田『抑留を生きる力』、9-10 頁。
(24) 栗原、37-39 頁。
(25) https://www.mofa.go.jp/mofaj/gaiko/k_jindo/naiyo.html［2024 年 2 月 18 日閲覧］
(26) 山下静夫『シベリア抑留 1450 日』東京堂出版、2008 年、1 頁。
(27) 高杉一郎『征きて還りし兵の記憶』岩波現代文庫、2008 年、15-17 頁。
(28) 鬼川太刀雄『ラーゲリ歳時記』岩波書店、1993 年、9-22 頁。
(29) 作業大隊 = これらの大隊は大きく分けて四六の地域に送られ、収容所到着とともに編

成替えがあり、強制的重労働に服した。そのとき、従来の日本軍に異なった部隊が加えられたり、一般邦人なども入り混じった編成となった。『戦後強制抑留史』第三巻 平和祈念事業特別基金、2005 年、151 頁。
(30) 溝口菊雄「ソ連見たまま　聞いたまま」平和の礎：『シベリア強制抑留者が語り継ぐ労苦』第 16 巻、平和祈念事業特別基金、1991 年、139 頁。
(31) 長瀬、145-146 頁。
(32) 加藤一郎「シベリア抑留の記」平和の礎『シベリア強制抑留者が語り継ぐ労苦』第 15 巻、2005 年。309 頁。https://www.heiwakinen.go.jp/wp-content/uploads/archive/library/roukunote/yokuryu/15/S_15_307_1.pdf
(33) 宮崎維新「シベリア抑留体験記」平和の礎『シベリア強制抑留者が語り継ぐ労苦）第 15 巻、7 頁、9 頁。https://www.heiwakinen.go.jp/wp-content/uploads/archive/library/roukunote/yokuryu/15/S_15_001_1.pdf［2024 年 2 月 18 日閲覧］
(34) 富田武『シベリア抑留』中公新書、2016 年、113 頁。
(35) 長瀬、198 頁。
(36)『戦後強制抑留史』第三巻 平和祈念事業特別基金、25 頁。
(37)『戦後強制抑留史』第三巻、19 頁。
(38)『いわれなき虜囚』第二六号、シベリアを語る会、2006 年、200 頁。
(39)『戦後強制抑留史』第三巻 39 頁。
(40)『戦後強制抑留史』第三巻、68 頁。
(41) 山本義彦『シベリア連行兵士のカラガンダ炭鉱強制労働の証言』静岡大学経済研究、静岡大学人文社会科学部、2016 年、62 頁。
(42)『戦後強制抑留史』第三巻、47 頁。
(43)『戦後強制抑留史』第三巻、163 頁。
(44)『戦後強制抑留史』第三巻、39 頁。
(45)『戦後強制抑留史』第三巻、39 頁、67-69 頁。
(46) 山本義彦、58-59 頁。
(47) https://www.heiwakinen.go.jp/wp-content/uploads/archive/library/roukunote/yokuryu/10/S_10_388_1.pdf
(48) https://www.city.sapporo.jp/ncms/shimin/heiwa/library/taiken/pdf/01/06.pdf［2024 年 2 月 18 日閲覧］
(49) 今だからこそ　私たちの戦争体験記成田市 https://www.city.narita.chiba.jp/shisei/page0119_00071.html［2024 年 2 月 18 日閲覧］
(50) 長勢、298-302 頁。
(51) 長勢、298-306 頁。
(52) 平原敏夫「日本人墓地」116 頁。https://www.heiwakinen.go.jp/wp-content/uploads/archive/library/roukunote/yokuryu/09/S_09_115_1.pdf
(53) 倉部房太郎「シベリアあの時あのこと」『戦後強制抑留史』第 5 巻　1995 年、平和祈念事業特別基金、5 頁。
https://www.heiwakinen.go.jp/wp-content/uploads/archive/library/roukunote/yokuryu/05/S_05_001_1.pdf［2024 年 2 月 18 日閲覧］
(54) 春日直喜「シベリアの炭鉱労働」『戦後強制抑留史』第 8 巻　平和祈念事業特別基金、1998 年、361-362 頁。
https://www.heiwakinen.go.jp/wp-content/uploads/archive/library/roukunote/yokuryu/08/S_08_361_1.pdf［2024 年 2 月 18 日閲覧］
(55) 水野隆男「シベリア抑留記」『戦後強制抑留史』第 11 巻　平和祈念事業特別基金、2001 年、

302-303 頁。
https://www.heiwakinen.go.jp/wp-content/uploads/archive/library/roukunote/yokuryu/11/S_11_297_1.pdf［2024 年 2 月 18 日閲覧］
(56) 長勢、283 頁。
(57) 山本繁夫「コムソモリスクの酷寒で夜間作業」平和の礎：『シベリア強制抑留者が語り継ぐ労苦抑留編』第 9 巻、平和祈念事業特別基金、1999 年、238 頁。https://www.heiwakinen.go.jp/wp-content/uploads/archive/library/roukunote/yokuryu/09/S_09_235_1.pdf［2024 年 2 月 18 日閲覧］
(58) 長勢、544-546 頁。
(59)（ＴＢＳラジオ「嶌信彦のエネルギッシュトーク」より）https://navoi.nobuhiko-shima.com/about.html［2024 年 2 月 18 日閲覧］
http://www.japan-uzbek.org/works/2010/18.html#:~:text= 第二次世界大戦、参列し、見送りました %E3%80%82［2024 年 2 月 18 日閲覧］
(60) 嶌信彦オフィシャルサイトへ https://navoi.nobuhiko-shima.com［2024 年 2 月 18 日閲覧］
(61) 舞鶴引揚記念館「抑留から交流へ！～ウズベキスタン共和国との交流物語～」<Screen Shot 2024-09-07 at 8.57.36 AM.png>

◉第４章

(1) 長勢了治『シベリア抑留全史』原書房、2013 年、333-334 頁。
(2) 宮川真「占領期ソ連のシベリア抑留者教育 ──『日本新聞』の描く天皇像」『SOCIOLOGICA』-International Journal for Sociological Debate-Vol.42, No.1-2, p.152。［2024 年 2 月 18 日閲覧］
(3) 溝渕園子「『日本新聞』とロシア・ソビエト文学 ── シベリア抑留者の文学空間」『広島大学文学部論集』第 82 巻、24 頁。
(4) 長瀬、367、370 頁。
(5) 宮川、153 頁。
(6) 溝渕、12、24 頁。
(7) 長瀬、303 頁。
(8) 溝渕、25 頁。
(9) 富田武『シベリア抑留』中公新書、2016 年、126-127 頁。
(10) 民主運動　https://ja.wikipedia.org/wiki/ 民主運動 _（日本）［2024 年 2 月 18 日閲覧］
(11) 山本利男「三年間のシベリア抑留記」平和の礎『シベリア強制抑留者が語り継ぐ労苦抑留編』第一〇巻、平和祈念事業特別基金、1998 年、204-205 頁。
https://www.heiwakinen.go.jp/wp-content/uploads/archive/library/roukunote/yokuryu/10/S_10_196_1.pdf［2024 年 2 月 18 日閲覧］
(12) 長勢、365 頁。
(13) 長勢、170 頁。
(14) 長勢、378-380 頁。
(15) 長勢、344-345 頁。
(16) 山本喜代四「シベリア抑留記」平和の礎『シベリア強制抑留者が語り継ぐ労苦抑留編』第一二巻、平和祈念事業特別基金、2002 年、21-22 頁。
https://www.heiwakinen.go.jp/wp-content/uploads/archive/library/roukunote/yokuryu/12/S_12_016_1.pdf［2024 年 2 月 18 日閲覧］
(17) 山本喜代四、28 頁。
(18)『産経新聞』2015 年 8 月 11 日 https://www.sankei.com/article/20150811-

YDV25SD3OBIVZMGI6PQJGAN2IM/2/ ［2024 年 2 月 18 日閲覧］
(19) 長勢、371-373 頁。
(20) 大野政勝「初年兵教育から中支で」平和の礎『シベリア強制抑留者が語り継ぐ労苦抑留編』第 12 巻、平和祈念事業特別基金、2002 年、87-88 頁。https://www.heiwakinen.go.jp/wp-content/uploads/archive/library/roukunote/onketsu/12/O_12_085_1.pdf ［2024 年 2 月 18 日閲覧］
(21) 吉田裕『日本軍兵士 ―― アジア・太平洋戦争の現実』中央公論新社、2019 年、17 頁。
(22) 吉田、188 頁。
(23) 栗原、74-75 頁。
(24) 長瀬、390-391 頁。
(25) 長勢、381-385 頁。
(26) 長瀬、352 頁。
(27) https://japaneseinsiberia.ucdavis.edu/ja/wuheyinyangjinianguanneizangpin ［2024 年 2 月 18 日閲覧］
(28) 昭和 20 年 12 月、連合国が GHQ を監督するために設置された
(29) 長勢、366 頁／ヴィクトル・カルポフ、長瀬了治訳『スターリンの捕虜たち』北海道新聞社、2001 年、249-250、300-307 頁。
(30) 富田、168-170 頁／長勢、389 頁。
(31) 長勢、391-392 頁。
(32) 長勢、396 頁。
(33) 長瀬、398 頁。
(34) 長瀬、416 頁。
(35) 無抵抗の抵抗 ―― ハバロフスク事件の真相　http://www7a.biglobe.ne.jp/~mhvpip/EseSaiban.html ［2024 年 2 月 18 日閲覧］
(36) シベリア抑留 " 最後 " の帰国　孫が記録からたどる祖父の一一年間　NHK 首都圏ナビ 2022 年 1 月 12 日 https://www.nhk.or.jp/shutoken/wr/20220112a.html#:~:text= 真理子さんの祖父は、兵站が専門でした %E3%80%82 ［2024 年 2 月 18 日閲覧］
(37) シベリア抑留中死亡者に関する資料の調査について（厚生労働省政策レポート）
https://www.mhlw.go.jp/seisaku/2009/11/01.html ［2024 年 2 月 18 日閲覧］
(38) カルポフ、長勢、293 頁。
(39)『西日本新聞』2023 年 11 月 26 日（日）旧日本軍 731 部隊の職員表発見、細菌戦組織の解明に期待　改編時の構成や階級記載の軍事機密　https://www.nishinippon.co.jp/item/o/1108242/
(40) 赤塚不二夫、上田トシコ、北見けんいち、高井研一郎、ちばてつや他『ボクの満州 ―― 漫画家たちの敗戦体験』中国引揚げ漫画家の会編、亜紀書房、1995 年、156-161 頁。
(41) 山中重夫「シベリア抑留記」平和の礎『シベリア強制抑留者が語り継ぐ労苦』第 17 巻、平和祈念事業特別基金、1991 年、138 頁。
https://www.heiwakinen.go.jp/wp-content/uploads/archive/library/roukunote/yokuryu/17/S_17_132_1.pdf ［2024 年 2 月 18 日閲覧］
(42) 長瀬、367 頁。
(43) 小林、139-140 頁。
(44) 長瀬、376 頁。
(45) 荒田昌二「シベリア抑留前後の記」平和の礎『シベリア強制抑留者が語り継ぐ労苦抑留編』第 8 巻、平和祈念事業特別基金、1998 年、84 頁。
https://www.heiwakinen.go.jp/wp-content/uploads/archive/library/roukunote/yokuryu/08/S_08_076_1.pdf ［2024 年 2 月 18 日閲覧］

(46) 妹尾正一郎「シベリア抑留記」平和の礎『シベリア強制抑留者が語り継ぐ労苦抑留編』第八巻、平和祈念事業特別基金、1998 年、176 頁。
https://www.heiwakinen.go.jp/wp-content/uploads/archive/library/roukunote/yokuryu/08/S_08_165_1.pdf［2024 年 2 月 18 日閲覧］
(47) 長瀬、383 頁。
(48) 長瀬、377 頁。
(49) 長瀬、379 頁。
(50) 霍本祐一「歴史をふり帰る 80 年の出来事」平和の礎『シベリア強制抑留者が語り継ぐ労苦抑留編』第 17 巻、平和祈念事業特別基金、2007 年、277 頁。
https://www.heiwakinen.go.jp/wp-content/uploads/archive/library/roukunote/yokuryu/17/S_17_266_1.pdf［2024 年 2 月 18 日閲覧］
(51) 水野治一「はるかなるシベリア」平和の礎『シベリア強制抑留者が語り継ぐ労苦抑留編』第 19 巻、平和祈念事業特別基金、2009 年、132 頁 。
https://www.heiwakinen.go.jp/wp-content/uploads/archive/library/roukunote/yokuryu/19/S_19_112_1.pdf［2024 年 2 月 18 日閲覧］
(52) 青木久「抑留者」平和の礎『シベリア強制抑留者が語り継ぐ労苦抑留編』第一二巻、平和祈念事業特別基金、2002 年、92 頁。
https://www.heiwakinen.go.jp/wp-content/uploads/archive/library/roukunote/yokuryu/12/S_12_083_1.pdf［2024 年 2 月 18 日閲覧］
(53) 小林、134 頁。
(54) 小林、151 頁。
(55)「現代の理論 —— 戦後日本社会にとってのシベリア抑留」http://gendainoriron.jp/vol.04/rostrum/ro04.php
(56) 捕虜の待遇に関する 1949 年 8 月 12 日のジュネーヴ条約（第三条約）https://www1.doshisha.ac.jp/~karai/intlaw/docs/gc3.htm［2024 年 2 月 18 日閲覧］
(57) 栗原、140-164 頁。
(58) 朝日新聞デジタル　2021 年 9 月 6 日 https://www.asahi.com/articles/ASP956Q7GP8ZUOHB010.html［2024 年 2 月 18 日閲覧］
(59) コトバンク 戦陣訓　https://kotobank.jp/word/ 戦陣訓 -88411#:~:text=1941 年，東条英機陸相、戦場版〉ともいわれた %E3%80%82［2024 年 2 月 18 日閲覧］
(60) 長勢、2013 年、579-581 頁。
(61) 植木茂男「60 年目に初めて抑留記を」平和の礎：『シベリア強制抑留者が語り継ぐ労苦抑留編』第 18 巻、平和祈念事業特別基金、2008 年、76-78 頁。
https://www.heiwakinen.go.jp/wp-content/uploads/archive/library/roukunote/yokuryu/18/S_18_064_1.pdf
(62)「シベリア抑留者の名、読み上げ追悼 23 日、参加者募集」朝日デジタル　西村奈緒美、2022 年 8 月 19 日
https://www.asahi.com/articles/ASQ8L71QTQ8JUOHB003.html［2024 年 2 月 18 日閲覧］
(63)「シベリア抑留死者四・六万人の名前読み上げ　たった一人で作った名簿」朝日新聞デジタル　宮坂知樹、2021 年 9 月 5 日 https://www.asahi.com/articles/ASP9474S5P8ZUOHB00Y.html［2024 年 2 月 18 日閲覧］
(64) 長勢、2013 年、294-295 五頁。
(65) 一般財団法人全国強制抑留者協会公式ホームページ https://zaidan-zenyokukyo.or.jp/pages/61/［2024 年 2 月 18 日閲覧］

◉第５章

(1) 長勢了治『シベリア抑留全史』原書房、2013 年、580-581 頁。
(2) 生田美智子『満州からシベリア抑留へ —— 女たちの日ソ戦争』人文書院、2022 年、15-16 頁。
(3) 小柳ちひろ『女たちのシベリア抑留』文藝春秋、2019 年、135 頁。
(4) 小柳、136 頁。
(5) 生田、135 頁。
(6) 生田、125 頁。
(7) 小柳、222 頁。
(8) ある領域を統治し、名目上は独立しているが、実態は事実上の支配者である外部の政権・国家によって管理・統制・指揮されている政権を指す。内政も外交も自己決定権が完全ではなく、支配者の利益のために操作・命令され統治される。傀儡政権とも呼ばれる。https://www.weblio.jp/content/ 傀儡国家［2024 年 2 月 18 日閲覧］
(9) 1904（明治 37）年 2 月～ 1905（明治 38）年 9 月
(10) シベリア出兵＝ 1918 年ロシア革命に干渉するため、日・米両国を中心に英国・フランスの各国がチェコスロバキア軍捕虜救援の名目でシベリアに軍隊を送った事件で、米・英・仏が撤兵したのちも日本は駐留を続けたが、国内外の非難により 1922 年に撤兵することになった。https://www.weblio.jp/content/ シベリア出兵［2024 年 2 月 18 日閲覧］
(11) 張鼓峰事件＝ 1938（昭和 13）年 7 月から翌月にかけて朝鮮北部の国境線の不明確な地点にある張鼓峰で起こった、満州国とソ連の国境紛争をめぐる日ソ両軍の武力衝突事件。https://kotobank.jp/word/ 張鼓峰事件 -97826［2024 年 2 月 18 日閲覧］
(12) 生田、21 頁。
(13) 第二次世界大戦 https://kotobank.jp/word/ 第二次世界大戦 -558007［2024 年 2 月 18 日閲覧］
(14) 加藤聖文『満鉄全史』講談社学術文庫、2019 年、22-76 頁。
(15) 満鉄　https://kotobank.jp/word/ 満鉄 -138056［2024 年 2 月 18 日閲覧］
(16) 満州事変　https://kotobank.jp/word/ 満州事変 -137958［2024 年 2 月 18 日閲覧］
(17) 加藤陽子『満洲事変から日中戦争へ』岩波新書、2007 年、2-3 頁。
(18) 上海事変 https://kotobank.jp/word/ 上海事変 -76602
(19) 満州 https://kotobank.jp/word/ 満州 -137950［2024 年 2 月 18 日閲覧］
(20) https://kotobank.jp/word/ 満州国 -137955［2024 年 2 月 18 日閲覧］
(21) 鈴木真美『満洲国 —— 交錯するナショナリズム』平凡社新書、2021 年、203 頁。
(22) 加藤、1 頁。
(23) 日中戦争　https://kotobank.jp/word/ 日中戦争 -171498［2024 年 2 月 18 日閲覧］
(24) 上海事変　https://kotobank.jp/word/ 上海事変 -76602［2024 年 2 月 18 日閲覧 ］
(25) ノモンハン事件　https://kotobank.jp/word/ ノモンハン事件 -112501［2024 年 2 月 18 日閲覧］
(26) 日ソ中立条約　https://kotobank.jp/word/ 日ソ中立条約 -109883#:~:text= 日ソ中立条約【に，中立などを定めた %E3%80%82［2024 年 2 月 18 日閲覧］
(27) 訳：河原地英武・平野達志、監修：家近亮子・川島真・岩谷將『日中戦争と中ソ関係』東京大学出版会、2018 年、204 頁。
(28) 河原地、平野、258-260, 264 頁。
(29) 日中戦争　https://kotobank.jp/word/ 日中戦争 -171498［2024 年 2 月 18 日閲覧］
(30) 生田、36-38 頁。
(31) 生田、41-47 頁。
(32) 満蒙開拓平和記念館　https://www.manmoukinenkan.com/history/［2024 年 2 月 18 日閲覧］
(33) 新正卓写真集　https://www.aramasa-taku.jp/portfolio/who-am-i/［2024 年 2 月 18 日閲覧］

(34) 増田穂、二つの祖国の狭間で —— 中国残留孤児三世代に渡るライフストーリー中国残留孤児研究、張嵐氏インタビュー、Opinion, 2017.9.04 https://synodos.jp/opinion/society/20400/［2024年2月18日閲覧］
(35) https://japaneseinsiberia.ucdavis.edu/ja/kanhufunozhengyanxinwenjishi［2024年2月18日閲覧］
(36) https://japaneseinsiberia.ucdavis.edu/ja/1-nuxingyiliuzhenitsuite［2024年2月18日閲覧］
(37) 小柳、33-34頁。
(38) 女子挺身隊は、大日本帝国が第二次世界大戦中に創設した勤労奉仕団体のひとつで、主に未婚女性によって構成されていた。戦時日本の労働力が逼迫するなかで、強制的に職場を配置換えする国家総動員法下の国民総動員体制の補助としておこなわれ、工場などでの勤労労働に従事した。1944年8月の女子挺身勤労令によって12歳～40歳の内地（日本）の女性が動員された https://ja.wikipedia.org/wiki/女子挺身隊
(39) 小柳、38頁。
(40) 小柳、64-65頁。
(41) 小柳、64-110頁。
(42) 生田、15頁。
(43) 小柳、115頁。
(44) 生田、45頁。
(45) 生田、115頁。
(46) 生田、116頁。
(47) 小柳、119、265頁。
(48) https://japaneseinsiberia.ucdavis.edu/ja/banjianwenzisannokoto［2024年2月18日閲覧］
(49) 赤羽文子『雪原にひとり囚われて』復刊ドットコム、2016年、188年。
(50) 女性・平和・安全保障に関する国連安保理決議と「行動計画」について https://www.mofa.go.jp/mofaj/files/000023403.pdf
(51) 女性議員比率の国際比較 https://www.gender.go.jp/policy/positive_act/pdf/sankou2_23_09.pdf［2024年2月18日閲覧］
(52) 内閣府男女共同参画局「共同参画」2022年8月号 https://www.gender.go.jp/research/kenkyu/sankakujokyo/2022/pdf/saishin.pdf［2024年2月18日閲覧］
(53) 世界経済フォーラム 「ジェンダー・ギャップ指数」https://www.gender.go.jp/public/kyodosankaku/2022/202208/202208_07.html#:~:text=2022年の日本の、低い結果となりました%E3%80%82［2024年2月18日閲覧］

◉第6章

(1) p.232 (1) 茂里一紘『またという日に』（茂里好信追悼文章）33頁
(2) p.232 (2) 茂里、60-61頁。
(3) p.233 (3) 茂里、61頁。
(4) p.233 (4) 茂里、98頁。
(5) p.233 (5) 茂里、61-62頁。
(6) p.250 (6) AFS奨学制度 https://ryusetsu.afs.or.jp/?gad_source=1&gclid=CjwKCAjwwr6wBhBcEiwAfMEQs3JR9ZXx5VreIdNI1ceA47CbUSLLFYoqBlfFt-gFDdqYV7o7v-nMAxoC1MYQAvD_BwE AFSの交換留学事業は、戦争のさなかに傷病兵救出にあたった青年ボランティアたちが、平和で公正な世界のためには、私たちが、異なる人や国や文化を尊重しあう力を持たなければならない、と考えたことから始まった。世界的教育団体による、異文化体験を通じ、参加生が自ら成長できるようにサポートする海外留学制度。AFS協会が主催している。https://www.afs.or.jp/goabroad/year-programs/scholarship/

参考文献

相澤英之『タタアルの森から』米子今井書店、1992年。
相澤英之『ボルガは遠く』ぶんか社、2010年。
青木久「抑留者」平和の礎『シベリア強制抑留者が語り継ぐ労苦抑留編』第12巻、平和祈念事業特別基金、2002年。https://www.heiwakinen.go.jp/wp-content/uploads/archive/library/roukunote/yokuryu/12/S_12_083_1.pdf［2024年1月16日閲覧］
赤塚不二夫、上田トシコ、北見けんいち、高井研一郎、ちばてつや他『ボクの満州 - 漫画家たちの敗戦体験』中国引揚げ漫画家の会編、亜紀書房、1995年。
赤羽文子『雪原にひとり囚われて』復刊ドットコム、2016年。
朝日新聞デジタル　2021年9月6日［2024年1月16日閲覧］https://www.asahi.com/articles/ASP956Q7GP8ZUOHB010.html
朝日新聞デジタル「シベリア抑留者の名、読み上げ追悼23日、参加者募集」西村奈緒美、2022年8月19日 https://www.asahi.com/articles/ASQ8L71QTQ8JUOHB003.html［2024年1月16日閲覧］
麻田雅文『シベリア出兵』中央公論新社、2016年。
『朝日新聞』2022年8月30日。
荒田昌二「シベリア抑留前後の記」平和の礎『シベリア強制抑留者が語り継ぐ労苦抑留編』第八巻、平和祈念事業特別基金、1998年。https://www.heiwakinen.go.jp/wp-content/uploads/archive/library/roukunote/yokuryu/08/S_08_076_1.pdf［2024年1月16日閲覧］
新正卓『沈黙の大地／シベリア』辺見じゅん序　筑摩書房、1995年。
新正卓『約束の大地』みすず書房、2000年。
ARAMASA@Taku Photographs
一般財団法人全国強制抑留者協会公式ホームページ https://zaidan-zenyokukyo.or.jp/pages/61/［2024年1月16日閲覧］
生田美智子『満州からシベリア抑留へ —— 女たちの日ソ戦争』人文書院、2022年。
石川県支部活動記録『シベリア抑留』支部発足三五周年記念誌、全国強制抑留者協会石川県支、2023年。
伊藤潔『台湾 —— 四百年の歴史と展望』中公新書、2020年。
井上ひさし『一週間』新潮社、2010年。
妹尾正一郎『シベリア抑留記』平和の礎『シベリア強制抑留者が語り継ぐ労苦抑留編』第八巻、平和祈念事業特別基金、1998年。https://www.heiwakinen.go.jp/wp-content/uploads/archive/library/roukunote/yokuryu/08/S_08_165_1.pdf［2024年1月16日閲覧］
いわれなき虜囚　第26号、シベリアを語る会、2006年。
ヴァンデルメールシュ、L『アジア文化圏の時代』大修館書店、1987年。
ウイキペディア https://ja.wikipedia.org/wiki/ 女子挺身隊［2024年2月18日閲覧］
植木茂男「六十年目に初めて抑留記を」平和の礎『シベリア強制抑留者が語り継ぐ労苦抑留編』第18巻、平和祈念事業特別基金、2008年。https://www.heiwakinen.go.jp/wp-content/uploads/archive/library/roukunote/yokuryu/18/S_18_064_1.pdf［2024年1月16日閲覧］
Weblio https://www.weblio.jp/content/ 傀儡国家［2024年2月18日閲覧］
Weblio https://www.weblio.jp/content/ シベリア出兵［2024年2月18日閲覧］
大江志乃夫『兵士たちの日露戦争』朝日新聞社、1988年。

大野政勝「初年兵教育から中支で」平和の礎『シベリア強制抑留者が語り継ぐ労苦抑留編』第12巻、平和祈念事業特別基金、2002年。https://www.heiwakinen.go.jp/wp-content/uploads/archive/library/roukunote/onketsu/12/O_12_085_1.pdf［2024年1月16日閲覧］

大濱徹也『庶民のみた日清・日露戦争 —— 帝国への歩み』刀水書房、2004年。

緒方貞子『満州事変 —— 政策の形成過程』岩波書店、2021年。

小熊英二『生きて帰ってきた男 —— ある日本兵の戦争と戦後』岩波書店、2015年。

カー、E・H、塩川伸明訳『ロシア革命 —— レーニンからスターリンへ　1917-1929年』岩波書店、2018年。

外務省　女性・平和・安全保障に関する国連安保理決議と「行動計画」について　https://www.mofa.go.jp/mofaj/files/000023403.pdf［2024年2月18日閲覧］

春日直喜「シベリアの炭鉱労働」『戦後強制抑留史』第八巻　平和祈念事業特別基金、1998年。https://www.heiwakinen.go.jp/wp-content/uploads/archive/library/roukunote/yokuryu/08/S_08_361_1.pdf［2024年1月16日閲覧］

加藤聖文『「大日本帝国」崩壊 —— 東アジアの一九四五年』中公新書、2018年。

加藤聖文『満鉄全史』講談社、2019年。

加藤一郎「シベリア抑留の記」平和の礎『シベリア強制抑留者が語り継ぐ労苦』第15巻、2005年。https://www.heiwakinen.go.jp/wp-content/uploads/archive/library/roukunote/yokuryu/15/S_15_307_1.pdf［2024年1月16日閲覧］

加藤陽子『止められなかった戦争』文藝春秋、2017年。

加藤陽子『満洲事変から日中戦争へ』岩波新書、2007年。

カルポフ、ヴィクトル、長瀬了治訳『スターリンの捕虜たち』北海道新聞社、2001年。

河原地英武・平野達志、監修：家近亮子・川島真・岩谷將『日中戦争と中ソ関係』東京大学出版会、2018年。

鬼川太刀雄「ラーゲリ歳時記」岩波書店、1993年。

串崎浩『新しい東アジアの近現代史・上』日本評論社、2015年。

串崎浩『新しい東アジアの近現代史・下』日本評論社、2015年。

倉部房太郎「シベリアあの時あのこと」『戦後強制抑留史』第5巻、1995年、平和祈念事業特別基金。https://www.heiwakinen.go.jp/wp-content/uploads/archive/library/roukunote/yokuryu/05/S_05_001_1.pdf［2024年1月16日閲覧］

栗原俊雄『シベリア抑留 —— 最後の帰還者　家族をつないだ52通のハガキ」角川新書、2018年。

栗原俊雄『シベリア抑留 —— 未完の悲劇』岩波新書、2009年。

黒沢文貴、イアン・ニッシュ『歴史と和解　History and Reconciliation』東京大学出版会、2011年。

黒沢文貴、軍事史学会編集『軍事史学　第53巻第3号「特集　抑留・復員・引揚」』錦正社、2017年。

黒沢文貴『歴史に向きあう —— 未来につなぐ近現代の歴史』東京大学出版会、2020年。

黒柳徹子『続　窓際のトットちゃん』講談社、2023年。

国場幸太郎『沖縄の歩み』岩波書店、2019年。

小林明菜『法政大学学術機関リポジトリ「シベリア抑留」研究の現状と課題 —— 日露の先行研究から』2010年 https://core.ac.uk/download/pdf/223193066.pdf［2024年1月16日閲覧］

小林昭菜『シベリア抑留 —— 米ソ関係の中での変容』岩波書店、2018年。

小柳ちひろ「女たちのシベリア抑留』文藝春秋、2019年。

『99 年の愛』TBS ドラマ、2010 年。
goo 辞書 https://dictionary.goo.ne.jp/word/ ソビエト社会主義共和国連邦 /#jn-131255
コトバンク　戦陣訓　https://kotobank.jp/word/ 戦陣訓 -88411#:~:text=1941 年，東条英機陸相，戦場版〉ともいわれた %E3%80%82［2024 年 1 月 16 日閲覧］
コトバンク　上海事変　https://kotobank.jp/word/ 上海事変 -76602［2024 年 2 月 18 日閲覧］
コトバンク　第二次世界大戦　https://kotobank.jp/word/ 第二次世界大戦 -558007［2024 年 1 月 16 日閲覧］
コトバンク　張鼓峰事件　https://kotobank.jp/word/ 張鼓峰事件 -97826［2024 年 1 月 16 日閲覧］
コトバンク　農業集団化　https://kotobank.jp/word/ 農業集団化 -169578［2024 年 1 月 16 日閲覧］
コトバンク　満州　https://kotobank.jp/word/ 満州 -137950［2024 年 2 月 18 日閲覧］
コトバンク　満州国　https://kotobank.jp/word/ 満州国 -137955［2024 年 2 月 18 日閲覧］
コトバンク　満州事変　https://kotobank.jp/word/ 満州事変 -137958［2024 年 2 月 18 日閲覧］
コトバンク　満鉄　https://kotobank.jp/word/ 満鉄 -138056［2024 年 2 月 18 日閲覧］
コトバンク　日中戦争　https://kotobank.jp/word/ 日中戦争 -171498［2024 年 2 月 18 日閲覧］
コトバンク　ノモンハン事件　https://kotobank.jp/word/ ノモンハン事件 -112501［2024 年 2 月 18 日閲覧］
コトバンク　日ソ中立条約　https://kotobank.jp/word/ 日ソ中立条約 -109883#:~:text= 日ソ中立条約に中立などを定めた %E3%80%82　［2024 年 2 月 18 日閲覧］
財団法人全国強制抑留者協会『受託業務結果報告書（平成 13 年～ 15 年調査報告）』2003 年。
榊原晴子「日本人のシベリア抑留　Japanese in Siberia」https://japaneseinsiberia.ucdavis.edu/ja［2024 年 3 月 5 日閲覧］
坂間（赤羽）文子『生きながらえて夢』近代文芸社、1997 年。
佐野巌男・ピーター“One Thousand Days in Siberia- Odyssey of a Japanese-American POW“ 1997 年　University of Nebraska Press
澤地久枝『私のシベリア物語」新潮社、1991 年。
『産経新聞』2015 年 8 月 11 日　https://www.sankei.com/article/20150811-YDV25SD3OBIVZMGI6PQJGAN2IM/2/［2024 年 1 月 16 日閲覧］
四国五郎『わが青春の記録』三人社、2017 年。
シベリア抑留“最後”の帰国　孫が記録からたどる祖父の 11 年間　NHK 首都圏ナビ 2022 年 1 月 12 日 https://www.nhk.or.jp/shutoken/wr/20220112a.html#:~:text=真理子さんの祖父は，兵站が専門でした %E3%80%82［2024 年 1 月 16 日閲覧］
シベリア抑留中死亡者に関する資料の調査について（厚生労働省政策レポート）https://www.mhlw.go.jp/seisaku/2009/11/01.html［2024 年 1 月 16 日閲覧］
シベリアを語る会『いわれなき虜囚』第 26 号、2006 年。
島田俊彦『関東軍　在満陸軍の独走』講談社、2019 年。
嶌信彦オフィシャルサイトへ https://navoi.nobuhiko-shima.com
下斗米伸夫『ソビエト連邦史 1917–1991』講談社、2018 年。
女性議員比率の国際比較　https://www.gender.go.jp/policy/positive_act/pdf/sankou2_23_09.pdf［2024 年 3 月 7 日閲覧］
鈴木貞美『満洲国　交錯するナショナリズム』平凡社、2021 年。
世界史の窓　https://www.y-history.net/appendix/wh1702-015.html［2024 年 1 月 16 日閲覧］
『戦後強制抑留史』第 1 巻 平和祈念事業特別基金、2005 年。

『戦後強制抑留史』第 2 巻 平和祈念事業特別基金、2005 年。
『戦後強制抑留史』第 3 巻 平和祈念事業特別基金、2005 年。
『戦後強制抑留史』第 4 巻 平和祈念事業特別基金、2005 年。
『戦後強制抑留史』第 5 巻 平和祈念事業特別基金、2005 年。
女性の政策・方針決定過程への参画状況の推移（総括表）https://www.gender.go.jp/research/kenkyu/sankakujokyo/2022/pdf/saishin.pdf［2024 年 3 月 7 日閲覧］
高杉一郎『征きて還りし兵の記憶』岩波現代文庫、2008 年。
高杉一郎『極光の影に —— シベリア俘虜記』岩波書店、1991 年。
霍本祐一「歴史をふり帰る八十年の出来事」平和の礎『シベリア強制抑留者が語り継ぐ労苦抑留編』第 17 巻、平和祈念事業特別基金、2007 年。https://www.heiwakinen.go.jp/wp-content/uploads/archive/library/roukunote/yokuryu/17/S_17_266_1.pdf［2024 年 1 月 16 日閲覧］
「嶌信彦のエネルギッシュトーク」（TBS ラジオ）https://navoi.nobuhiko-shima.com/about.html http://www.japan-uzbek.org/works/2010/18.html#:~:text= 第二次世界大戦、参列し、見送りました %E3%80%82［2024 年 1 月 16 日閲覧］
Densho https://densho.org［2024 年 2 月 4 日閲覧］
富田武『シベリア抑留 —— スターリン独裁化、「収容所群島」の実像』中央公論新社、2016 年。
富田武『シベリア抑留」中公新書、2016 年。
富田武『シベリア抑留者たちの戦後 —— 冷戦下の世論と運動一九四五－五六年』人文書院、2013 年。
富田武『語り継ぐシベリア抑留 —— 体験者から子と孫の世代へ』群像社、2016 年。
富田武『抑留を生きる力』朝日新聞出版、2022 年。
中塚明「日本と韓国・朝鮮の歴史』高文研、2007 年。
長瀬了治『シベリア抑留 —— 日本人はどんな目に遭ったのか』新潮社、2015 年。
長勢了治『シベリア抑留全史』原書房、2013 年。
長勢了治『知られざるシベリア抑留の悲劇』芙蓉書房出版、2018 年。
『西日本新聞　2022 年 8 月 25 日　根こそぎ動員 https://www.nishinippon.co.jp/wordbox/9457/［2024 年 2 月 18 日閲覧］
『西日本新聞』2023 年 11 月 26 日　旧日本軍 731 部隊の職員表発見、細菌戦組織の解明に期待　改編時の構成や階級記載の軍事機密　https://www.nishinippon.co.jp/item/o/1108242/［2024 年 1 月 16 日閲覧］
日中韓 3 国共通歴史教材委員会「未来をひらく歴史　東アジア三国の近現代史」高文研、2020 年。
日本大百科全書・ニッポニカ　https://kotobank.jp/word/ ゴルバチョフ -66812［2024 年 1 月 16 日閲覧］
日本大百科全書・ニッポニカ　https://kotobank.jp/word/ ペレストロイカ -169587［2024 年 1 月 16 日閲覧］
日本人抑留者が残した名誉　https://www.city.maizuru.kyoto.jp/kyouiku/cmsfiles/contents/0000005/5060/No.1.pdf［2024 年 2 月 18 日閲覧］
根こそぎ動員　http://www1.odn.ne.jp/tobu7757/J_wsd/armydate/data/doin.htm［2024 年 1 月 16 日閲覧］
ハインリッヒ・シュネー、金森誠也訳『満洲国見聞記 —— リットン調査団同行記』講談社、2019 年。
原田敬一『日清・日露戦争 —— シリーズ日本近代史 03』岩波書店、2020 年。

平原敏夫「日本人墓地」『戦後強制抑留史』第三巻 平和祈念事業特別基金、2005 年。https://www.heiwakinen.go.jp/wp-content/uploads/archive/library/roukunote/yokuryu/09/S_09_115_1.pdf［2024 年 1 月 16 日閲覧］
ブッシュ、キャサリン “7-part Documentary Series” http://www.wethepeopleseries.com［2024 年 1 月 16 日閲覧］
平和祈念展示資料館 https://www.heiwakinen.go.jp［2024 年 2 月 4 日閲覧］
ベナ・シュクリャノイ　ホームページ「りんごは木から落ちない」https://appledoesnotfall.com/gulag-embraces-diversity/
ペレストロイカ https://ja.wikipedia.org/wiki/ ペレストロイカ
辺見じゅん『収容所から来た遺書』文藝春秋、1992 年。
穂刈甲子男「シベリア俘虜記」潮書房光人社、2017 年。
捕虜の待遇に関する 1949 年 8 月 12 日のジュネーヴ条約（第 3 条約）https://www1.doshisha.ac.jp/~karai/intlaw/docs/gc3.htm　［2024 年 1 月 16 日閲覧］
舞鶴引揚記念館　https://m-hikiage-museum.jp［2024 年 2 月 4 日閲覧］
前野茂『ソ連獄窓十一年」(1) ～⑷ 講談社、1979 年。
増田穂、二つの祖国の狭間で —— 中国残留孤児 3 世代に渡るライフストーリ　中国残留孤児研究、張嵐氏インタビュー、Opinion, 2017.9.04 https://synodos.jp/opinion/society/20400/［2024 年 2 月 18 日閲覧］
満蒙開拓平和記念館　https://www.manmoukinenkan.com/history/［2024 年 2 月 18 日閲覧］
水野治一「はるかなるシベリア」平和の礎『シベリア強制抑留者が語り継ぐ労苦抑留編』第 19 巻、平和祈念事業特別基金、2009 年。https://www.heiwakinen.go.jp/wp-content/uploads/archive/library/roukunote/yokuryu/19/S_19_112_1.pdf［2024 年 1 月 16 日閲覧］
水野隆男「シベリア抑留記」『戦後強制抑留史』第 11 巻 平和祈念事業特別基金、2001 年。https://www.heiwakinen.go.jp/wp-content/uploads/archive/library/roukunote/yokuryu/11/S_11_297_1.pdf［2024 年 1 月 16 日閲覧］
溝口菊雄「ソ連見たまま　聞いたまま」平和の礎『シベリア強制抑留者が語り継ぐ労苦』第 16 巻、平和祈念事業特別基金、1991 年。
溝渕園子「『日本新聞』とロシア・ソビエト文学 —— シベリア抑留者の文学空間」『広島大学文学部論集』第 82 巻
民主運動　https://ja.wikipedia.org/wiki/ 民主運動 _(日本)［2024 年 1 月 16 日閲覧］
無抵抗の抵抗（—— ハバロフスク事件の真相 ——）
宮川真「占領期ソ連のシベリア抑留者教育 ——『日本新聞』の描く天皇像『SOCIOLOGICA』-International Journal for Sociological Debate-Vol.42,No.1-2［2024 年 1 月 16 日閲覧］
宮崎維新「シベリア抑留体験記」平和の礎『シベリア強制抑留者が語り継ぐ労苦）第 15 巻。https://www.heiwakinen.go.jp/wp-content/uploads/archive/library/roukunote/yokuryu/15/S_15_001_1.pdf［2024 年 1 月 16 日閲覧］
茂里一紘『またという日に』（茂里好信追悼文章）私家版、1975 年
山下静夫『シベリア抑留 1450 日』東京堂出版、2008 年。
山崎豊子『不毛地帯 1 ～ 5』新潮文庫、2009 年。
山辺春彦、鷲巣力『丸山眞男と加藤周一』筑摩書房、2023 年。
山本喜代四「シベリア抑留記」平和の礎『シベリア強制抑留者が語り継ぐ労苦抑留編』第 12 巻、平和祈念事業特別基金、2002 年。https://www.heiwakinen.go.jp/wp-content/uploads/archive/library/roukunote/yokuryu/12/S_12_016_1.pdf［2024 年 1 月 16 日閲覧］

山本繁夫「コムソモリスクの酷寒で夜間作業」平和の礎『シベリア強制抑留者が語り継ぐ労苦抑留編』第九巻、平和祈念事業特別基金、1999 年。

山本義彦「シベリア連行兵士のカラガンダ炭鉱強制労働の証言」『静岡大学経済研究』、静岡大学人文社会科学部、2016 年。

山中重夫「シベリア抑留記」平和の礎『シベリア強制抑留者が語り継ぐ労苦』第 17 巻、平和祈念事業特別基金、1991 年。

山室信一『キメラ —— 満洲国の肖像』中央公論新社、1993 年。

https://www.heiwakinen.go.jp/wp-content/uploads/archive/library/roukunote/yokuryu/09/S_09_235_1.pdf〔2024 年 1 月 16 日閲覧〕

山本利男「三年間のシベリア抑留記」平和の礎『シベリア強制抑留者が語り継ぐ労苦抑留編』第 10 巻、平和祈念事業特別基金、1998 年。

https://www.heiwakinen.go.jp/wp-content/uploads/archive/library/roukunote/yokuryu/10/S_10_196_1.pdf〔2024 年 1 月 16 日閲覧〕

横手慎二『日露戦争史 ——20 世紀最初の大国間戦争』中央公論新社、2011 年。

吉田勇『画集　一兵士のダモイへの道』新風書房、1994 年。

吉田裕『日本軍兵士 —— アジア・太平洋戦争の現実』中央公論新社、2019 年。

『読売新聞』1992 年 10 月 10 日
『ラーゲリから愛を込めて』（映画）2022 年。

【著者】

榊原（大島）晴子

（さかきばら　おおしま　はるこ）

日本名 : 大島晴子　米国名 Haruko Oshima Sakakibara
1951 年東京生まれ。カリフォルニア大学デイビス校アジア言語文化学科日本語科名誉講師。東京女子大学短期大学部英語科、国際基督教大学言語学科を卒業後、恵泉女学園高校で英語教諭を務める。日系アメリカ人と結婚により1980年渡米。カリフォルニア州立大学英語教授法修士課程終了後、サクラメントシティーカレッジ外国人のための英語講師。スズキメソッド・ピアノベイシックス米国研修会通訳。音楽、池坊華道、フラワーアレンジ、料理などを幅広く楽しみ、教育や異文化コミュニケーションに関心が深い。新しい学びを大切にしている。カリフォルニア州サクラメント市在住。
訳書 *Sensibility and Education* (Piano Basics Incorporated,1993) 原著『感性と教育』片岡ハル子著 (1990)
Website : 日本人のシベリア抑留 (Japanese in Siberia) https://japaneseinsiberia.ucdavis.edu
作詞作曲 :「なぜ家を出るの」「シベリアの歌」「歌があるから」 など。

アメリカから見《み》た「シベリア抑留《よくりゅう》」

日系収容《にっけいしゅうよう》との比較《ひかく》を含めて

2024年10月25日　第1刷発行

【著者】
榊原（大島）晴子

発行者：高梨 治
発行所：株式会社**小鳥遊《たかなし》書房**
〒102-0071　東京都千代田区富士見1-7-6-5F
電話 03 (6265) 4910（代表）／FAX　03 (6265) 4902
https://www.tkns-shobou.co.jp
info@tkns-shobou.co.jp

装画：大島守夫
装幀：宮原雄太（ミヤハラデザイン）
印刷：モリモト印刷株式会社
製本：株式会社村上製本所

ISBN978-4-86780-061-4　C0020